新时代职业院校"三全育人"综合改革实践与探索

舒显奇 著

中国海洋大学出版社

·青岛·

图书在版编目（CIP）数据

新时代职业院校"三全育人"综合改革实践与探索 / 舒显奇著 .
--青岛 : 中国海洋大学出版社，2023.9
ISBN 978-7-5670-3658-1

Ⅰ . ①新… Ⅱ . ①舒… Ⅲ . ①高等职业教育—思想政治教育—
教学改革—研究 Ⅳ . ① G711

中国版本图书馆 CIP 数据核字 (2023) 第 182802 号

出版发行	中国海洋大学出版社		
地　　址	青岛市香港东路 23 号	**邮政编码**	266071
出 版 人	刘文菁		
网　　址	http://pub. ouc. edu. cn		
电子信箱	wangjiqing@ouc-press.com		
订购电话	0532-82032573		
责任编辑	王积庆	**电　　话**	0532-85902349
印　　刷	青岛华泰兴制版印刷有限公司		
版　　次	2023 年 9 月第 1 版		
印　　次	2023 年 9 月第 1 次印刷		
成品尺寸	185mm×260mm		
印　　张	14.75		
字　　数	314 千		
定　　价	56 元		

在党的二十大胜利召开之际，成都工业职业技术学院将全校"三全育人"系列成果共45篇论文、52个案例集结成《新时代职业院校"三全育人"综合改革实践与探索》，编印成书。此为贯彻落实习近平总书记高校思想政治工作有关论述和二十大相关精神的重要举措，可喜可贺。

成都工业职业技术学院现有在校全日制高职学生15000余人，教师队伍拥有国家级技能大师1人，全国技术能手1人，省市特级教师7人，省级高层次领军人才1人，全国高校思想政治理论课教学展示一等奖1人，全省脱贫攻坚先进个人1人，四川省高校辅导员年度人物入围1人。成都工业职业技术学院是全国职业教育先进单位，全国职业教育师资培养培训重点建设基地，教育部现代学徒制试点单位，教育部1+X证书制度试点单位，四川省高技能人才培训基地，四川省教育综合改革试点单位，四川省博士后创新实践基地，四川省"三全育人"综合改革试点院校。

成都工业职业技术学院全面贯彻《职业教育提质培优行动计划》，先后获得四川省教学成果一等奖2项、二等奖1项，全国首届优秀教材一等奖1项，参与建设国家专业教学资源库2个，获批省级精品在线开放课程2门，课程思政示范课程3门，建成国家级现代学徒制试点专业2个、省级4个，国家示范专业点1个。教师获国家高校思想政治理论课"精彩一课"讲课比赛一等奖1项，省级教师教学能力大赛一等奖6项。

成都工业职业技术学院把党的领导贯穿于办学治校、教书育人全过程，认真贯彻落实习近平总书记有关思想，要坚持不懈传播马克思主义科学理论，抓好马克思主义理论教育，为学生一生成长奠定科学的思想基础；要坚持不懈培育和弘扬社会主义核心价值观，引导广大师生做社会主义核心价值观的坚定信仰者、积极传播者、模范践行者。坚持立德树人根本任务，全面推进"三全育人"改革试点。学校以社会主义核心价值观为引领，坚持"红色文化培根铸魂、天府文化优品雅行、工业文化精技立业、校史文化润心修身"，构建"研究引领、学习传承、双向体验、社会实践"四维文化育人格局，大力弘扬劳动精神、劳模精神、工匠精神。成都工业职业技术学院先后荣获首批四川省文明校园，获批"四川省工业文化普及基地""成都市爱国主义教育基地"；《打造工匠精神传承基地，弘扬工匠文化》入选教育部《2021年中国职业教育质量年度报告》高职"服务贡献"典型案例。学生在全国、省级各类技能类大赛中屡获佳绩，共获国家级奖项 44 个，省级比赛奖项 218 个。毕业生就业率达 98% 以上，其中超过 80% 在成都地区就业创业，在蓉世界 500 强就业率达 15.4%。

学校高度重视教师队伍，尤其是辅导员队伍的建设，制定了"五个一"工作内容，即"一篇论文"，文以载道，每年撰写一篇思政研究论文。每位辅导员都可把个人对大学生三观铸造、人格塑造、人性改造等方面的理论思考、实践探索梳理成文、打磨成篇，给自己以积淀，给同仁以借鉴。"一个案例"，例以成道，每年总结一个育人典型案例。每位辅导员都应关注学生受教育变化转化的个案，总结成为可探究、可追踪的育人典型案例，注意对学生的隐私予以保护，事件真实、教育过程真实即可。"一次分享"，谈以问道，每年分享一次教育管理经验。每位辅导员都应当提炼归纳个人教育之法、管理之术、治班之窍，向全院辅导员分享个人的工作经验，在平等无碍交流中获取帮助和启迪。"一次讲座"，坐以论道，每年主讲一次时政专题讲座。每位辅导员就大学生关注的时势热点、党和国家的改革重点、专业行业发展的前沿看点等方面组织面向一定学生群体的时政专题讲座，引导大学生与党同呼吸、与国家共命运、与时代齐进步；"一次大赛"，赛以循道，每年参加一次素质能力大赛。每位辅导员均应参加学院年度辅导员素质能力大赛，学院选拔优秀辅导员参加四川省高校辅导员素质能力大赛。凡比赛皆有赛制和意图，辅导员应由此促进专业化成长和职业化发展，成为大学生思想政治工作的专家。

学校对思想政治工作给予高度重视，值得充分肯定。推进"三全育人"的措施得力，行动到位，具有很强的可操作性和可借鉴性，值得全省职业院校学习和推广。

希望成都工业职业技术学院认真学习贯彻二十大报告有关教育的精神，坚定以习近平新时代中国特色社会主义思想为指导，全面贯彻党的教育方针，落实立德树人根本任务；坚持为党育人、为国育才；坚持尊重劳动、尊重知识、尊重人才、尊重创造；深入开展社会主义核心价值观宣传教育，深化爱国主义、集体主义、社会主义教育，着力培养担当民族复兴大任的时代新人。

四川省职业教育成人教育学会会长

姜树林

2022 年 11 月

前 言

习近平总书记在党的二十大报告中指出，"培养什么人、怎样培养人、为谁培养人是教育的根本问题。育人的根本在于立德。全面贯彻党的教育方针，落实立德树人根本任务，培养德智体美劳全面发展的社会主义建设者和接班人。"这是以习近平总书记为核心的党中央对新时代教育事业的总体战略部署。

全面建设社会主义现代化国家，教育是基础、科技是关键、人才是根本。高校是人才培养的主阵地，要全面贯彻党的教育方针，落实立德树人根本任务，坚持德智体美劳全面发展，把全员、全程、全方位"三全育人"落到实处，办好人民满意教育，着力培养担当民族复兴大任的时代新人。

作为地方高职工科院校，成都工业职业技术学院以习近平新时代中国特色社会主义思想为指导，坚持和加强党对学校的全面领导，紧紧围绕立德树人根本任务，聚焦理想信念，注重五育并举，融合课程育人、科研育人、实践育人、文化育人、网络育人、心理育人、管理育人、服务育人、资助育人、组织育人十个层面，汇聚各方力量，贯穿成长全程，思政与学业同向同行，质量导向，终端问效，一体化构建内容完善、标准健全、运行科学、保障有力、成效显著的思想政治工作体系。立足学校的基础和优势，破解学校思想政治工作育人主体协同性不强、活动组织不成体系等问题，构建了"一心双环"（以"培养学生坚定理想信念"为核心，以培养学生公民素养和工匠精神为两环）育人模式，赓续红色血脉，破解协同难题，努力构建具有工科高职院校特色的"三全育人"格局。

为进一步推进我院"三全育人"工作，加强理论成果和实践工作案例的交流与推广，我们编撰了《新时代高职院校"三全育人"的理论与实践》一书，以期得到更多上级领导、专家学者、兄弟高校和社会各界人士的关心、指导和帮助，推动我院"三全育人"工作的内涵式发展。本书内容包括理论研究和案例集萃两部分，约20万字。理论文章和案例集萃集中表现了成都工业职业技术学院在"三全育人"工作方面取得的一些经验和思考，希望对读者有所裨益。

本书的编撰得到了学校党委、行政领导的悉心关怀与指导，得到了学校各部门以及辅导员教师们的帮助与支持。由于编者的水平有限，书中难免有不足之处，恳请各兄弟院校的领导、教师及读者斧正。

成都工业职业技术学院学生工作处处长

王调品

2022 年 12 月

目录

第一节　思政论文

"三进一融"视域下高职院校思政育人的研究

（财经商贸学院　王紫维）

【摘要】为了深入贯彻落实"三全育人"教育理念，强化高职院校学生的思想政治水平素养，整合高校各单位、各部门资源，培养全面发展的高素质工匠技术人才，进一步深化立德树人的根本任务，在高职院校推行和强化"三进一融"思政育人模式势在必行。如今，高职院校乘着时代东风，必须大胆改革教育方式、创新教育思维，迎合新时代青年大学生的个性特点，承担起培育新时代专业技术型人才的重任。

【关键词】"三进一融"；高职院校；思政育人；"三全育人"

习近平总书记在全国高校思想政治会议上强调"立德树人"，提出"三全育人"教育理念，即全员育人、全程育人和全方位育人。而"三进一融"育人模式则是落实"三全育人"理念的具体举措，简而言之可概括为：思想导师进学院、职业导师进班级、素质导师进社团，有效推动第一课堂与第二课堂有机融合，促进学生全面发展和健康成长。在高职院校开展"三进一融"思政育人模式的探索，一方面能有效应对现阶段高职院校思想政治教育方式的创新，另一方面能促使高职院校自觉承担起培养大国工匠的责任担当与历史使命。

一、高职院校"三进一融"思政育人模式的意义

第一，有利于整合各单位、各部门资源，形成思政育人合力。习近平总书记在2019年就曾提及"职业教育前景广阔，大有可为"。2022年5月1日，《中华人民共和国职业教育法》（简称新《职教法》）的修订实施从法律上打破了职业教育与普通教育之间的偏见，而"三进一融"思政育人模式有利于解决学院部门与部门之间的信

息不对等、沟通不顺畅的问题，能有效地将各职能部门紧密结合在一起。

第二，有利于培养全面发展的高素质工匠技术人才。与普通本科教育不同，高职院校学生的人才培养方案侧重培养学生的职业技能、专业技术等，因此"强化对学生的思想教育和价值引领，提高学生的思想政治素质"这一举措便显得尤为重要。加强对青年学生的思想引领，是当前高职院校思政工作的重要任务。梁启超曾在《少年中国说》里提道："故今日之责任，不在他人，而全在我少年"，体现出引导青年学生牢固树立社会主义核心价值观的重要性。

第三，有利于促进高职院校落实立德树人的育人理念。坚持立德树人的根本任务是构建新时代高校育人体系。高职院校应积极开展马克思主义理论系列教育、思想道德法制教育、心理健康教育、中华民族优秀传统文化教育等教育活动，构建课内课外融合联动，形成全员育人、全过程育人、全方位育人的格局，以"三全育人"为基底，"成都工匠"为目标，"三进一融"为抓手，全力服务高职院校学生成长成才。

二、高职院校"三进一融"思政育人模式的具体举措

第一，思想导师进学院。思想政治教育是高等教育贯穿始终的一项工程，其中，辅导员和思政导师是做好这项工作的核心力量。思政导师主要由马克思主义学院专任思政教师和主要党政干部组成。落实"思政导师进学院"需从以下几个方面开展工作：一是全程参与、指导各二级学院日常的思政教育，根据各学院的专业特色提供对应的指导方案；二是可定期对全体学生、辅导员、学工干部等进行理论宣讲、党课讲授、学术讲座、思政知识竞赛等实践活动；三是统一规范思政导师的职业素养、工作职责、业务培训和考核准则，压紧压实责任制。

第二，职业导师进班级。在高职院校，职业导师主要由专任教师和企业兼职教师构成。目前具备"双师"资格的职业导师比重在不断增长，这也是"三进一融"育人模式稳步推进的产物之一。落实"职业导师进班级"需从以下几个方面着手：一是注重培养、筛选具备良好师德师风且熟知行业发展前景、专业能力扎实、工作经验丰富的职业导师；二是能充分落实产教融合，加强校企合作；三是致力于全方位培养学生们的职业规划、创新创业、高质量就业等实践能力，开展个性化指导服务，做到因材施教。

第三，素质导师进社团。素质导师的主要职责是培养学生们的综合素质，最大限度地发掘每一位学生的兴趣与潜能。落实"素质导师进社团"需从以下几个方面着手：一是以培养创新创业能力为重点，做好双创类社团，着力培养学生们的竞赛能力；二是以运动、音乐、舞蹈等活动为中心，做好文体类社团，开发和培养学生们的课余兴趣爱好，着力培养学生们的人文素质；三是以志愿者服务、安全保障、学生权益等为核心，做好实践类社团，着力培养学生们的服务意识、大局意识和维权意识等。

第四，推动第一课堂与第二课堂有机融合。第一课堂是主抓学生专业技能、学术修养、知识水平的主要阵地，需要教务处、各二级学院、教研室依据不同年级的学情分析制定系统、规范的学习体系；而第二课堂是"在教学计划之外，引导和组织学生开展的各种有意义的健康的课外活动"，注重培养学生除课本知识以外的各类综合素

质能力。双课堂互动育人模式需要二者间构建良性的互动机制，行政主管部门需要从顶层设计着手，制定出符合当前教育事业发展需求、高职院校实情的融合育人机制，促进高职院校学生德智体美劳的全面发展。

三、结语

"三进一融"思政育人模式带动高职院校学生思政工作走向新征程，催化思政育人新理念、新角色和新实践。在"三全育人"教育理念指引下，充分发挥教育的目的性、引导性和实践性作用，培养承担新时代中华民族伟大复兴历史使命的社会主义建设者。高职院校"三进一融"思政育人工作需紧扣高职教育办学特点，紧紧围绕立德树人根本任务，切实贯彻"三全育人"工作要求，构建高职院校全员育人的新模式，搭建高职院校全过程育人的新平台，形成高职院校全方位育人的新机制。高职院校应以满满的爱心、耐心与责任心为学生的成长成才之路保驾护航，教育引导高职院校学生践行社会主义核心价值观，增强"四个意识"，坚定"四个自信"，做到"两个维护"，树立远大理想和奋斗目标。

【参考文献】

[1] 郑永廷.把高校思想政治工作贯穿教育教学全过程的若干思考——学习习近平总书记在全国高校思想政治工作会议上的讲话［J］.思想理论教育，2017（1）：4-9.

[2] 杨震.高职院校"三进一融"育人模式研究［J］.学校党建与思想教育，2020（20）：67-69.

[3] 朱九思，蔡克勇，姚启和.高等学校管理［M］.武汉：华中科技大学出版社，1983：309.

"体育强国"背景下高职院校体育与课程思政相结合的探索性研究

（财经商贸学院　胡钰珊）

【摘要】2019年8月国务院办公厅发布的《体育强国建设纲要》明确指出，要以习近平新时代中国特色社会主义思想为指导，按照党中央、国务院关于加快推进体育强国建设的决策部署，坚持以人为本、改革创新、依法治体、协同联动，持续提升体育发展的质量和效益，不断满足人民对美好生活的需要，努力让体育建设成为中华民族伟大复兴的标志性事业。2020年教育部发布的《高等学校课程思政建设指导纲要》（以下简称《指导纲要》）指出，在全国范围内全面推进高校思政建设，促进课程思政政治理念形成广泛共识，广大教师开展课程思政教育的能力和意识全面提升，协同推进课程思政体制和机制基本健全，进一步提高学校立德树人的成效。在这个时代背景下，这两个纲要的颁布对高校开展体育活动与课程思政的结合起着指导作用，对学生在德智体美劳方面的发展具有重要意义。

【关键词】体育强国；思政；体育活动

一、相关概念解析

（一）建设"体育强国"的背景

党的十九大报告提出"加快推进体育强国建设"，习近平总书记明确要求要"精心谋划，狠抓落实，不断开创我国体育事业发展新局面，加快把我国建设成为体育强国"。

近年来，体育改革全面深化，体育公共服务水平不断提升，体育产业日益壮大，一些引领性的改革举措取得明显成效，我国体育事业取得长足发展。同时，我国体育发展不平衡、不充分的问题依然突出。面对新形势新要求，制定出台反映群众意愿、符合当前实际、适应发展需要的政策文件尤为必要。面对新时代体育发展的新形势新机遇，必须把体育事业摆在更加重要的位置，科学规划总体布局，让体育强国建设成为国家意志、人民意愿和全社会的共同行动，在新的历史起点上开创体育发展新局面，开启建设世界体育强国新征程。

（二）高职院校人才培养指导方针

党的十九届四中全会审议通过的《中共中央关于坚持和完善中国特色社会主义制度、推进国家治理体系和治理能力现代化若干重大问题的决定》指出：要完善"立德树人"体制机制，深化教育领域综合改革，培养"德智体美劳"全面发展的社会主义建设者和接班人。各高校积极地进行思政课程的分析与改革，旨在全面地提升思政教育的综合效果。传统的说教性思政教育模式越来越不适应现阶段的思政教育需要，必须要实现思政教育的模式创新与方法改变。

（三）高职院校体育课程思政的建设内容

高职院校体育课程思政建设内容要紧紧围绕坚定学生理想信念以及促进和提高学生身体素养和养成健康生活方式，优化课程思政内容的供给，树立社会主义核心价值观教育，系统开展爱国主义思想教育、法治教育、心理教育、健康教育和优秀传统文化教育等教育活动。将思政课程内容融入体育课堂之中，从目标设计、大纲修订、教材选用、教案课件制作等各方面入手，将思想政治内容贯穿于理论学习、交流讨论、技能教学、课后练习等环节。要以《指导纲要》为依据，坚持以人为本原则，以学生为主体激发学生对体育课程思政的学习兴趣，以提升学习效果为导向，让学生实现自我思考；合理设置教学目标，优化体育课程思政内容，提升教学管理水平，采用过程性评价与终结性评价相结合的方式，进一步推动体育与课程思政相结合。

二、高职院校育人模式解析

当今，在思政教育实践中需要强调"三全育人"理念的渗透，在"三全育人"视域下进行高校体育课程思政建设的具体分析有突出的现实价值。

（一）"三全育人"解析

"三全育人"是中共中央、国务院在《关于加强和改进新形势下高校思想政治工作的意见》中提出的重要内容，指全员育人、全程育人和全方位育人。"三全育人"的总体目标是以习近平新时代中国特色社会主义思想为指导，坚持和加强党对高校的全面领导，紧紧围绕立德树人的根本任务，充分发挥中国特色社会主义教育的育人优势，以理想信念教育为核心，以社会主义核心价值观为引领，以全面提高人才培养能力为关键，构建内容完善、标准健全、运行科学、保障有力、成效显著的一体化高校思想政治工作体系，使思想政治工作体系贯通学科体系、教学体系、教材体系、管理体系，形成全员、全过程、全方位的育人格局。

高职院校"三全育人"的核心是对当下育人项目、载体、资源进行整合，对长远育人格局、体系、标准重新建构。在"三全育人"理念的具体实施中，做好试点工作，巩固优势、扩大影响，强调破立并举、重视创新。可以构建一体化育人体系，为办好中国特色社会主义大学、培养德智体美劳全面发展的社会主义建设者和接班人贡献力量。

（二）课程思政的解析

课程思政是指将思政教育融入高校的教学活动当中，此种思政教育方式可以实现全课程、全方位、全员育人，在高校思政教育实践中应用有突出的现实价值。近年来，我国的高等教育得到了显著的发展，专业建设能力及学生培养效果等均有了显著的提升，不过，思政教育方面比较薄弱，毕业生整体思想道德素养不高，学生综合价值的发挥受到了影响。课程思政为思政教育的实施提供了更为广阔的平台，对于全面促进思政教育有积极作用，也有助于提升学生综合素质和竞争力，在高校教育实践中强调课程思政有突出的现实价值。

三、"体育强国"背景下体育与课程思政相结合的指导方向

（一）"体育强国"背景下课程思政的重要性

长期以来，体育教学多关注项目技术和学生锻炼效果，弱化了体育活动"立德树人"的责任和任务。落实"体育强国"，不仅能帮助学生拥有强健的体魄，而且能培养学生的创新精神、实践能力，帮助学生实现全面地发展。

"体育强国"之道在于"健体育魂"。所谓"健体"是指通过体育活动使学生身体得到锻炼，实现身心协调发展。青年学生是新时代的建设者，也是国家未来发展的中坚力量。高校教师在高校公共体育课教学中要时刻牢记学生体力即是国力，是德智体美劳五育并举的基础。所谓"育魂"即是塑造灵魂。高校公共体育活动需要高校教师深入梳理和挖掘隐性思政内容，全面落实"立德树人"，引导学生引导青年学生"明大德、守公德、严私德"，将个人的身心发展与国家前途命运紧密结合，将个人奋斗与国家强盛紧密结合。通过"健体"实现"育魂"，通过"育魂"促进"健体"，二者融通，为实现中国梦、体育强国梦提供强大的精神支撑和体力保证，丰富了体育活动思政的价值内涵。

（二）体育活动与思政课程相结合的具体实施方法

体育与思政结合有多种形式，通过不同的形式使学生在不同的方面得到提升，结合理论、技能、副项三方面，使得体育活动更丰富，实现"体育强国"之道。

1.体育理论与思政教育主题相结合

在体育理论知识课程教学中，讲解思政教育内容时，应当注意以下问题。

第一，对于一些抽象的思政概念，应当结合体育活动知识进行讲解，如讲解爱国精神时，可以从中国乒乓球队的发展历程入手，讲述乒乓球队如何为国争光。这样，在弘扬爱国主义教育的同时，也增进了学生对乒乓球运动知识的了解。

第二，在教学过程中，应及时了解学生对知识的掌握情况，进行针对性教学。例如，采用提问的方式了解学生对思政知识的掌握程度，引导学生进行自我思考，在思考过程中增加对思政内容的体会与理解。

第三，在教学过程中应充分调动学生学习的积极性，提高学习效率。例如，采用小组讨论的教学方式，探讨设定的问题，促进学生的深入思考。

2.体育技能学习与思政教育相结合

在体育教学过程中，体育技能的教学在课程中占有较大比重。因此，在教学过程中应当重视运动技能与思政内容的有机结合。

第一，增强体育技能与思政教育主题的兼容性。体育活动思政教学应该让运动技能的学习与思政教育内容相互关联，可以通过合作式教学方法进行教学。

第二，以思政教学内容为导向，身体练习为载体，促进学生技能的形成和精神品质的培养。例如，采用情境导入的方式进行教学，有目的地设置问题情境，将学生带入预设环境中，增强学生的体育技能以及思政内容的体会与思考。

第三，技能学习过程中要体现学生学习的主体性，可以用探究式教学与采用启发式教学法的方式引导学生独立进行思考。

3.体育锻炼与思政教育相结合

红色体育活动思政建设中体育与思政不是彼此独立的，是互相交融的。只有身体素质和思想政治相互促进、交融和带动，才能更好地达到红色体育活动思政建设的目标。

不同时期的红色文化具有不同的文化内涵，高校教师可以通过组织多种类型的红色体育项目，如运送物资、跨越壕沟、伤员营救，在给学生留下更加深刻的锻炼记忆的同时，培养学生的爱国主义和民族精神，达到"体思双升"的教育目的。

优化高职辅导员工作，守好思政教育"责任田"

（财经商贸学院　江佳慧）

【摘要】高职院校是新时代环境下为国家培养高素质技能型人才的场所，辅导员肩负着管理与引导学生的重要任务，不仅要对大学生的行为进行管理与约束，还要注重引导大学生健康成长，塑造学生的健全人格。如何培养优质人才、完成人才培养战略任务，是目前高职辅导员需要重点探究的课题。大学生正处于思想观念形成的关键阶段，高职辅导员要守好思政教育"责任田"，进一步优化高职教育工作，推动大学生全面发展。基于此，本文针对高职辅导员将思想政治教育融入大学生管理工作的实施策略进行分析，以期为教育工作者提供参考。

【关键词】思想政治教育；学生管理工作；辅导员；高职

随着教育改革工作的不断推进，职业院校加强了对大学生的素质教育，强调了对大学生的思想政治教育。教育部出台的《"三全育人"综合改革试点工作建设要求和管理办法（试行）》明确指出高等院校辅导员与思政教师建立协同育人机制，为大学生的健康成长提供良好环境。高职院校辅导员要正确认识自身工作的重要性，准确把握大学生的时代特点，加强对学生思想的引导与教育，主动肩负起高职学生的思政教育任务。

一、高职院校辅导员推动思政教育的重要性

（一）有利于全面落实"立德树人"根本任务

"国无德不兴，人无德不立"。在新时代环境下加强高职院校辅导员育人建设，对提升高职院校思政育人效果与实现高职院校"立德树人"根本任务具有重要作用。高职院校要贯彻执行相关教育方针政策，积极响应国家号召，高度重视学生的教育，切实加强学生的思政规范，积极培养践行国家主流意识形态的有用人才。高职院校辅导员作为"以德育人"的中坚力量，肩负着引导学生遵守道德操守、树立远大理想的重要使命，同时辅导员与学生的接触最为频繁，在思政育人方面占据独特优势，以辅导员为维度展开思政工作，有助于全面落实"立德树人"根本任务。

（二）有利于增强高职思政育人效果

在新时代环境下，我国思政教育工作面临着严峻考验。当代大学生正处于思想意识的形成阶段，容易受到外界干扰，加之互联网发展迅速，使学生在获得有利学习资源与正向社会信息的同时，也受到了互联网带来的弊端与威胁。因此，辅导员要加强落实思政教育工作，通过课堂教学与社会实践等活动锻炼学生，不断增强学生的信息辨别能力与问题剖析能力等，避免落后思想对大学生思想的腐蚀。大学生思想教育工作是一个复杂的系统工程，辅导员在落实过程中要协调好各个因素的关系，从教育内容、教育形式、教育环境等多个方面入手，不断更新思政育人范式，让大学生感受到辅导员思政教育的温度，认识到思政内容与自身的关系，提升思政教育获得感。

（三）有助于提升辅导员的育人能力

从辅导员工作职责分析，辅导员主要负责解决学生的日常生活与学习的困难等问题。辅导员是落实思政工作的重要主体，但其缺少牢固的思政理论基础，对思政教育方面的研究不够透彻。在教学改革工作中，高职院校促使思政课教师与辅导员建立协同育人机制，为辅导员思政教育工作提供了深入学习与教学研究的机会与途径，对提

升辅导员育人能力具有积极作用。辅导员可通过与思政课教师的合作，不断提升自身思政理论能力，实现教学管理工作的专业化与职业化发展，全方位跟进学生的思想教育工作，及时对学生的思想进行教育，实现教学管理工作的专业化与职业化发展，促进高职院校教学育人工作深度开展。

二、高职院校辅导员开展思政教育工作的策略分析

（一）提升思政管理认知，加强辅导员队伍建设

辅导员是学生管理工作的重要落实者与引导者，是落实思政教育工作的关键。高职院校落实思政教育任务时要注重发挥辅导员的重要价值，提升对学生管理工作的新认识，运用先进教学理念与先进教育手段提升管理质量。在辅导员队伍建设工作中，高职院校主要可从以下方面入手。

第一，提升思政管理认知。辅导员的各项工作不仅需要结合内部管理制度开展，还需要良好的外部环境知识。在日常管理工作中，高职院校要重新定位辅导员的职能角色，认识到辅导员在思政育人工作中的重要价值，加强校园文化建设，让辅导员在良好校园氛围中开展学生管理工作。

第二，加强辅导员队伍建设工作。加强辅导员队伍的专业化建设，能够为辅导员提供更加丰富的提升渠道，促使辅导员不断提升自身管理水平与思想认知，充分发挥自身思想引导作用，为学生管理工作提供有效保障。对此，学校要调整辅导员工作内容，使其不仅是学生日常工作的管理者，更是学生思想政治教育的引导者。对辅导员开展全方面思政理论指导，能够让辅导员紧随时代发展，了解前沿思政信息与理论知识，将先进理论指导思想落到实处，有效提升自身管理水平。

第三，成立工作机构。为进一步提升辅导员的思政育人效果，高职院校要积极搭建由辅导员与思政课教师构成的协同育人队伍，成立相应的工作机构，明确双方的育人责任。辅导员与思政课教师要彼此合作，共同构建出育人实施方案，不断丰富协同育人经验，推动思政育人工作的不断发展。

（二）运用现代化管理手段，提升管理育人效果

随着科学技术的不断发展，越来越多的先进技术出现在教学管理活动中，为高职辅导员各项工作提供了有效便利。对此，辅导员可借助互联网技术与现代化信息技术开展学生教育管理工作，以此提升管理育人效果，主要可从以下方面入手。

第一，全方位开展线上线下教育。辅导员可搭建相应的新媒体技术平台，开展全方位育人模式，及时了解当代大学生的思想变化，通过多种渠道向学生传播思政理论知识，传递正确的意识形态观点。针对学生出现的多元化思潮，辅导员要及时引导，避免学生受到不良思想影响，促进学生形成正确的意识形态。当代大学生思想活跃，喜欢通过网络渠道发表观点与想法，教师可利用朋友圈、短视频平台等方式，分析学生的思想动态。针对学生的思想问题，辅导员可开展一对一辅导，帮助学生舒缓内心压力，调整自我心态。在线下，辅导员要注重向学生传递正能量，可将自己生活中遇到的积极事件、思政教育经验等整合成相应的短视频，上传至网络渠道，也可借助班级活动开展思政引导，升华班级活动主题，让学生在日常生活中自觉践行思政理念。

第二，加强对学生干部的培养。学生干部在辅导员管理工作中起到了重要的衔接沟通作用，在辅导员与学生之间建立良好的沟通桥梁。对此，辅导员要加强对学生干部的培养，充分发挥学生干部的榜样引导作用。辅导员要选取综合能力强且思想道德水平高的学生作为学生干部，通过加强对学生干部行为的监督，促使学生干部思想道德水平不断提升，从而使其在学生群体中发挥自身的榜样力量，促使其他学生综合素质的发展。

（三）开展第二课堂实践活动，营造良好思政育人氛围

第二课堂实践活动是调动学生参与积极性的重要举措，辅导员可在实践活动中渗透思政文化，让学生结合自身专业知识解决实际问题，在参与过程中感悟思政理念，满足学生的不同发展需求。在设计实践活动时，辅导员要注重了解大学生的年龄特点与时代特点，在内容上要以学生喜欢的内容设置思政活动，在形式上要坚持多元化特点，注重创新实践组织方式，借助各类时间节点推进育人工作。

（四）健全考核评价机制，加强日常思政教育管理

思政教育工作的顺利推进需要建立在健全的考核机制基础上。高职要建设科学化、系统化的评价考核机制，确保思政教育能够落到实处，从根本上提供思政教育内在驱动力。

首先，高职院校要重视考核机制的建设，对辅导员育人成果进行科学评价，并将评价结果作为辅导员工作绩效评价与晋升的重要依据。其次考核评价指标要多元化，针对辅导员活动，需要考虑督导员思政教育活动的合理性、自身是否坚持良好道德习惯等，同时将辅导员参与思政培训工作等项目纳入其中；针对大学生活动，需要观察大学生参与实践活动的积极性、思想意识进步情况等，以此全面反映出辅导员在思政育人方面的努力。最后要建立激励制度，以此反映激励主体与客体之间的联系，提升辅导员的思政教育积极性，培养出更符合国家发展需求、专业素质过硬的现代化人才。

辅导员教学管理任务繁重，在完成本职工作的同时还要落实思政教育内容，长此以往不可避免会出现职业倦怠等问题。为推动辅导员工作进步，高职院校要加强重视思政工作，设置相应的激励政策，激发辅导员的工作潜能，对思政育人工作中表现突出的辅导员给予公开表扬与奖励，对工作态度不端正的辅导员要在了解实际情况之后给予相应的批评，促使其改正。高职院校可采用物质奖励与精神奖励相结合的方式，将辅导员思政成效与工作绩效、职称评定等工作相挂钩，以此调动辅导员的积极性，激发思政育人的内生动力。

三、结束语

当代大学生成长于社会转型升级的重要阶段，此时开展正确的思想引导，能够促使学生形成正确的意识形态，树立远大的理想志愿。近年来我国对大学生的思想政治教育的重视程度大大提升，辅导员作为思政教育的重要力量，要顺应国家发展需求，将立德树人理念作为重要导向，积极开展与落实思政教育内容，为大学生构建出完善的思政教育环境，促使大学生综合素质发展。

【参考文献】

[1] 张浩.茶文化视域下高职辅导员与思政教师双育人模式创新实践研究［J］.福建茶叶，2021，43（11）：172-173.

[2] 杨丽红.高职辅导员开展思政教育实践育人的模式构建研究［J］.文化创新比较研究，2021，5（22）：58-61.

[3] 冯怡，王朝萍，水冰洁.创新高职辅导员工作，守好思政教育"责任田"［J］.时代报告，2021（06）：119-120.

[4] 杜相锋.高职辅导员学生管理中对思政教育的有效融入［J］.现代商贸工业，2021，42（14）：133-134.DOI：10.19311/j.cnki.1672-3198.2021.14.066.

[5] 王敏.课程思政视域下高职辅导员育人能力提升路径［J］.创新创业理论研究与实践，2021，4（05）：168-169+172.

[6] 张文参.高职院校辅导员网络思政教育能力提升建议［J］.知识文库，2021（05）：171-172.

体育运动对"2+1定向培训"学生心理健康的促进作用

（轨道交通学院　王柯）

【摘要】随着现代化进程的不断深入，社会竞争更为激烈，面对高效率、快节奏的学习生活和日益复杂的人际关系问题，高校大学生的心理压力越来越大。本文主要探讨了体育运动对大学生心理健康的促进作用，以及在"2+1定向培训""心理健康"课程的积极作用，着重分析适当的体育活动对几种情绪的积极影响及"心理健康"课程的完善，希望让参培学生认识到体育运动的重要性，调节自己的心理，使自己能真正肩负起建设国家的历史使命。

【关键词】体育运动；心理健康；促进；改善；培训生

"2+1定向培训生"和普通大学生的心理状况有着很多共同点，所以体育运动在大学生心理健康中的重要作用同样适用于"2+1定向培训生"。刚毕业的培训生正处在人生发展的重要阶段，面临着学习、交友、恋爱、就业、成长、走向社会等种种问题，他们渴望成才，追求卓越。良好的心理素质是成才的基础，拥有健康的身心是他们成人、成才、成功的重要保证。而心理健康教育是培养培训生良好心理素质的有效方式，所以，要进一步提高对培训生进行心理健康教育重要意义的认识。

心理健康教育作为一种制度化的育人活动，其特定的工作范围在心理领域。心理健康教育只有把"育心"作为自己的立足点，才能得到学生和社会的认可。我们可以把心理健康教育的基本功能划分为三个不同的层次，即初级功能—预防心理疾病，缓解心理压力；中级功能—优化心理品质，提高调节能力；高级功能—充分开发潜能，促进人格完善。通过科学的心理健康教育，可以改善和优化培训生的认知结构，正确认识自己的情绪和情感，学会情绪调整的方法，保持积极乐观的心态，提高大学生自我认识、自我管理、自我教育的能力。"心理健康"课程又是改造人的主观世界的工作，无论是哪种具体的心理健康教育方式，其作用过程都发生在教育对象的心理领域；无论是何种模式的心理健康教育，都要重建或改善教育对象的精神生活。这样，高校心理健康教育就不可避免地对学生的人生观、世界观和价值观产生影响。因此，引导学生树立正确的人生观、世界观和价值观，促进学生良好思想道德素质的形成，是心理健康教育的重要职责。同时，体育运动是心理健康教育的有效手段，对"心理健康"课程的开展有很大的积极作用。

体育运动对心理健康的积极影响主要表现在以下几个方面：

（一）改善情绪状态

情绪状态是衡量体育运动对心理健康影响的最主要的指标。培训生常因名目繁多的考试、相互间的竞争以及对未来工作分配的担忧而产生持续的焦虑反应，经常参与体育运动可使自己的焦虑反应降低。运动能有效地改善情绪状态。参加体育运动后，人们的注意力被转移，释放了心理压力，调节了紧张的情绪，减轻了心理压力。体育运动还能给人们带来愉悦的情感体验，改善人的负面心理状态，使焦虑、烦躁等不良情绪反应得到改善。

（二）提高智力功能

经常参加体育运动可以提高自己的智力功能，不仅使锻炼者的注意、记忆、反应、思维和想象等能力得到提高，还可以使其情绪稳定、疲劳感下降等，这些非智力成分对人的智力功能具有促进作用。体育锻炼对智力的发展具有很重要的作用，通过对人的神经系统加以干预，能向大脑提供更多的氧，提高记忆力。在长期的体育运动环境下，人的智力会得到一定的提高，还可以使机体达到最佳状态，能够从事各种社会活动；学生通过体育运动项目的活动能够很好发挥注意力、逻辑思考、反应、记忆力、思考力、创造性、想象力等这些基本心智才能，同时促进智力的发展；体育锻炼不仅可以增强体质，提高学习能力，还可以增强心血管系统机能、运输氧的能力和大脑的工作能力，提高学习效率。人们应该认识到体育的强大功能，正确处理体育运动与智力发展的关系，并且能够重视体育锻炼给我们带来的好处。

（三）确立良好的自我概念

自我概念是个体主观上对自己的身体、思想和情感等的整体评价，它是由许许多多的自我认识所组成的。体育运动对于改善人的身体表象和身体自尊至关重要，对大学生的身体自尊水平都具有一定的调节作用。有同学探讨体育运动提高身体概念的内在机制，得出锻炼量越多个体的身体自尊水平就越高，经常参加体育运动可以有效提高个体的身体概念。目前体育运动对身体自尊的积极效益已基本证实，且应更加注重对女性身体自尊水平的探究。

（四）培养坚强的意志品质

意志品质指一个人的果断性、坚韧性、自制力以及勇敢顽强和主动独立等精神，意志品质既是在克服困难的过程中表现出来的，又是在克服困难的过程中培养起来的。在体育运动中要不断克服客观困难（如气候条件的变化、动作的难度或意外的障碍）和主观困难（如胆怯和畏惧心理、疲劳和运动损伤），锻炼者越能努力克服主、客观方面的困难，越能培养良好的意志品质。体育运动有助于非认知因素的发展，即可增强大学生集体荣誉感、信念感、责任感，培养大学生坚持不懈、努力拼搏、独立自主等意志品质。

（五）消除疲劳

大学生持续紧张的学习压力极易造成身心疲劳和神经衰弱，保持良好的情绪状态和参加中等强度的体育运动则可以使他们身心得到放松。体育运动对于培训生增强身体的适应能力、减缓应激反应、消除疲劳具有一定的作用。培训生面临着社会、就业、考核等各方面的压力，很容易产生应激反应。积极、自主地参与中等强度的体育运动能够提高最大摄氧量和肌肉最大力量等生理功能，有效消除疲劳，对大学生自身的应激反应有一定的调节作用。规律性的锻炼能够提高有氧适应性，有效提高锻炼者的应激能力。

（六）治疗心理疾病

心理疾病会导致心理状态出现异常，包括焦虑、抑郁、睡眠障碍。有研究显示：大学生每次锻炼时间较长、中等强度的体育运动、规律性的体育运动，出现焦虑、抑郁等心理疾病的概率越小。来自实验研究的结果发现，无论是学生、孕妇，还是患颈椎病、高血压和冠心病等人群，甚至是临床焦虑症患者，体育运动对他们焦虑的改善都具有良好的效果。体育运动可以有效增加大脑皮质的重量，促进血液循环，为大脑神经细胞的运动提供充足的氧气，使其保持充分的能量供给，提高大脑中枢神经系统功能的稳定性和灵活性，使应激源的生理影响减少，减少不良情绪的发生。

体育运动对于培训生的心理健康造成的积极影响是非常重要的，通过体育运动能够帮助学生树立正确的三观，养成积极向上的人生态度，推动学生身心更加健康地发展，切实提高学生的适应能力、学习能力以及人际交往能力，给学生将来适应社会以及更好地工作奠定基础。此外，教师必须重视正确体育锻炼方法技巧的传授，确保学生体育锻炼强度和时间安排的合理性，避免因为运动不恰当而给学生身心造成损害。

综上所述，体育运动可以直接有效促进"2+1定向培训""心理健康"课程完善，体现在改善职场中人际关系的改善、意志与能力的发展、减缓应激反应，提高身体自尊以及心理疾病的治疗。在就业十字路口的培训生心理健康问题尤为突出，学校、家庭以及学生都应该意识到体育锻炼对培训生心理健康的积极作用，并通过体育锻炼预防培训生的心理健康问题。

【参考文献】

[1] 宋子良，李汶凯.体育运动对培养青年非智力心理因素的实验研究［J］.北京体育大学学报，2002（03）：324-326.

[2] 唐慧，丁伶灵，宋秀丽，等.2002—2011年中国大学生抑郁情绪检出率的Meta分析［J］.吉林大学学报（医学版），2013，39（05）：965-969.

浅谈"三全育人"的视域下如何做好课程育人

（建筑工程学院　陈青美）

【摘要】"三全育人"是引领高职院校时代人才培养的重要理念，是提升当代大学生思想政治素质的重要依据。在"三全育人"视域下如何做好课堂教学与育人的有效融合，培养高素质的技术技能人才是高职院校的教学改革核心。本文立足"三全育人"视角剖析课程育人现状，提出构建"三全育人"育人模式，最后深入探析"三全育人"视域下实现课程育人的具体路径。

【关键词】三全育人；课程育人；教学改革

一、"三全育人"的背景

在全国教育大会上，习近平总书记指出，培养德智体美劳全面发展的社会主义建设者和接班人，加快推进教育现代化、建设教育强国、办好人民满意的教育。中共中央、国务院《关于加强和改进新形势下高校思想政治工作的意见》提出，坚持全员全过程全方位育人（以下简称"三全育人"）。高校要把立德树人作为根本任务，融入思想道德教育、文化知识教育、社会实践教育各环节，把思想政治工作贯穿教育教学全过程，把思想价值引领贯穿教育教学全过程和各环节，形成教书育人、科研育人、实践育人、管理育人、服务育人、文化育人、组织育人长效机制。

二、课程育人的现状

"三全育人"作为深入贯彻落实全国高校思政会精神，全面提升高校思想政治工作质量的具体举措，作为一项系统工程，各地各高校积极推进。在这场"三全育人"综合改革中，课程育人作为"十大育人"体系中的重要内容，备受关注。

教书育人是教师的神圣职责，课堂是育人的主阵地和主渠道。该如何做好新形势下的课程育人，有些教师表示想做不知道怎样做，有些教师表示怕讲不好，有些教师表示课程内容很专业不知道该怎么融入思政内容。总之，关于课程育人，还存在不会讲、不敢讲、不愿讲的现象。

三、高职院校课程育人的对策和建议

1.加强顶层设计，课程思政协同育人

学校层面应将课程育人列为学校年度重点工作，实施课程思政质量提升行动，将价值引领、职业道德、工匠精神等要求贯穿于专业教学计划、课程标准、课程内容、教学评价等各项教学环节，着力推进习近平治国理政、生态文明、法治思想等进课堂，

将思想政治教育全面落实到课堂教学主渠道中，促进各类课程与思想政治理论课同向同行，逐步实现"课程思政"示范课二级学院、专业全覆盖。此外，还应成立学校教材工作领导小组，规范教材选用、征订、评价、编写各环节，落实马克思主义理论研究和建设工程重点教材要求，确保教材质量。

2. 提升教学能力，坚持理想信念不动摇

教师首先要解决理想信念的问题，加强政治学习，要坚决做到"两个维护"，增强"四个意识"与"四个自信"，做坚持社会主义办学方向的坚守者、捍卫者，此外，还要用好政治学习、支部生活的学习时间，认真加强理论学习，用新思想指导自己科研和教学。

学为人师、行为示范。教师的师德师风、日常行为、课堂纪律、思想政治意识本身对学生也是潜移默化的教育过程。教师要努力成为先进思想文化的传播者、党执政的坚定支持者、学生健康成长的指导者和引路人，坚决做到以德立身、以德立学、以德施教，坚持教书和育人相统一、言传与身教相统一、潜心问道和关注社会相统一、学术自由和学术规范相统一。

3. 提高教学质量，增强育人效果

教师在思想上做好课程育人的前提是提高教学质量。教师要遵循教书育人规律，遵循学生成长规律，沿用好办法、改进老办法、探索新办法，不断提升教学质量。在知识爆炸的信息化时代，教师尤其要注重教学相长，和学生形成"教学共同体"，多采用启发式、引导式、参与式的教学手段和方法，增强课堂活力，提高学生学习兴趣，让学生在刻苦钻研中掌握扎实的知识。

4. 转变教学方法，拓宽育人途径

教师是根本、教材是基础、教法是途径。本人曾学习过黄亚宁谈到的《三教改革视域下课程、教材、教学成果奖三位一体研究》，她谈到教育科学研究是教育事业的重要组成部分，对教育改革发展具有重要的支撑、驱动和引领作用，是教育个人成长和发展的关键，也是解决教育问题的有效手段。黄亚宁在课前5分钟列举了一个话题讨论"你还吃得起猪肉吗？"这个话题紧扣热点、贴近生活，让同学们一下子融入话题讨论中。待学生讨论完，黄亚宁才从经济学专业角度谈了谈国家的宏观调控对物价稳定的作用。这样的授课方式，不仅能吸引学生学习新奇，还在潜移默化中融入了思政内容，一举两得。

一切以学生为中心。本人作为一名思政教师，参与讲授"毛泽东思想和中国特色社会主义理论体系概论""思想道德与法治""大学生创新创业"等课程，学生都是基础较薄弱、学习缺乏主动性的高职大学生。为提高他们在课堂的积极性和能动性，本人也采用了课前的5分钟的新闻评述、前排座位奖励机制、课堂积分换礼品等多种方法。此活动让学生能上讲台，成为课堂的主人，本人也能通过他们的评述了解学生的目前的思想状态，为以后课程的案例选择提供最有用的根据。

四、结语

教育是党之大计，国之大计。课堂是人才培养的主渠道和主阵地，讲台、学生、

教师是校园里最美丽的风景。教师要不断创新，实现从课堂教学到课程育人的转变，成为落实党的教育方针的重要抓手，为实现中华民族伟大复兴培养合格的接班人做出不懈努力。

【参考文献】

[1] 何杨.基于"课程思政"的高校辅导员育人模式：创新性、立体性、实效性［J］.才智，2019（07）：94.

[2] 田阳敏.研学旅行课程育人价值的实践策略研究［J］.辽宁教育，2019（06）：67-69.

[3] 周利方，沈全."课程思政"运行机制与途径拓展探索［J］.教书育人（高教论坛），2019（06）：69-71.

[4] 陈琦.创新创业背景下"国际贸易实务"课程实践育人机制研究［J］.科教导刊（上旬刊），2019（02）：77-79.

高职院校大学生劳动教育课程体系构建研究

（财经管理学院　江佳慧）

【摘要】新时代劳动教育是高职院校加快构建德智体美劳全面培养教育体系的重要一环，而劳动教育课程是推动新时代高校劳动教育的主要载体。当前，教育培养体系缺失、家校联动教育断裂、学生劳动意识不强、劳动教育内容不明晰、学生劳动观念偏差、整体社会意识淡薄等问题严重阻碍了劳动教育的推进。因此，高职院校应当把握课程教学中显性教育和隐性教育、理论教育与实践教育、校内教育与校外教育相结合的原则，从课程内容、课程设置、课程考核等方面完善劳动教育的课程体系构建。

【关键词】劳动教育；高职院校；课程体系

2020年3月20日，中共中央国务院发布《关于全面加强新时代大中小学劳动教育的意见》（以下简称《意见》），提出全面构建体现时代特征的劳动教育体系，明确设置劳动教育课程，将劳动教育纳入职业院校人才培养方案，形成具有综合性、实践性、开放性、针对性的劳动教育课程体系。高职院校应结合社会经济发展特点和岗位需求，有目的、有计划地开展劳动教育课程的探索，从课程内容、课程设置、课程考核等多个层面寻求突破。

一、高职院校开展劳动教育课程的必要性和迫切性

（一）劳动教育是促进学生综合素养的重要组成部分

劳动教育是立德树人的重要部分，加强劳动教育，可以帮助学生健康成长并提升

其综合素质。同时，劳动教育对践行与培育社会主义核心价值观、传承和弘扬中华传统文化、培育时代新人具有特殊意义。实施劳动课，加强思想引领，创新劳动方式，通过亲身实践，有助于青年学生充分认识和掌握马克思主义劳动观，逐渐成为德智体美劳全面发展的高素质人才。

（二）劳动教育有助于树立大学生正确的职业观念

高职院校教育是以培养适应国家和地方区域经济转型升级所需要的技术型、应用型、复合型的一线高素质人才为目标。劳动课中弘扬的劳模精神，有助于帮助毕业后走向操作性、技术性一线工作岗位的大学生树立劳动光荣意识，树立负责人、守纪律和重法律的职业道德观，进而形成职业人思维和素养。

（三）劳动教育有助于培养高质量的技能技术人才

劳动课在人才培养方案中的执行，能使学生边学技能边培养素质，培养学生的动手能力，提升创新意识，还可以培养其团队意识和交往能力，磨炼其意志品质。

二、高职院校劳动教育课程的现实困境

（一）教育培养体系缺失

当前劳动教育课程边缘化，课程体系、教学计划、资源投入、评价体系等尚未建立。一些高职院校把当前劳动教育归为思想政治教育内容的一部分，未设置独立课程，仅在部分基础课程中简单提及，在其他思想政治教育乃至学生工作中都甚少强调。部分高校的劳动教育教学任务由辅导员承担，但是缺乏具体的培养方案、团队师资力量、课程建设等。

（二）家校联动教育断裂

家庭是劳动教育的重要阵地，家庭生活是引导学生运用所学劳动教育知识的第一场所。当下，众多家长"宠爱"甚至"溺爱"，忽视对子女的劳动启蒙教育，很多学生都缺乏劳动经历。

（三）学生劳动观念偏差

劳动不是简单的干家务、打扫校园等，而是有计划地参加各类劳动，是知识的躬身修行，是创造真实价值的有效手段。当代大学生价值取向日趋多元化，功利倾向也日益明显，劳动观念偏差、劳动意识淡薄，时常将劳动当作为了达到某种目的的手段。如何提高学生劳动素养，值得深入探讨。

（四）整体社会意识淡薄

随着新媒体的迅猛发展，"网红""一夜爆红""暴富"现象层出不穷，严重影响了学生的劳动思想。在功利主义思想影响下，基于利益考虑，他们常常只看重劳动教育直接提供的成效，却忽视了劳动教育所蕴含的隐形价值。劳动教育亟须社会认同。

二、高职院校劳动教育课程化的突破路径

（一）课程内容

育人内容源于育人目标。劳动教育旨在引导大学生树立同时代发展要求相符合的劳动价值观，帮助大学生提升适用于生产和生活需求的劳动知识和技能。高校可以从

劳动观、劳动技能和劳动规范三个方面进行劳动教育：一是开展正确的劳动观教育，引导大学生形成正确的劳动观念、劳动态度和劳动精神，让大学生明劳动之理；二是开展与专业和社会需求相符的劳动技能教育，侧重劳动习惯养成与劳动技能提升，重视新知识、新技术、新工艺、新方法应用，帮助大学生习劳动之技；三是开展劳动规范教育，培养大学生的劳动权益保护意识，进行与劳动相关的法律法规教育，引导大学生懂劳动之法。劳动教育应以马克思主义劳动观为核心，继承和弘扬中国传统优秀的奋斗、奉献的劳动思想，同时也要秉持一种发展的内容观，根据社会劳动形态的变化适时调整教育内容。

（二）课程设置

劳动教育的有效落实必须依托一套成熟的课程和教学体系，包括显性课程和隐性课程两种类型。显性课程是设置在教学计划中的课程或者活动，主要包括劳动教育必修课、劳动教育专题讲座和"劳动周"实践课程三大类。必修课程、专题讲座及"劳动周"设置一定的学分，学生参加课程学习并通过考核可获得相应学分。隐性课程是融于其他课程或学校整体育人活动中的劳动教育环节，分为两类：一是依托现有的思想政治理论课、形势与政策、大学生职业指导与发展、创新创业课等公共课程以及专业课程，在原有课程上增设劳动教育内容，强化学生的劳动素养。二是开展形式多样的校内外劳动实践，以党支部、团委、学生会为组织依托，打造学生公寓劳动实践阵地、校园环境美化阵地等，帮助学生提高满足生活与生产需要的劳动知识与技能。

（三）课程考核

健全的劳动教育考核评价机制对提升大学生劳动教育成效具有重要促进作用。一是考核方式多元化，根据课程形式的差异设置不同的考核方式。对于劳动教育必修课以及专题讲座，采用考试、论文或学习心得等书面考核形式，侧重考核学生对劳动观念、劳动态度以及劳动精神的理解；对于"劳动周"实践课程、学生公寓劳动、校园环境美化公益服务等劳动实践活动，可以考勤和表现为主进行计分制考核；对于校内外劳动实践育人基地、社会实践基地、生产实习等主要根据综合实践报告、负责教师以及用人方的评价进行考核，这两者应把大学生的劳动技能、创新创业能力以及社会服务质量作为主要考核因素。二是将考核结果纳入学生综合素质评价体系当中。在现有的"德育＋智育＋文体"的综合测评体系中加入"劳育"，将劳动教育分依据"基础分＋奖励分－扣分"的计算模式，按比例标准进行核算，并将其结果作为大学生评优、评先、奖助学金评选以及考研、毕业鉴定的重要参考。

四、结语

加强大学生劳动教育必须久久为功，形成长效工作机制。高职院校应建立常态化劳动教育统筹机制，在劳动价值观教育层面引导大学生树立马克思主义劳动观，在劳动精神教育层面重点培养大学生的劳动创新精神，在劳动态度教育层面积极引导大学生养成诚实劳动的态度，在劳动品质教育层面全面激发大学生实干兴邦的家国情怀。让高职院校的大学生真正融入劳动之中，进行实践体验、磨炼劳动能力、挖掘劳动价值、享受劳动成果。

【参考文献】

[1] 黄丽丽，陈钦萍.新时代高校大学生劳动教育课程体系构建研究［J］.高校后勤研究，2021（08）：68-70.

[2] 宋艳艳，朱颖.高职院校劳动教育课程化的价值意蕴、困境及突破——以高职院校为例［J］.晋城职业技术学院学报，2021，14（05）：28-30.

[3] 贾亮亮.高职院校劳动教育的价值、困境及路径研究［J］.科技风，2021（30）：165-167.DOI：10.19392/j.cnki.1671-7341.202130053.

[4] 何静."双高"背景下高职院校"五进一促"劳动育人实践研究——以天津电子信息职业技术学院为例［J］.山东广播电视大学学报，2021（01）：48-51.

第二节 育人案例

明确目标，大学生活不再迷茫

（智能制造与汽车学院 杨冬）

【摘要】目前，大学生群体中，存在着不同程度的无聊、空虚、自责、迷茫等不良的思想状况，主要原因之一是个人目标和职业生涯规划不明确。针对这一情况，辅导员开展课程育人，利用"职业发展与就业指导"这一课程，帮助大学生明确目标和个人规划。

【关键词】迷茫；个人目标；课程育人

一、实施背景

本人担任智能制造与汽车学院汽车制造装配技术专业辅导员，共管理三个班级，分别是汽车制造1801、汽车制造1802和汽车制造1803。在日常的工作中发现大部分学生都存在着不同程度的空虚、自责、迷茫等不良的思想状况。很多同学对学习缺乏积极性，经常在课堂上发呆、玩手机，下课后回寝室睡觉，玩游戏等。

二、主要做法

针对这一现象，本人利用"职业发展与就业指导"课程对所有专业的同学开展课程育人活动。首先，本人对班级学生进行摸排调查，向同学们提问的三个问题分别是报考该校以及选择本专业的原因，还有毕业后的计划。通过这些问题理清班级学生的学习动机和思想状态，本人将本校学生毕业后的选择罗列出来，展现在学生面前，主要分为专业对口就业、非专业对口就业、专升本、参军入伍、考公、个人创业等。本人将这些选择的特点进行分析，让学生与自身兴趣和意愿——匹配，并阐述清楚相关要点和流程，激发学生对未来的期许。最后，统计学生的选择，让他们明确努力目标和方向，并制订大学未来三年的学习计划，立即着手执行，在以后的课程中不断检查和修正。

三、成果成效

课程育人取得的明显效果主要体现在以下几点：第一，学生明确了未来目标，学习积极性有所提高；第二，学生不再感到迷茫，大学生活不再无聊；第三，学生增强了毕业后就业的信心。

汽制1803班的叶同学在上课后，萌发了当教师的想法。他和辅导员探讨后，结合自身专业优势，确定了回当地职高（宜宾）当汽车专业或者实训教师的目标。对此，辅导员帮他制订了实现目标的计划：在校期间学习好汽车专业理论知识—进入上海大众汽车有限公司进行教学实习—进入当地职高进行毕业实习—专升本获取本科文凭—毕业进入职高工作。目前，叶同学已经顺利完成前面阶段的目标，升入本科院校学习，正在朝着目标一步一步前进。

四、经验总结

造成这些思想状况的主观原因是大学生缺乏目标和自律，客观原因是大学缺乏校园文化及其引导。对大学生进行理想教育、增强自律意识和自我管理能力，同时培育丰富的深厚的校园文化并增强其引导功能，是解决大学生思想问题的根本对策。教学是培养人才的根本途径，而学生是教学活动的主体，他们在学习中能否发挥主观能动性，与学生学习动机有着紧密的联系。本文针对当代大学生急功近利、浮躁、迷茫日益严重的现状进行分析，总结出产生这种现状的原因。对此，应采取正确的应对策略，从而改变现状，促进发展。

课程思政——明确就业指导工作的方向

（装备制造学院　黄巾）

【摘要】本案例讲述了本人在担任"职业发展与就业指导"课程兼职教师期间，如何从课程思政角度，把握就业指导工作方向，成功引导学生明确就业目标，并进行合理生涯规划的故事。

【关键词】课程思政；生涯规划

一、背景描述

小 T 身为班长，虽然他对班级实务投入的精力不多，但能够按时完成教师安排的工作。升入大二后，本人发现小 T 的学习积极性有所下降，后来得知，他与寝室同学的关系出现了问题。经过与小 T 一番细聊，本人得知，小 T 家庭出现了巨大变故，欠下许多外债。他一方面想为家庭出力、减轻负担，一方面又受困于自身学历和能力限制，难有作为。巨大的家庭经济压力让他心情烦闷、无心学习和处理班级事务，也难以给他人好脸色。

二、主要做法

1.以爱作为谈心谈话的前提

收到小 T 室友投诉后，本人从同学、教师等角度多方面了解小 T 近期表现，在小 T 空闲时间，将小 T 请到团委活动室（05206），本着真诚、接纳的态度与小 T 交谈，了解了小 T 心中的压力与焦虑。

2.澄清内心需要，明确问题关键

表面上看，小 T 存在人际关系不和谐、学习懈怠、对班级事务不积极等问题，但通过坦诚对话和价值澄清，可以看到小 T 问题的根源在于因个人能力不足以分担家庭经济负担而产生的焦虑过多消耗了自己的精力。因此，小 T 当前的困境在于其当前个人能力不足。

3.践行课程思政，收获幸福之花

在了解到小 T 的实际情况后，本人践行课程思政的理念，在开展就业指导工作的过程中，引导学生树立终身学习的理念，在了解基本国情和时代使命的基础上，将个人发展与青年责任相结合，合理进行生涯规划，树立终身学习的理念，不断加强个人能力建设，在顺应时代需求的基础上，收获个人成长，最大限度实现自我价值。

为此，本人先通过生涯彩虹图，引导小 T 进一步明确大学期间最重要的任务便是通过学习和实践提升个人能力，以更好适应未来社会需要。然后，通过分析包括人工智能技术、物联网技术等在内的国家发展方向，引导小 T 明白技术的进步使得简单、低端的劳动力发展空间越来越小，只有高技能水平的劳动力才能在国家未来发展中占据更有利的地位，获得更光明的职业前景。在此基础上，引导小 T 理解树立终身学习理念、珍惜大学时光对于提高并保持未来竞争力的重要意义，引导学生将焦虑转化为动力，合理规划大学生活，扎实提高专业技能，实现个人长远发展，以更好、更可持续地回馈家庭。

此外，本人在引导小 T 专注在校生活、潜心学习、提升专业技能的同时，为了进一步帮助他减轻眼前的经济压力，本人给他介绍了校内勤工助学的岗位，使其提升个人综合能力的同时，能够获取一定经济支持。

明确个人规划并一步步开始行动的小 T，慢慢出现可喜的变化：他的焦虑情绪得到缓解，心情变好了，与同学的关系改善了，学习上更积极主动了，在班级事务中也更活跃了。

三、经验分享

当学生出现职业生涯规划不清晰的情况时，教师应教育引导学生明确不同人生阶段的主要任务，通过谈心谈话、职业生涯彩虹图等方式，在把握时代脉搏和国家发展趋势的基础上合理地对学生进行生涯规划，帮助学生树立终身学习的理念，让学生能利用一切学习和实践机会加强个人能力建设，为未来职业发展打下良好的基础，真正反哺家庭，实现个人和社会双重价值。

四、延伸思考

课程思政理念贯穿辅导员工作的方方面面。辅导员在学生工作中，要着重教育引导学生正确认识世界和中国发展大势，正确认识时代责任和历史使命，珍惜韶华、脚踏实地，把远大抱负落实到实际行动中，让勤奋学习成为青春飞扬的动力。

第二章

科研育人

高校思想政治工作"三全育人"模式研究

（财经管理学院　马永玲）

【摘要】高校是培养社会主义接班人的重要场所，为社会建设培养了一批又一批的优秀人才。高校需要一直坚持育人为本、德育为先的理念，而"三全育人"模式的提出就非常有利于促进高校思想政治工作的开展。本文首先分析"三全育人"的内涵，然后分析其与高校思想政治工作的联系和现存的问题，最后探讨高校思想政治工作中"三全育人"模式的创新与发展。

【关键词】高校；思想政治工作；"三全育人"模式

引言：新中国建立之初，在第一次全国代表大会上，大会就提出了"教书育人、管理育人、服务育人"的主张，这便是"三全育人"最开始的理念。随着社会不断进步，教育行业的不断发展，"三全育人"模式在教育行业中逐渐成熟，领导人对"三全育人"提出了更高水平的要求，教育工作者也在教学活动中不断地实践。在2016年的全国教育大会上，习近平总书记指出，培养德智体美劳全面发展的社会主义建设者和接班人，加快推进教育现代化、建设教育强国、办好人民满意的教育。在此背景下，教育界再次开启了"三全育人"模式的研究和发展。

一、"三全育人"的内涵

"三全育人"指的是全员育人、全过程育人、全方位育人。

（一）何为"全员育人"

"全员育人"是指以高校的思想政治教师队伍为主体，各级党政组织齐抓。由校党委书记领头、院校各组织协助构建一个思想政治工作体系，需要所有的教职工对学生的思想政治工作进行教育，将此种理念渗透到学生的教学、管理、生活服务的各个环节，上到机关行政人员，下到后勤服务人员。

（二）何为"全过程育人"

"全过程育人"是指高校教育工作者要根据学生从入学到毕业的发展特点，在其整个大学期间贯穿思想政治工作。这就要求教师在遵循学生阶段发展特点的同时，也要注意思想政治工作教育的连贯性，根据学生的年级、专业等方面对其进行针对性教育，逐步细化育人内容，完成育人目标，参与到学生思想政治工作的培养全过程当中，促进学生的全面发展。

（三）何为"全方位育人"

"全方位育人"是指对学生的教育不能仅限于课堂上的知识传授，还要渗透进学生的各个成长进程中，打破时间和空间的限制。从教育的途径、方法等各个角度出发，充分利用各种载体，为学生开辟更为丰富多彩的"课堂"，丰富育人的形式和内容，将"全方位育人"扩展至"全环境育人"，形成新的教育途径，将素质教育渗透进德智体美劳各方面，培养出全面发展的社会主义建设者和接班人。

二、"三全育人"与高校思想政治工作的联系以及现存问题

高校教育的最终目的是立德树人，大力加强大学生的思想政治教育，为社会培养德智体美劳全方位发展的社会主义接班人。在思想政治工作中实施"三全育人"是高校教育的使命。

（一）"三全育人"与高校思想政治工作的联系

"三全育人"是高校思想政治工作的根本指导原则，需要高校教育工作者系统地对大学生进行思想政治教育。"三全育人"模式首先明确了高校教育工作者对思想政治教育的定位，明确他们的工作目的。德育工作是一个长期且复杂的过程，高校教育工作者要将学生思想政治培养中的各个要素相结合，充分唤醒学生的思想政治觉悟。

目前"三全育人"已经涵盖了高校德育工作的内容，不仅强调学生核心素质的培养，还强调学生综合素质的发展。"三全育人"相比以往的教育模式来说，内涵更加丰富，也更加符合新时代下的教育要求，为高校的思想政治工作培养提供许多便利，也是高校思想政治工作中必须遵循的理念。

（二）"三全育人"现存问题

首先，管理、教学、后勤三方缺乏沟通。由于"三全育人"推行并没有完全覆盖，管理、教学、后勤相互之间没有沟通，学生也没有认识到学校的教学、管理、服务互有联系，将三者完全分割开来。在这种背景下，"三全育人"的模式不能很好地实施，不利于施展高校思想政治工作。因此，教育工作者之间一定要互相沟通，去思考如何将"三全育人"贯穿到自己的工作中，促进学生的全面发展。

其次，教师对"三全育人"的概念认知有误。很多的教师没有完全理解"三全育人"的内涵，认为这样一来就增加了工作量，对学生的德育工作产生抵触心理。此时，需要教师对"三全育人"理念进行全新的、正确的认识，理解具体内涵，在教学过程中渗透德育教育，提高教学质量，促进学生全面发展。

最后，"三全育人"的实施策略并不具体。当前，很多高校对德育工作进行了细分和实施，但并没有一个统一的评判标准，每个部门的职责都没有得到具体落实，流于表面，这就需要制定一个统一的考核标准，推动学校的每个部门、每一个工作者对思想政治工作具体实施和落实。

三、高校"三全育人"的策略和发展

《高校思想政治工作质量提升工程实施纲要》为新时代高校的思想政治工作指明了具体方向，教育工作者需要重新认识"三全育人"模式，在教学中贯彻"三全育人"的理念。

（一）树立"三全育人"的工作理念，强化教育改革

思想政治工作极其复杂，学生品德养成又是一个长期的过程。因此教育工作者，尤其是德育工作者需要树立正确的"三全育人"理念，在新时代的背景下，立足于思想政治教育工作，构建"立德树人"的大格局。德育工作者还需要认真对大学生成长规律进行研究，根据大学生的身心规律，将思想政治教育渗透在教学、管理等各个环节，起到积极正面作用，形成"闭环式"的全面环境，切实发挥"三全育人"模式的作用。

（二）建立健全"三全育人"工作机制，整合育人资源

教育工作者要把握好"三全育人"的运作机制，从校党委书记到专业课教师，再到后勤服务人员都是"全员育人"的主体，他们要对受教育者进行思想政治工作，不受时间、空间的限制，促进受教育者的全面发展。此外，所有教育工作者要建立健全工作机制，让"三全育人"能落到实处。

首先，在校党委书记等领导级层面，一定要将"三全育人"模式作为教育工作的一个重点，可以建立一个专门督导小组，负责学校的"三全育人"工作的策划、实施和考核，将教职工的德育工作成果纳入绩效考核中。其次，教师及后勤服务人员要明确育人也是自己工作中的一部分。最后，学校应该定期开展德育活动，充分统筹校内外资源，接受学生、家长、社会的监督，针对问题和不足及时调整，以便更好地实施"三全育人"模式，发挥最大作用。

（三）勇于实践，根据时代发展及时调整

德育工作者一定要结合本校的实际情况，再根据时代的发展和社会需求对本校的"三全育人"模式不断地改进和完善。对每个教育工作者的工作要素重新进行整合落实，始终将"三全育人"作为工作的出发点和落脚点，在实践中不断创新，在创新中不断实践，推动本校的思想政治工作的展开和完善，形成一个可大力推广的育人模式。

四、结语

综上所述，在高校思想政治工作中贯穿落实"三全育人"模式是一个长期的过程，也是一个复杂的过程。"三全育人"作为德育理念中的全新模式，是高校开展德育工作的重要理念，它需要全员、全过程、全方位地参与到德育工作中，但目前高校思想政治工作仍存在许多问题，这就需要高校所有的教育工作者正确认识"三全育人"模

式的内涵，正确把握这种新机制，不断开辟育人新思路、新途径，让高校的德育工作走向更科学、更规范的道路。

【参考文献】

[1] 蒋广学，张勇.强化"全环境育人"理念 推动网络思政教育创新［J］.中国电子教育，2003（02）：34-38.

[2] 门宏悦，曹军，刘洋，张茂仁.构建研究生思想政治教育"三全育人"模式［J］.沈阳农业大学学报（社会科学版），2014，14（02）：185-188.

[3] 刘诚，黄璐.新时代大学生思想政治教育"三全育人"模式研究［J］.高等教育，2017（43）：49-51.

[4] 杨晓慧.高等教育"三全育人"：理论意蕴、现实难题与实践路径［J］.中国高等教育，2018（18）：4-8.

浅谈新时代高职院校科研育人

（装备制造学院　熊永中）

【摘要】教学与科研并不是互斥的，而是对立统一的，只有教学与科研真正融合，高等院校才能真正培养出创新型人才。笔者从背景分析入手，对高职院校科研育人面临的机遇和挑战进行了详细分析。同时，笔者以所在院系以及自身的实际情况，浅谈了自己对于科研育人的思考和努力，并谈了一些自己的建议。

【关键词】科研；育人；背景；机遇；挑战；思考；努力

一、高职院校科研育人面临的背景

教育部在 2017 年底发布了《高校思想政治工作质量提升工程实施纲要》（以下简称《实施纲要》），该文件是对《中共中央国务院关于加强和改进新形势下高校思想政治工作的意见》精神的进一步深化。《实施纲要》指出，构建十大育人体系是思想政治教育提升工程的基本任务，其中科研育人已然成为当代高等教育人才培养的最前沿要素。作为一种高效率的教学形式，科学研究应当成为高校学生重要的学习模式。

二、高职院校科研育人面临的机遇

中国特色高水平高职学校和专业建设计划（简称"双高计划"）是指党中央和国务院为建设一批引领改革、支撑发展、中国特色、世界水平的高等职业学校和骨干专业（群）的重大决策建设工程，亦是推进中国教育现代化的重要决策。"双高计划"旨在打造技术技能人才培养高地和技术技能创新服务平台；引领职业教育服务国家战略、融入区域发展、促进产业升级。

科研育人是"双高计划"的内在要求和本质特征，是培养德智体美全面发展的社会主义的建设者和接班人的必然选择。新时代高职院校深入开展和实施科研育人，是走"内涵式发展道路"的必由之路。科研育人也是建设高水平高职学校和高水平专业群、打造技术技能人才培养高地和技术技能的创新服务平台，支撑国家重点产业、区域支柱产业发展，引领新时代职业教育实现高质量发展的必然要求。

同时，党和国家对职业教育的重视程度前所未有，政府和社会对职业教育的认识深度和投入力度前所未有，国家、政府和职业院校对职业教育的改革力度前所未有，这将给高职科研带来春天般的发展生机。可以说，高职院校科研育人有着非常好的机遇。

三、高职院校科研育人面临的挑战

正所谓机遇与挑战并存，高职院校科研育人也面临重大的挑战，主要表现在要求高、主体和客体意识不强、载体不佳等方面。

1.科研育人要求高

根据《四川省职业教育改革实施方案》，为建设高水平的教师队伍，自2020年起，除"双师型"职业技术师范专业毕业生外，职业院校、应用型本科高校相关专业教师原则上从具有3年以上企业工作经历并具有高职以上学历的人员中公开招聘，特殊高技能人才（含具有高级工以上职业资格人员）可适当放宽学历要求。

可以看出，高职院校教师的要求比较高，从上述关于专业教师原则上从具有3年以上企业工作经历的规定不难得出，高职院校非常看重应聘者的专业和实践经历。

2.科研育人主体和客体意识不强

目前，不管是本科院校还是高职院校，科研在高校考核和晋升中所占比重较大，不少教师从事科研的目的在于解决个人的考核和晋升问题，这导致教师关注科研多，关注学生少，忽略了科研在育人方面的作用。

在学生方面，如果没有学校和教师的引导，学生参与科研的兴趣和主动性几乎无从谈起，科研育人也就无从谈起。以本人所在院系来说，根据对授课班级以及管理班级的调研，大部分学生认为科研与育人之间的联系甚少。不难得出，高职科研意识主体和客体意识亟待提高。

3.科研育人的载体不佳

科研育人工作当然需要良好的载体。高职院校普遍科研实力本身较弱，从事科研活动的教师不多，科研育人只流于表面。还是以本人所在院系来说，很多教师平常教学任务非常繁重，有的教师还承担了学生管理以及相关行政工作，他们很难挤出时间带领学生搞科研。因此，高职院校要优化科研育人载体，可以从完善管理制度、建立激励机制、健全评价体系等方面入手。

四、本人关于科研育人的思考和努力

首先，教师应该起好模范带头作用，给学生树立严谨科研精神的模范，真正体现

"身高为师德高为范"；其次，只有具备较强的科研能力，才能更好地带领学生成长和发展；再次，科研育人应该做到"因材施教"，要根据个体差异，把握学生特点，积极引导，以更好地发挥自己的特长。

目前，根据工作安排，在积极完成学生工作的前提下，本人也承担了少许的专业基础课。根据长期规划和近期计划，本人目标是带领学生参加专业比赛，这样既能提高自身教学能力，又能争取为学院"双高计划"贡献自己的力量。

【参考文献】

[1] 张毅华.高校德育之科研育人：路在何方[J].科技视界，2018（11）：155-156.

[2] 曹威.高校科研育人探析[J].现代交际，2018（22）：190-189.

[3] 罗星海.高职院校"十三五"科研发展的机遇与挑战[J].黄冈职业技术学院学报，2015，17（05）：14-20.

[4] 曾勇，张纯姑，封顺.新时代高校科研育人存在的问题与对策[J].教育教学论坛.2020（34）：81-82.

我国就近入学政策的价值取向、失真与回归

（成都工业职业技术学院　苏海）

【摘要】就近入学是我国义务教育的一项重要政策，其基本价值取向在于促进教育公平。片面追求政策落实导致学校布局不合理、经济成为就近入学的决定因素、加速社会阶层结构分化和固化、违反教育规律的"反向不公正"是就近入学政策价值失真的现实表现。要实现就近入学政策的价值回归，促进义务教育走向公平，需要采取"弱势补偿"措施，鼓励学校特色发展，完善就近入学政策，建构"二元化"监督机制。

【关键词】就近入学；政策；价值失真

就近入学是我国义务教育的一项重要政策，对保障义务教育的顺利实施和教育公平具有十分重要的意义。《国家中长期教育改革和发展规划纲要（2010—2020年）》提出，把促进教育公平作为国家基本教育政策。2014年教育部颁布了《关于进一步做好小学升入初中免试就近入学工作的实施意见》，要求"学校划片招生，生源就近入学"，基本实现了教育机会公平。但是，现阶段人民群众对教育的需求已经从"机会公平"转向"过程公平"和"结果公平"。因此，本文通过对就近入学政策的文本分析重申其价值取向，找出价值失真的现实偏差，进而从现实偏差出发提出就近入学政策，实现其价值追求的回归路径，使就近入学政策更加完善，促进义务教育由"形式公平"走向"实质公平"。

一、改革开放以来我国就近入学政策价值取向的历史演绎

（一）历史演进

1978年，党的十一届三中全会在北京胜利召开，标志着我国政治、经济、文化、教育等各领域全面的拨乱反正，为了解决"上学难"的问题，全面提高国民素质，大力实施九年义务普及教育，就近入学政策开始在各种政策法规中出现。随着政治、经济、文化在不同时期有着不同的侧重点，在保障义务教育公平发展上起到了十分重要的作用。

1. 双轨并行阶段（1978—1992年）：提供充足教育机会

改革开放初期，世界上已有156个国家和地区实行义务教育，经济发达的国家不仅已经普及了小学教育，而且开始普及中等教育。而我国还在大量产生新文盲，小学入学率虽然在形式上有90%以上，但是真正小学毕业的只有30%。一方面，我国义务教育和人口的不断发展，针对不同国情，就近入学政策发展严重落后，全国范围内还存在着"上学难"的问题。另一方面，各类知识型的专业人才奇缺。为了提高国民素质，多出人才，快出人才，国家颁发了一系列政策法规，对义务教育采用"两手抓"，即重点中学政策和就近入学政策同时进行，既通过建立示范学校、重点学校为国家培养优质人才，带动全国教育发展，又保障义务教育阶段人人享受平等教育机会的权利，努力为广大人民提供充足的教育机会。

2. 规范入学秩序阶段（1993—2000年）：治理择校热

在"重点中学"和城乡二元结构政策的影响下，义务教育资源向"重点学校"和城市聚集，区域、城乡和校际教育水平差距扩大。针对这种情况，中共中央明确提出"促进社会公平和正义"。随着国民经济的迅速发展，阶层分化严重，对优质教育资源的需求加剧，出现了"以钱择校"和"以权择校"的现象。为了治理"择校热"问题，国家颁布的一系列文件中强调义务教育阶段必须严格遵守就近入学政策。这一时期就近入学政策成为规范入学秩序、推进义务教育机会公平的重要手段。

3. 资源均衡配置阶段（2001年至今）：促进教育公平

在"重点中学"和城乡二元结构政策的影响下，义务教育的教育资源向"重点学校"和城市聚集，引发了区域、城乡和校际教育水平差距扩大的不平衡现象。针对这种情况，中共中央明确提出"促进社会公平和正义"。随着国民经济的迅速发展，阶层分化严重，进而对优质教育资源的需求加剧，出现了"以钱择校"和"以权择校"的现象。为了治理"择校热"问题，国家颁布的一系列文件中强调义务教育阶段必须严格遵守就近入学政策。这一时期就近入学政策成为规范入学秩序，推进义务教育机会公平的重要手段。

（二）价值取向

就近入学政策作为义务教育政策的重要部分，其价值取向直接影响义务教育的办学性质、发展方向以及社会公正程度。教育政策的价值选择是教育政策主体和利益主体在自身价值判断的基础上所做出的集体选择。通过对改革开放以来我国就近入学政策的价值分析，随着社会政治、经济和文化的不断发展，就近入学政策在不同时期有

着不同的社会功能：在改革开放初期，为了大力推进九年义务教育，解决"上学难"的问题，就近入学政策旨在提供充足的教育机会，保障适龄儿童上学机会公平；20世纪90年代，社会上利用钱、权争夺优质教育资源的不正之风愈演愈烈，就近入学政策旨在规范入学秩序，治理择校问题；2001年至今，经过长期发展，义务教育已经形成了城乡、区域和校际教育质量差距悬殊的不均衡现象，在就近入学政策下，以免试就近入学代替了应试升学，缓解学生的学业负担，各所学校均可以招收到同等质量的生源，激发各个学校的办学热情。办好每一所学校，就近入学的核心诉求明确指向教育公平。从我国就近入学政策三个阶段的价值取向来看，虽然每个阶段的侧重点不同，但都是围绕着促进教育公平这个根本出发点来制定的。

二、就近入学政策的价值失真表征

改革开放以来，在适龄儿童"上学难"的历史背景下，就近入学政策在推进普及义务教育的进程中起到了举足轻重的作用是值得肯定的，保障了适龄儿童上学机会公平的权利。但是，现阶段义务教育实现了所有适龄儿童上学机会充足的基本公平之后，人们的教育需求从"有学上"转向"上好学"。就近入学政策强制适龄儿童划定学区入学，而现实是教育资源特别是教师资源分布不均衡，校际、城乡、区域教育质量差距较大，就近入学政策价值失真限制了人们自由选择优质教育资源的正当权利，加大了义务教育的不公平。

（一）片面追求政策落实导致学校布局不合理

通过对就近入学政策的历史演进进行分析，很容易发现其价值追求存在着潜在的内在逻辑，即学校合理布局—就近入学—平等接受义务教育。很显然，"就近入学"政策的初衷是在学校合理布局的基础之上遵循就近入学原则，从而达到义务教育的实质性公平。学校合理布局是必要前提，就近入学是实施手段，公平接受义务教育是最终目的。当学校合理布局之后，学校教育质量相对均衡，学生在每个学校均能接受优质教育，学生家长对于择校的目的将不再是对优质教育资源的获取，而是对学生的个性化需求。但是在执行过程中片面追求政策落实而忽略了学校的合理布局，把原本是实施手段的就近入学政策直接作为最终目的来进行落实，最终结果就是就近入学政策的落实较好，而学校布局不合理，教育资源分布不均衡，从而产生就近入学政策的落实与学生家长对优质教育资源的追求之间的矛盾，加剧了义务教育的不公平。

（二）经济成为就近入学的决定因素

现阶段，我国就近入学政策的大力推进源于我国教育资源分布不均衡，区域、城乡、校际间的教育质量相差较大。民众的择校观不是对教育个性化和多样化的需求，而是对优质教育资源的需求。在知识经济时代，教育是很多贫困家庭走上主流社会的通道，因此，为了阻断贫困代际相传，促进教育相对公平是必然选择。就近入学政策的大力实施从表面上打破了以"钱权择校"的暗箱操作，但成就了"以房择校"。近年来优质学校的学区房"热"，只有有钱的家庭承担得起。把"钱权择校"的"暗箱操作"转变为实质上的"明面操纵"，普通家庭望而却步。国家应当保障所有孩子都有机会获得成功，首先决定他们成功的应该是自身才华和努力程度，而不是让经济成为获得优质教育资源的决定因素。

（三）就近入学政策成为社会阶层结构分化的催化剂

固化的"催化剂"我国教育资源分布的实际情况是社会阶层越高的社区配套的学校越好，相应的教育质量越好。同时，学校在空间区域的层级化分布促进着社会相应层级的同质性聚集。优质学校所在的社区往往吸引着中上层群体的聚集，而导致下层群体被迫挤出，薄弱学校所在的社区往往没有吸引力，下层群体主动涌入。在就近入学政策下出身底层家庭的学生由于家庭没有足够的经济实力让他们去优质学校或者跨学区就读，导致他们只能按照就近入学去薄弱学校接受弱质的教育。在知识经济时代背景下底层家庭本身在知识资本方面就比较缺乏，学生在学校和家庭均得不到优质教育，根本无法和接受优质教育的中上层家庭的学生进行竞争，底层家庭的学生在通过教育涌入上层社会的轨道之前就已经被淘汰。由此可见，教育资源分布不均衡本是历史遗留下来的不正常现象，而国家通过就近入学政策来强迫不同阶层的学生到相应质量的学校接受教育，迫使底层群体被"二次剥削"。通过教育使社会阶层结构固化，导致底层阶级仍然处于社会底层，就近入学政策在实施过程中起着底层阶级再生产的功能，对社会阶级分化和固化起着"催化剂"的作用。

（四）就近入学政策造成违反教育规律的"反向不公正"

就近入学政策要求所有适龄儿童划片入学，根据统一标准入学表面上看起来很公平，实则从教育发展规律的角度来看却暗含"反向不公正"。就近入学政策忽视了教育的因材施教原则，忽视了适龄儿童自身多样性发展的需求，而是按照与儿童自身发展状况无关的住房就近入学。一方面，对优质学生而言，按照就近入学政策进入薄弱学校学习，学生所接受的学习内容、难度、进度和环境等都不太适应其本身的发展，不利于自身的成才。另一方面，对基础薄弱的学生而言，按照就近入学政策进入优质学校学习，学生很难跟上教师教学的进度、掌握学习内容，从而产生厌学情绪，不利于其身心健康发展。总之，不同学生在自身基础、兴趣、特长等方面有着多样化的需求，同时不同学校有着不同的特色和文化，学生需要选择适合自身实际的教育才能达到最好的发展。因此，就近入学政策"一刀切"阻碍了学生对自身发展的正当追求，不能满足学生的多样化需求和个性化发展。

三、多措并举让就近入学政策回归教育公平

（一）采取"弱势补偿"措施，促进教育资源均衡分配

根据罗尔斯的公平正义原则，"社会价值都应该被平等地分配，不能平等分配的利用差别原则向最少受惠者提供最大利益"，那么国家应当采取措施对"弱势阶层"及时给予补助和救济。这里所指的"弱势阶层"包括两部分，即薄弱学校和底层学生。一方面，国家通过政策实施向薄弱学校倾斜，加速薄弱学校发展，促进义务教育学校教育质量均衡分布。要加大薄弱学校的财政支持，给予薄弱学校在教师队伍、教学教研、培训交流等软件设施和教学设备、教育资源、多媒体等硬件设施建设的财政保障；要合理规划学区学校布局，以学区教育质量均衡为标准进行多校划区，规划学区内学校在数量和质量上的相对均衡，即按照"就近"原则进行重新划分，在偏远且弱质学

区通过建名校分校的方式，保证每个学区均有优质学校；要实行教师区域流动，在每个学区教育质量均衡的前提下实行教师"无校籍管理"，教师属于"学区人"，不设重点学校、重点班，扩大名校和名师的双重辐射，促进薄弱学校及其教师优质发展。另一方面，底层学生获得的教育资源和机会相对较少，为保证底层学生中的优秀学生能够得到相应的优质教育，可以通过划定学区优质学校名额的方式，给予优秀学生接受优质教育的机会，保障他们能够得到高质量发展。

（二）促进义务教育质量均衡，鼓励学校特色发展

义务教育质量均衡发展是就近入学政策实施的必要前提，解决区域、城乡和校际教育质量不均衡，才是解决择校问题的根本措施，才能满足学生家长对优质教育的需求。而教育质量均衡问题实则是师资配置均衡的问题。《中共中央关于全面深化改革若干重大问题的决定》提出：统筹城乡义务教育资源均衡配置，实行公办学校标准化建设和校长教师交换轮流，不设重点学校重点班，破解择校难题。根据我国实际情况，实施校长、教师轮岗交流，优质学校的校长到薄弱学校轮岗任职至少两届，优质学校的骨干教师到薄弱学校任教至少3年以上，薄弱学校的教师同比例到优质学校学习交流。特别说明的是，义务教育学校均衡发展并非"同质性"发展，如果所有学校朝着同一个方向发展仍然满足不了学生家长对教育的多样化需求，教育部门应当重视学校的多样性发展，鼓励学校特色发展。学校可以根据自身优势，由资深优质教师作为"学科带头人"组建学科性质的教研组进行校本研发，形成学校特色优势学科，吸引对这方面有需求的学生来校就读，理性地、科学地引导学生家长的择校观。

（三）以学生发展为核心，"科学入学"保障教育质量

学校教育的目的是培养人，就近入学政策的价值取向是教育公平，那么作为公共资源的义务教育更是应当以学生发展为核心，保证所有适龄儿童都能够接受优质的教育，而不应该是本着完成就近入学这项工作的目的进行。这里所指的优质教育是指适合学生个性化发展的教育。那么，适龄儿童应该去怎样的学校接受怎样的教育才是优质教育？教育部门应当重视这个问题，并且采取"科学入学"的方式保障学生接受公平而优质的学校教育。地方教育部门可以成立"学生校籍规划部门"，在学校开学半年前对所有适龄儿童的学习习惯、兴趣、基础、天赋、特长等进行测试和深入研究，建立学生的个人档案袋，根据学生实际情况在学区内科学选择适合其本身发展的学校就读。如果学区内没有适合的学校，在以"适应性原则"进行择校的前提下，保证就近入学原则。这样不仅可以为学生提供适合本身个性化发展的学校教育，也满足了为学生提供方便、安全的就近入学政策的要求。

（四）完善就近入学政策，建构"二元化"监督机制

为了加强就近入学政策的可行性与科学性，应当完善就近入学的实施细则。首先，由于我国区域差别较大，就近入学政策不能"一刀切"，应该对"特殊学区"实行照顾政策，而"特殊学区"必须要经过教育部门的考察是否真正需要照顾政策。比如，边缘地带学校教育质量非常低，可以允许优秀学生申请去其他优质学区入学，遵循自愿原则和"相对就近原则"；对其他学区加大实施力度，不搞"暧昧"关系，保障所有适龄儿童公平入学的权利。其次，对就近入学政策中"就近"和"以户籍所在地"

这两个概念进行明确界定，避免因为标准模糊造成"钻空子"的不公平现象。最后，应当强化监督机制，建立奖惩机制。在就近入学政策实施过程中实行教育部门内部监督，社会、学校、家长、学生等外部监督的"二元化"监督机制，把学区是否合理布局和入学的公开、公平、公正作为考察重点，对积极响应并且规划布局合理的学区进行奖励，对不合规范的学校给予处罚。坚决按照规定落实就近入学政策，回归义务教育阶段就近入学政策对教育公平的价值诉求。

【参考文献】

[1] 张健. 认真研究适合国民经济发展需要的教育计划和教育体制［J］. 人民教育，1980（08）：15-19.

[2] 中共中央关于加强党的执政能力建设的决定［J］. 求是，2004（19）：3-13.

[3] 刘复兴. 教育政策的价值分析［M］. 北京：教育科学出版社，2003.

[4] 刘国华. "就近入学"政策的认识误区及未来走向［J］. 教学与管理，2019（06）：24-26.

[5] 李涛. 中国教育公平亟待深度范式转型——"就近入学"政策背后的社会学观察［J］. 教育发展研究，2015（06）：10-13，57.

[6] 宁本涛. "就近入学"政策实施的产权困境及改进策略［J］. 基础教育，2017（06）：39-44.

[7] 李东宏，荣利颖. "就近入学"政策中的补偿平等研究［J］. 教学与管理，2016（30）：43-46.

第二节　育人案例

构建"四位一体"劳动教育体系，夯实育人基础——新形势大学生劳动教育工作的思考与实践

（成都工业职业技术学院　段水仙　王俸俊）

习近平总书记在全国教育大会的讲话中指出，要在学生中弘扬劳动精神，教育引导学生崇尚劳动、尊重劳动，懂得劳动最光荣、劳动最崇高、劳动最伟大、劳动最美丽的道理，长大后能够辛勤劳动、诚实劳动、创造性劳动，要努力构建德智体美劳全面培养的教育体系。2020年3月，中共中央、国务院印发《中共中央国务院关于全面加强新时代大中小学劳动教育的意见》，明确以习近平新时代中国特色社会主义思想为指导，坚持立德树人，把劳动教育纳入人才培养全过程，与德育、智育、体育、美

育相融合，促进学生形成正确的世界观、人生观、价值观。党和国家关于劳动教育的方针政策，为新时代教育改革指明了方向，更明确了劳动教育对于新时代大学生的重要意义，以劳树德、以劳增智、以劳强体、以劳育美。劳动教育是新时代高校"全面育人"的重要内容，也是"立德树人"的必然要求。

为全面贯彻落实《中共中央国务院关于全面加强新时代大中小学劳动教育的意见》及教育部印发的《大中小学劳动教育指导纲要（试行）》，提高劳动教育育人成效，我校积极探索，从顶层机制构建、劳动教育体系建设、劳动教育多元平台搭建等方面齐抓共管，逐步构建起"劳动教育课程 + 专业课程劳动实践 + 多元化社会实践 + 日常生活劳动"四位一体的劳动教育体系。

一、顶层机制构建

（一）组织保障

良好的组织保障是落实劳动教育政策、提高育人成效的前提条件。2020 年 6 月，根据文件精神，在学院党委领导下积极成立劳动教育试点工作领导小组，以党委书记、院长为组长，相关工作副院长为副组长，学生工作处处长、教务处处长、后勤国资处处长、二级学院党总支书记（副书记）为主要成员，共同负责推进并落实试点工作。同时，成立了劳动教育教研室，教研室围绕高等职业院校劳动教育开展文件学习、制度制定、课程建设、活动谋划、科研探究等工作，2020 年 9 月编撰出版了劳动教育校本教材《大学生劳动教育教程》，《新时代高职院校劳动教育课程建设——以成都工业职业技术学院为例》课题成功立项。

（二）制度建设

完善的制度是具体落实推进劳动教育相关工作的先行条件。为此，学院将劳动教育纳入 2020 级人才培养方案，针对 2020 级单开设劳动教育必修课。课程内容包括劳动与人生、劳动与法律、劳动与社会保障、劳动实践等四大专题，共计 24 学时。建立《劳动教育评价标准》，全面评价学生劳动态度、劳动技能、劳动成果、创造能力等，每学期给予相应学分认定。同时，将劳动教育纳入学生综合素质评价体系，建立匹配考核机制，鼓励学生展示劳动技能和劳动成果，参加劳动竞赛，记录劳动过程和成果。劳动教育课程成绩将作为学生评优、评先、学业毕业的必备条件。2021 年学院进一步将劳动教育纳入双高建设方案，从顶层上谋划劳动教育的实施。

二、劳动教育体系建设

劳动教育体系建设是落实劳动教育的必要路径。我院已初步形成"劳动教育必修课 + 专业课程劳动实践 + 多元化社会实践 + 日常生活劳动"四位一体的劳动教育体系，力求形成全员参与、全过程渗透、全方位融合的劳动教育模式。

（一）劳动教育必修课

从 2020 级起，学校单独开设劳动教育必修课。课程内容包括劳动与人生、劳动与法律、劳动与社会保障、劳动实践等四大专题，共计 24 学时。学生通过劳动教育必修课，能较为系统地掌握劳动科学知识，为未来职业规划和人生发展奠定基础。

（二）专业课程劳动实践

学校高度重视专业课程劳动实践育人的重要性，将劳动教育元素融入专业课程实践中。人才培养方案明确了专业课实践教学环节，实践教学学分占总学分的30%，各专业实践课学时在总学时中的占比达到50%以上，其中顶岗实习达到半年。旨在引导学生在掌握劳动知识技能的同时，树立正确的劳动观，崇尚劳动、尊重劳动，培养学生的敬业精神、工匠精神、劳模精神。

（三）多元化社会实践

学校积极拓宽劳动育人路径，开展丰富多元社会实践活动，构建社会实践劳动育人体系，提升社会实践劳动育人质量。学校立足于自身发展和社会需求，围绕服务新时代成都"三步走"战略目标、助力美丽宜居公园城市建设，开展"青春志愿·爱在社区"特色志愿服务行动；依托"逐梦计划""千校万岗""西部志愿计划"等工作平台，培养青年学生到基层、到艰苦地方建功立业的理想追求，组织动员全院青年为打赢脱贫攻坚战做出积极贡献；依托暑期"三下乡"开展有特色亮点的专业化、区域化志愿服务活动，引导青年学生践行"用我所学，服务社会"的宗旨，引领学生在社会实践中学、思、践、悟，将自身发展与祖国发展相联系，勇担社会责任。让学生在多元化的社会实践活动中，潜移默化地强化劳动习惯和劳动能力。

（四）日常生活劳动

以"服务育人"为载体，结合校园生活，组织学生开展校园卫生、教室清洁、实验室维护、星级文明寝室建设等劳动锻炼，培养学生掌握日常生活劳动技能，形成良好行为习惯，助力推动校园文明建设。

三、劳动教育多元平台搭建

劳动教育多元平台，是有效开展劳动教育、弘扬"劳动光荣、技能宝贵、创造伟大"的时代风尚，是以劳树德、以劳增智、以劳强体、以劳育美的前提与保障。学校从拓展劳动教育实践基地、建立多元师资队伍、加强劳动氛围营造三方面，为劳动教育的实施提供必要保障。

（一）拓展劳动教育实践基地

学校瞄准产业办专业，深入推进产教融合、校企合作，大力实施"引企入校"。实施"一园一院"协同育人工程，对接市委市政府重大产业功能区，走进产业园区办学，在产业园区建立特色分院。将学生实践教学环节与产业零距离对接，实践教学内容与生产项目对接，教师与师傅对接，学生与员工对接，实现教学场景与生产场景对接，构建起实践育人的多元立交桥，促进学生成长新局面。

（二）建立多元师资队伍

为推动劳动教育发展，提高学校劳动教育综合实力，学校逐渐构建起一支由专业课教师、创业教师、辅导员、校内外劳动模范、技能大师组成的，既理解劳动学科理论又精通劳动实践多元教师队伍。学校高度重视教师成长发展，通过产教融合、校企合作搭建学习平台，鼓励校内教师参与专业劳动理论与实践培训。

学校以"劳动光荣、技能宝贵、创造伟大"为主题，开展"劳动文化月"主题活动。设立专业"公益劳动周"，围绕专业特色，打造专业劳动实践活动。邀请裴忠富、唐成凤等国家省市"劳动模范"、技能大师、能工巧匠、大国工匠等开展"成都工匠进校园""劳模进校园""优秀校友创业故事汇"等活动。积极营造"崇尚一技之长、不唯学历凭能力"的校园氛围，深化对学生劳动价值观、劳动意识、工匠精神的培养。

新时代背景下，加强劳动教育，构建完善的劳动教育体系，是培养学生正确的劳动价值观、提高劳动素养、提升育人实效的重要途径，对于培养高素质高技能人才，实现立德树人的人才培养目标具有重要意义。

五育并举促成长　三方联动育人才

（智能制造与汽车学院　王丽　李倩）

按照《全面加强新时代大中小学劳动教育实施方案》，成都工业职业技术学院装备制造学院以培养学生劳动精神和提高职业技能水平为总体目标，全面开展劳动教育。围绕高职院校劳动教育目标，学院开展校企合作、产教融合、实习实训、技能竞赛等活动，开展劳动精神、劳模精神、工匠精神等专题教育，让学生积极投身工艺升级、技术革新、发明创造，掌握至少一项专业技能，形成劳动不分贵贱的劳动观念，提升精益求精的工匠精神，养成爱岗敬业的劳动态度。

一、开设劳动教育课程

（1）必修课程设置。学院以实习实训课为主要载体，开展劳动教育教育。其中劳动精神、劳模精神、工匠精神专题教育共计18学时，纳入学院人才培养方案。

（2）加强学科融入。学院积极探索五育融合路径，每年举办"工匠文化节"主题活动，结合植树节、学雷锋纪念日、五一劳动节、农民丰收节、志愿者日以及各专业文化节分会场等开展劳动主题教育，举办"劳模大讲堂""工匠进校园"、劳动竞赛、劳动成果展示系列活动，营造劳动光荣的校园文化。

（3）建设课程资源。学院编制一部《劳动教育》教材，研发劳动实践指导手册，指导劳动教育实践基地研发劳动实践活页教程。分专业制定包含"劳动教育"模块的人才培养方案，依托四川教育资源公共服务平台，建设数字化劳动教育课程资源库。

（4）开展课外劳动，学院要求全体学生毕业前参加12学时以上的劳动实践工作，并纳入学生日常管理。学校每学年设立劳动月，寒暑假安排学生开展集体劳动。

二、广泛开展劳动实践活动

（1）加强学校劳动实践活动，重视家庭劳动实践活动。每学期发送《家庭劳动教育倡议书》，号召家庭参与到劳动教育中，发挥家庭在劳动意识培养中的基础作用。

（2）全面开展产教融合、校企合作。与成都市政府部门和相关单位积极协调，建设校外实习实训基地三个，号召企事业单位、工厂农场等为学生劳动实践场所提供支持。引进装备产业、汽车产业、物流产业等基础性产业的高新企业，为学生体验现代科技条件下劳动实践新形态、新方式提供支持。与工会、共青团、社区等群团组织一道搭建活动平台，共同支持学生深入城乡社区、福利院和公共场所等参加志愿服务，开展公益劳动，参与社区治理。

三、深入推进志愿服务工作

节假日按照相关规定引导学生积极参与卫生防疫、群众安置、设施抢修和心理安抚等志愿服务。依托全国志愿服务信息系统，完善大中小学一体化志愿服务平台，实现志愿服务记录信息化管理，在册志愿者注册率达100%，全面开展志愿者星级认证。

四、建立健全劳动教育评价

开发"成都工业职业技术学院学生综合素质管理平台"，将劳动素养纳入学生"第二课堂成绩单"。以劳动教育目标、内容和要求为依据，指导学生如实申报"第二课堂成绩单"，记录劳动教育活动情况，收集整理相关作品等，选择代表性的写实记录，纳入综合素质档案，作为学生学年评优评先的重要参考。

五、加强劳动实践场地建设

（一）推动校外劳动教育实践基地建设

按照"政府主导、社会参与、区域统筹"的原则，建设校外固定实习实训基地三个，分别是"装备制造学院蒲江实训基地""汽车工程学院龙泉实训基地""物流工程学院青白江实训基地"。持续深化成渝地区劳动教育交流与合作，以企业前端技术为依托、服务人才培养，共通开展实训基地建设。以吉利焊装厂、成飞集团、蒲江中德产业园等企业设备为基础，企业专家共同参与，完成各专业在企实训基地建设。借助企业设备，开展课程教学入厂，将教室搬入车间。协同推进区域劳动教育资源合理布局、共建共享。

（二）推动学校劳动技能场所建设

参照德国跨企业培训中心建设标准，坚持工会主导、产业引领、公共开放、协作共享的建设机制，开展成都工业职业技术学院公共实训基地建设。以服务区域产业发展为导向，充分发挥基地公共性与开放性，为学生实习实训、志愿服务、现场观摩等劳动实践环节提供线下实体公共平台。

六、劳动教育融入人才培养方案模块

按照《全面加强新时代大中小学劳动教育实施方案》，围绕工业机器人专业人才培养职教目标，装备制造学院结合地方支持、校企合作、产教融合、实习实训、技能竞赛等活动，五育并举、三方协同制订人才培养方案并实施落地。

（一）劳动教育模块

该模块强调以劳树德、以劳增智、以劳强体、以劳育美、以劳创新，充分挖掘在课程、项目、活动中的劳动元素，构建"1+M+N"的环环相扣、层层递进的劳动教育课程体系。其中，"1"是在全校开设1门劳动教育专门课程（见表2-1）；"M"是指每个专业开发M门专业技术劳动课程（原则上不少于5门）；"N"是指学校开发N个志愿公益劳动项目（如"劳动文化节"）。

表2-1　劳动教育模块课程设置

课程名称	主要教学内容与教学目标	考核内容与方式	学时	学分
劳动教育	教学内容：劳动精神、劳模精神，生产劳动和服务性劳动； 教学目标：让学生动手实践，出力流汗，在劳动实践中进行教育，培养勤俭、奋斗、创新、奉献的劳动精神	总评成绩＝形成性考核成绩×50%＋终结性考核（心得体会）×50%	24	1

（二）职业素质模块

职业素质模块（表2-2）包括创新创业基础课和职业发展与就业指导课，重在培养学生质量意识、环保意识、安全意识、职业生涯规划意识，以及良好的信息素养、创新精神、工匠精神、专业精神，以及集体意识、团队合作精神和执行能力。

表2-2　职业素质模块课程设置与教学要求

课程名称	主要教学内容与教学目标	考核内容与方式	学时	学分
职业发展与就业指导	教学内容：职业发展与规划、职业生涯规划的决策与管理、职业素养提升、求职能力训练、职业的适应与塑造； 教学目标：培养学生具有正确的人生观、价值观和就业观；掌握学业规划、职业规划和创业规划的方法和正确推销自己的手段；能正确对待社会就业形势和进行职业规划	课程总评成绩＝形成性考核成绩×50%＋终结性考核（实践报告）×50%	40	2.5

（三）专业技术基础与实训模块

以工业机器人专业为例，专业基础技术与实训模块将专业群内职业能力按职业岗位进行分类，设置13个专业方向必修模块，包括工业机器人操作与编程、工业机器人系统维护、C语言程序设计、工业机器人应用系统集成、电气控制系统安装与调试等，3个纵向专业拓展限选模块包括EPLAN电气绘图、单片机应用技术、焊接技术等，每个模块与一个或一类职业岗位（群）对应，鼓励学生全面发展劳动技能，畅通技术技能人才成长途径。

七、五育并举、三方协同，保障人才培养方案实施落地

以工业机器人劳动教育为例，成都工业职业技术学院装备制造学院和吉利集团作为教育主体，学校专任教师和企业专家组成师资队伍，在学校教室、实训室、企业的

一线培训及服务场所形成教学场地，在三方共同参与的人才培养方案框架下，在专业实践实训指导、教学评价、就业等各个环节开展劳动教育。一年级，以劳动教育为载体，工匠精神为抓手，开展学生理论基础教育；二年级，以培养劳动精神、工匠精神、创新精神为主线，提升各方面的综合素养；三年级，学生进入设立在生产一线的学校和"吉利汽车"共建的实习基地，校企协同开展职业规划、安全教育、实习考核评价标准，提高育人成效，强化学生劳动精神、工匠精神、创新精神培育。

八、五育并举、三方协同劳动教育成效

（1）学生劳动技能提升：2019～2020年，参加三方协同育人项目学生获省（部）级二等奖6项、三等奖4项，铜奖4项；其中国家级A类赛项－教育部"西门子杯"中国智能制造挑战赛，获全国总决赛二等奖；"京东方杯"智能制造技能大赛，获全国总决赛二等奖。

（2）丰富劳动课程：辅助企业课程资源，吉利提供企业文化、新能源、自动化系列定制课程317门。

（3）壮大劳动教育师资力量：学校加速建设"双师型"教师队伍，企业技能大师工作室管理能力得到提升，实现校企发展共赢。与吉利汽车建立"韩克涛大师工作室"，企业大师进校园开展工匠文化宣讲、新技术讲座和专业知识授课；教师入企挂职，参加吉利汽车开展的师资研修班活动，提升职教能力，了解企业思维模式。

（4）劳动教学手段多元化、信息化：积极开展企业文化宣贯、制造基地参观、职业发展规划、学长学姐见面会，提高定向班学生"吉利同路人"意识。

（5）实现劳动实训基地共建：以企业前端技术为依托、服务人才培养，共通开展实训基地建设。以吉利焊装厂设备为基础，企业专家共同参与，完成焊接工业机器人实训基地建设。借助企业设备，开展课程教学，计划入厂教学，将教室搬入车间。

（6）校企共评、招就融合，实现劳动教育成果转化：精准定向岗位，以岗位技能要求结合企业评价标准对学生学习情况进行评价。2018级28名学生顶岗实习进入吉利，企业评价技能过硬、认同企业文化、发展潜力强。

优化劳动教育模式 提高学生综合素质——建筑工程学院关于劳动教育 "5+1" 模式的探索

（建筑工程学院　满文正　陈青美）

为全面发挥劳动教育育人功能，引导学生树立正确的劳动观，具备满足生存发展需要的劳动能力，形成良好劳动习惯，培养出德智体美劳全面发展的社会主义建设者和接班人，建筑工程学院一直立足成都工业职业技术学院的实际情况，思考和探索职业院校大学生劳动教育的有效的实施途径，并在2021年5月开启了劳动教育的"5+1"

模式探索。

一、职业院校劳动教育的政策背景

2018年全国教育大会上，习近平总书记要求把劳动教育纳入培养社会主义建设者和接班人的总体要求之中，明确提出构建德智体美劳全面培养的教育体系。

2020年7月，教育部印发了《大中小学劳动教育指导纲要（试行）》，该《指导纲要》明确规定了职业院校劳动教育的实施途径。

（1）组织学生开展日常生活劳动，自我管理生活，提高劳动自立自强的意识和能力；（2）定期开展校内外公益服务性劳动，做好校园环境秩序维护，运用专业技能为社会、为他人提供相关公益服务，培育社会公德，厚植爱国爱民的情怀；（3）依托实习实训，参与真实的生产劳动和服务性劳动，增强职业认同感和劳动自豪感，培育不断探索、精益求精、追求卓越的工匠精神和爱岗敬业的劳动态度，坚信"三百六十行，行行出状元"，坚定任何职业都能出彩的荣誉感和责任感，提高职业劳动技能水平，培育积极向上的劳动精神和认真负责的劳动态度。

2021年3月，四川省教育厅等十个部门发布了关于印发《全面加强新时代大中小学劳动教育实施方案》，也明确了职业院校要注重培养劳动精神和提高职业技能水平。围绕专业人才培养，开展校企合作、产教融合、实习实训、技能竞赛等活动，开展劳动精神、劳模精神、工匠精神等专题教育，让学生积极投身工艺升级、技术革新、发明创造，掌握至少一项专业技能，提升精益求精的工匠精神，养成爱岗敬业的劳动态度。

二、我校劳动教育的现状分析

在对学生公寓例行检查中发现，部分"00后"大学生参与劳动的主动性不强、积极性不高，主要表现为：部分学生宿舍卫生脏乱差，对公共包干区卫生打扫、垃圾分类等执行不到位等各种问题，究其原因是由于价值引领与劳动教育缺失造成的。学生受各种因素的影响，缺乏对劳动意义和价值的正确认识，改革开放以来，在经济全球化和网络信息化给中国带来很多利益的同时，西方个人主义、功利主义、拜金主义等不良社会思潮也对我国劳动价值取向带来了严重的冲击，很多大学生的劳动价值观发生扭曲，产生很多诸如不劳而获、幻想一夜暴富、看不起脏累苦的活等不良心理状态，一定程度上影响了大学生的劳动观。

三、建筑工程学院探索劳动教育"5+1"模式路径

面对劳动教育缺失如此严峻的事实，建筑工程学院一直在思考和探索大学生的劳动教育有效的实施途径，并在2021年5月劳动节开始了探索"5+1"劳动模式的探索。其中，"5"代表根据劳动教育的不同的目标，每个学生要在劳动实践月中完成劳动教育的5个活动：一次劳动主题团课比赛、一次劳动作品征集、一次劳动活动实践、一次劳动责任区承包、评选一次劳动之星；1则代表建筑工程学院结合重点专业和产业，围绕专业人才培养，深化校地合作，产教融合，让学生积极投身专业实习和实践，掌

握至少一项专业技能。

1.奋勇争先，积极开展劳动教育"五个一"活动

建筑工程学院劳动教育"五个一"活动

活动宗旨	活动时间	活动主题	活动内容	奖项设置
增强劳动意识	每学期5月、11月	"同上劳动教育课，涵养劳动情怀"主题教育课比赛	学生利用班会、团课等形式，开展赛课比赛	一等奖2名二等奖5名三等奖8名
传播劳动精神	每学期5月、11月	"讴歌劳动美 礼赞模范者"劳动作品征集活动	文章、绘画、视频或书法等原创作品展现了劳动人民的风采，阐释和传播新时代劳动精神	一等奖2名二等奖5名三等奖8名
提高劳动责任	每天	"我的地盘我管理"一次劳动责任区承包活动	在校园区域内划分了50个卫生责任区域，在校班级、入党积极分子、劳动积极分子等人群认领划分，实行劳动包干制	一等奖2名二等奖5名三等奖8名
提升劳动技能	每学期5月、11月	"我劳动，我光荣"的劳动技能大比拼活动	结合专业特色，充分利用校内外劳动实践资源，组织学生开展手工制作、志愿服务以及全校卫生大扫除等形式，丰富劳动实践活动	一等奖2名二等奖5名三等奖8名
打造劳动明星	每学期5月、11月	"逐劳动之光、扬时代之帆"十佳劳动之星评选活动	用学校干细活、家里干累活、下地干农活、进工地干粗活等多种方式参与评比，再结合前"四个一"活动的参与情况，对参与度较高、有一定成效的同学进行评选，评选出十佳劳动之星	10名

值得一提的是，建筑工程学院志愿者团队在这个活动中与麓湖社区达成了长期志愿服务合作意向。每到节假日，志愿者们会参与到麓湖社区的公益服务中去，不仅增长了见识，更是增强了同学们的社会责任感。同时，也充分发挥了社区协同育人功能，延伸和发展了劳动育人场景。

2.产教融合，投身专业实习和实践，至少掌握一项专业技能

产教融合、助推劳动教育既是高水平职业教育的实现路径，也是职业教育服务经济高质量发展的必然要求，更是对大学生开展劳动教育的有效途径。其实，早在2015年始，成都工业职业技术学院建筑工程学院就与世界500强企业奥的斯（OTIS）电梯管理有限公司掀起了校企深化合作、协同劳动育人的新篇章，从共建实训基地、建筑智能化工程技术专业的人才培养方案制订、奥的斯订单班的组建、师资培育等方面进行深度合作，共同为企业和行业培育不断探索、精益求精、追求卓越、爱岗敬业的新时代高素质技术技能人才。

建筑工程学院严格执行人才培养方案，认真贯彻落实课程标准。注重学生能力和学生素质的培养，在人才培养过程中注重"工匠精神""劳动品质"的熏陶。一是开

设《大学生劳动教育》显性课程，各班级组织开展劳动精神、劳模精神、工匠精神、劳动组织、劳动安全、劳动法规为核心的劳动专题教育；二是开设隐性课程，注重跟岗实践、顶岗实习、假期社会实践等环节，注重培养学生"干一行爱一行"的敬业精神，以及吃苦耐劳、团结合作、严谨细致的工作态度。截至目前，建筑工程学院为奥的斯（OTIS）电梯有限公司输送了260余名高素质技术技能人才。在2020届奥的斯（OTIS）订单班的毕业生中，杨清清、吴金星、陈伍支3名学生凭着扎实的专业技能和良好的职业素养，顺利通过奥的斯（OTIS）电梯有限公司总部的层层选拔，赴新加坡就业，开辟了成都工业职业技术学院毕业生海外发达国家就业的先河，在国内外具有一流的影响力。

建筑工程学院不断探索和实施劳动教育"5+1"新模式，关注"以劳树德、以劳增智、以劳强体、以劳益美、以劳创新"等多方面育人功能实现，促进学生德智体美劳全面发展，让学生从理论到实践了解到劳动的价值和意义，做到内化于心、外化于行，初步实现劳动教育育人新功能。当然，要想实现最大化、最有效的深入开展劳动教育，还有很长的路要走，需要不断探索和创新。

第三章　实践育人

第一节　思政论文

浅析高职辅导员助力汽车类学生就业生态系统平衡——以成都工业职业技术学院新能源汽车技术专业为例

（智能制造与汽车学院　覃琴）

【摘要】当前，随着我国经济发展转轨带动我国社会加速转型，社会职业逐渐分层、分化，社会形态更适应工业化、城市化的需要，向技术型、技能型转变。在汽车类高职教育就业模块教育角度，需要加强学生、学校人才培养路径、企业育人环境三大主体相互配合形成就业生态，全方面培养高职学生职业能力，提升其职业竞争能力，提高工资水平，从而提高社会地位。每一个环节都需要辅导员开展日常工作，来助力推进高职学生的就业生态平衡，争取实现毕业生与学校、企业及用人单位、政府之间相互适应，实现学生"进入职业教育—毕业—新一批学生进入职业教育"这一输入—输出—反馈（再输入）过程的系统协调，实现高职教育就业生态的平衡和良性发展。

【关键词】高职；汽车类学生；就业生态

百年大计、教育为本。教育是民生之本，而就业是教育之本，高职类职业院校更是如此。职业类院校的毕业生能否为地方经济服务，是否能为自己本专业本产业的发展输送人才，是目前经济新常态下，高职教育是否能实现可以持续发展，也是我们自己成都工业职业技术学院是否能实现可持续发展，更是汽车类专业能否得到社会认可、学生喜爱的关键。由此可见就业生态系统的重要性，作为该校长期在一线的辅导员工作的本人，以新能源汽车技术专业为例，通过以下三个方面来阐述辅导员怎么在这样的一个重要生态系中发挥自己的绵薄之力，助力同学顺利完成学业，并且学有所用，学以致用。

一、利用职业生涯辅导课，助在校生了解就业生态文化

正如张楚廷校长所言：职业也是一种特定的生活方式。每个人都希望提高自己的生活品质，因此，善待自己的职业十分重要。我们的社会目前还很难做到让每个人"爱一行，干一行"，但我们可以努力做到"干一行，爱一行"。秉着这样的理念，我们作为普通高职一年级学生，我们学院辅导员教师争取安排授课自己班级的《职业发展与就业指导》。

我们的学生在入校前一路从小学到高中（职高）选拔性考试制度中走过来，少有人会培养学生的职业"特长"。这是我们面临的最大的问题。大多数学生考入大学后，更多的是庆祝，终于可以进大学好好玩了！在大学阶段连之前的学业任务都抛之脑后了，更不可能去思考三年后的就业竞争和压力。

辅导员应尽可能地加强对学生职业兴趣的引导，让学生有机会选择自己所爱、所擅长的职业。以2019年新开设的新能源汽车技术专业为例：第一学年的职业发展与就业指导课，至少让学生知道根据自己的喜好和天赋以及性格，他们可以有新能源汽车4S店销售、新能源汽车制造工厂、新能源汽车4S店机修等不同职业岗位，或者更愿意做研究的学生可以进一步升本科、读完研究生后再选择就业做汽车前端市场等。

二、积极推行"园中校"践行职业就业理念

很多高等职业院校的人陪方案是"2+1"模式，即两年的理论教学加上最后一年的顶岗实习来完成三年人才培养模式。第三年的顶岗实习阶段，是大多数正常职业院校学生的一个重要过渡阶段，是学生将课堂实践知识内化为实践能力的过渡阶段，也是毕业生直观了解职业生涯的重要时期。即使一、二年级辅导员在学生的《职业发展与就业指导》上不断地给予学生见缝插针式的讲解引导学生了解到职业生活不同于校园，企业文化和评估标准也不同于校园，但是一旦第三年的顶岗实习"园中校"一旦开始，企业会反馈学生职业路径模糊、岗位技能不高、抗压抗挫能力不强等普遍问题。

我们新能源汽车技术专业学生第三年的顶岗实习"园中校"有一部分学生在成都本地吉利汽车旗下成都领克汽车制造公司和上海的上海大众汽车制造厂以及位于宁波杭州湾的吉利旗下极氪工厂实习。为了积极推进本专业学生到以上园中校践行职业就业理念，以便顺利毕业后走向工作岗位积累一定的职业能力资本。真正做到平衡学生就业生态这一步是辅导员工作中的关键。比如在"园中校"阶段，帮助学生全方位、全身心地投入"园中校"这样的过渡阶段，了解职业价值理念、企业文化、社会环境等，让学生具备适应企业发展变化的各项能力，来完成确保我们就业生态链的结构上保障的重要一环。

三、利用"就业宝"注重就业信息反馈

"全国高校毕业生就业去向登记与网上签约平台"这样的一个系统，属于国家层面对我国全境内所有高校毕业学生的就业情况的登记与反馈的庞大系统。该系统通过学生本人学信网唯一账号密码登录，能准确地在系统里精准查找到普通高等学校毕业

学生签约的具体工作单位及相关信息。如单位名称、单位组织机构代码、统一社会信用代码、单位地址、单位联系人、薪资待遇、工作岗位等基本信息。我校除了积极使用该平台在学生拿到毕业证之后能反馈学生的一些基本就业信息，由辅导员联系学生完成签约过程再联系学院就业干事审核。我们还使用了"就业宝"系统，在学生走进"园中校"的第五学期开始，登记学生的就业信息，就业宝登记内容几乎和全国高校毕业生就业去向登记与网上签约平台有一致性，只是登记时间提前了六个月。给予了辅导员更多的时间来收集、整理综合反馈分析自己班学生的就业数据，从而进一步做好学生就业生态在校最后一年的助力工作。

在整个就业生态系统中，需要各方主体的高度配合，本文只是笔者结合自身的辅导员工作展开在本条就业生态中的助力。

【参考文献】

[1] 马千.基于生态位理论的高校德育绩效评价研究［D］.南京：南京理工大学，2011.

[2] 李军.基于生态位原理的中国高等学校生态竞争研究［D］.天津：天津大学，2006.

[3] 郑雄.完善高职院校就业服务体系的对策研究［D］.长沙：湘潭大学，2011.

[4] 史慕华.政策网络视阈下的中国大学生就业政策分析［D］.长春：吉林大学 2014.

[5] 李巧巧.大学毕业生就业质量评价指标体系研究［D］.长春：东北师范大学，2012.

[6] 周劲松.影响高校毕业生就业的教学因素研究［D］.长沙：湖南师范大学，2007.

[7] 刘京.高职毕业生就业能力提升策略研究［D］.石家庄：河北师范大学，2014.

高职院校"校园＋红色社区"的青年志愿服务新模式探索——以成都工业职业技术学院青春党史小分队为例

（信息工程学院　何琼）

【摘要】习近平总书记强调："要把红色资源利用好、把红色传统发扬好、把红色基因传承好。"新时代利用好红色资源、发扬好红色传统、传承好红色基因，能够更好地为实现民族文化认同、提升国家文化自信凝神聚气，为建设社会主义文化强国铸魂固本。成都市天府新区正兴镇苏码头社区的苏玛头，自古以来就是商贾云集重地，南出成都的重要门户。始建于清朝，其凭借地理位置和水陆交通的便利，成为抗战时期中国共产党对敌展开地下斗争的重要根据地，被誉为红色乡村。工职科技青年志愿服务——青春党史小分队以开发红色文化资源，助推红色文化产业为工作宗旨，通过提升苏码头社区的客源流、资金流、信息流，探索当地脱贫致富的新途径，实现巩固拓展脱贫攻坚成果同乡村振兴有效衔接。

【关键词】校园＋红色社区；青年志愿服务

一、项目团队的基本情况

青春党史志愿服务小分队是属于成都工业职业技术学院、信息工程学院、院级青年志愿服务组织下的一支项目志愿队伍，成立于2019年11月，团队以"奉献、友爱、互助、进步"的志愿服务精神为宗旨，以能够及时有效地服务他人、服务校园、服务社会为目的。在信息工程学院团总支的指导下，团队以传承革命精神、弘扬红色文化为宗旨，以传播红色文化为主线、以厚植爱国主义情怀为目的，助力学校与社区的互动，创新形成"校园＋红色社区"的青年志愿服务新模式，以社区红色教育资源丰富学校教育，以学校教育促进社区发展。

二、"校园＋红色社区"项目——以青春党史小分队为例

（一）项目需求分析

为促进大学生和社区群众深入了解当地红色文化历史，厚植爱国主义情怀，提高大学生社会实践能力等。通过问卷结果显示，社区群众对身边的红色故事不怎么了解。究其原因，是因为在当今快节奏时代，大部分人没有时间、没有机会去深入了解红色历史。

习近平总书记多次强调："要用好红色资源，讲好红色故事，搞好红色教育，让红色基因代代相传。"对社区而言，可以使用红色旅游的吸引力和综合效益，打造红色文化主题旅游名村，成为乡村振兴的有力载体；可以打造红色文化旅游品牌，成为思想教育的重要阵地；可以培养高素质的红色旅游发展领军人才，推进红色旅游的交流与合作。对志愿者而言：在互联网文化消费日益繁荣、互联网文化娱乐不断普及的背景下，加强红色教育，有助于抵御不良思潮的侵蚀，更加有效地传承红色根脉。

（二）项目受益人

主要服务对象为在校大学生和社区群众。通过社区、学校等走访调研，以苏码头社区为例，调查数据显示，老一辈居民对那段风云激荡的历史记忆深刻，但经过几十年岁月的变迁，新一代青少年对我党历史上在社区发生的红色故事、著名战役、事件等缺乏了解，导致属于社区的历史记忆正在流失。

赴蓉求学的大学生，对当地红色文化有一定程度的了解，但不够系统、深入，主要获取信息的方式是通过互联网，对了解与感悟红色文化缺乏主动性和积极性。

（三）项目简介

1. 以红色话剧传播红色故事

团队原创并演绎红色话剧《历史的回声》，该话剧以苏码头革命历史人物夏正寅、夏育群的生平为蓝本创排而成，讲述了发生在两兄弟身上深明大义、坚定拥护共产党、为早期苏码头艰苦卓绝的革命事业英勇斗争的故事。该剧既是为中国共产党建党百年的"庆生"之礼，也是剧组全体人员向革命前辈和优秀共产党员的"致敬"之作。

2.以红色故事促社区红色旅游

团队以苏码头红色文化广场为依托开展红色微游，由团队成员担任红色讲解员，为游客讲述苏码头的沧桑历史和红色风云。

3.以宣讲红色历史促学生成长

团队以社区红色文化资源为依托，在校内成立宣讲团，不定期为各个班级同学开展宣讲。

（四）项目目标及内容

红色文化是我们党在革命、建设和改革中形成的宝贵财富，是中华民族在历史的洪流中屹立不倒、奋勇向前的灵魂所在。新时代利用好红色资源、发扬好红色传统、传承好红色基因，能够更好地为实现民族文化认同、提升国家文化自信凝神聚气，为建设社会主义文化强国铸魂固本。本团队的目标是开发红色文化资源，助推红色文化产业，更好地为苏码头社区带来客源流、资金流、信息流，有效拓展乡村振兴、脱贫致富的途径。

以中国共产党建党百年为契机，团队于2019年末正式组建，随即开始进入社区调查走访，力求在2020年将项目孵化落地。在调研中发展苏码头社区正在开展策划社区文化的工作，这与团队的初衷不谋而合。在与社区的协商后正式达成了合作。一是通过演绎红色故事再现红色历史：团队根据苏码头的故事创作话剧剧本《历史的回声》，由社区提供历史资料及后勤保障，团队进行文稿创作及作品演绎。二是通过宣讲红色故事助推红色旅游：由社区开展场地协调、提供历史资料及后勤保障，团队成员撰写讲解稿，打磨宣讲路线等。

本次活动，对革命故事的挖掘和基于这些故事的革命精神的提炼，凝聚起了当地人民共同的价值认同和信念，红色传统融入生活，可以激发群众的共鸣，筑牢人民团结奋斗的精神支柱，让红色精神放射出新的时代光芒。同时形成了红色文化与乡村旅游、休闲观光、教育培训、餐饮服务等形态多元组合的文化产品，产生了叠加效应、溢出效应，助推了精准扶贫。

（五）项目实施情况及完成情况

序号	时间	具体服务内容	服务对象人数
1	2021/6/20	参加天府新区纪检监察系统庆祝中国共产党成立100周年文艺汇演	1300
2	2021/6/23	参加天府新区党工委庆祝中国共产党成立100周年文艺汇演	1200
3	2021/6/28	参加天府新区正兴街道庆祝中国共产党成立100周年文艺汇演	1500
4	2021/12/17	参加成都市"走基层"文化惠民活动既天府新区"走基层"文化惠民巡演活动	1 000
5	2021/8/30	天府新区正兴街道苏码头社区红色教育基地讲解员	100
6	2021-7至2022-1	成都工业职业技术学院校园宣讲	1200

团队充分发挥职能，出色地完成了团队传承革命精神、扬红色文化的总任务。开展了红色话剧表演、红色故事传播等活动，并取得了以下成就。

团队利用苏码头丰富的红色资源，演绎红色故事再现红色历史：创排历史情景剧《历史的回声》，曾多次登上成都市、天府新区等各部门举办的大型文艺汇演舞台，线上线下累计服务人数超过5000人，并登上天府发布公众号、华西社区报等媒体，在观众中、网络上引起一致好评，在天府新区受到一阵热捧。

团队依据苏码头红色文化广场：成立红色故事宣讲团，打造红色微游线，来自多所中小学、文旅局的参观代表，在团队红色故事讲解员的带领下，了解了苏码头的发展历程以及光荣事迹，坚定自身肩负的历史使命，有效助推苏码头社区红色旅游业。

在项目开展以来，团队成员在话剧表演、红色故事讲解等方面累计服务超500个小时，服务次数高达30余次。团队坚持"引领青年思想，凝聚青春力量"的宗旨，做好了新时代红色精神的传承者，红色故事的践行者。媒体报道情况如表3-1所示。

表 3-1 媒体报道情况

序号	媒体名称	报道名称	报道时间
1	天府发布	永远跟党走，奋进新时代	2021-6-24
2	华西社区报	献礼建党百年	2021-6-23
3	成都社治	自编自演传诵红色经典 自创舞台剧献礼建党百年	2021-6-28
4	咸宁新闻网	唱好双城记，融入双循环	2021-12-24

（六）项目运营管理情况

以中国共产党建党百年为契机，团队于2019年末正式组建，随即开始进入社区调查走访，在团队成员共同努力下2020年将项目孵化落地，本团队通过线上宣传、线下选拔的模式在全校范围内招募了团队所需的5员核心成员。这些成员先后担任班长、团支书及社团干部等职务，积累了大量的组织活动经验，完全可以胜任本次活动的组织协调工作。

团队成员在各项活动开展前积极配合，利用课余时间参加由学校与社区共同组建的培训小组，经过长时间严格的培训排练，成员们的自身能力得到了很大提升，能够出色地完成任务，应对各种突发状况。

团队各项职责明确，为确保项目在实施过程中能够做到面面俱到，团队成立导游志愿组、摄影宣传组、礼仪组、话剧表演组、后勤保障组等。通过挖掘苏码头红色革命故事，凝练革命精神，凝聚起当地人民共同的价值认同和信念，有效传播并弘扬苏码头革命文化，得到了群众的高度认可及肯定。团队自身也注重深抓实干，在各项活动结束后，及时撰写调研报告，并提交给学校以及社区记录并审核，不断总结活动完成情况，弥补团队缺陷，在活动开展的过程中不断完善并提高团队能力。

活动过程中，社区和学校开展场地协调、提供历史资料、后勤保障以及活动资金补贴等，使得团队在良好的环境下，顺利开展各项活动。团队在"校园＋社区"模式下，在社区抖音平台，微信公众号等方式下形成线下＋线上宣传，团队摄影宣传组制作活动视频，并在登上成都市、天府新区等各部门举办的大型文艺汇演舞台中，累计服务人数超 6000 人，并登上天府发布公众号、华西社区报等媒体，在观众中、网络上引起一致好评，在天府新区受到一阵热捧，有力地践行了新时代大学生是中国特色社会主义建设事业的承继者，是实现中华民族伟大复兴中国梦的中坚力量，新时代大学生的中国精神情怀是新时代的必然要求。

（七）项目创新性与可持续性

本项目强调学校与社区的互动，重视挖掘社区的教育资源，利用社区资源来丰富学校教育的内容，深刻贯彻了"校园 + 红色社区"的独特传播方式，实现了"学校、社区携手共抓党建，有效共享资源，弘扬爱国主义情怀"的反哺模式。

团队在发展的同时，更加注重成员的自身收获，在发掘与弘扬红色革命文化时，做好传播者，加强了坚持走有中国特色社会主义道路的信念。在行动上，促进了"红色文化进校园，青年学子走向社会"的高校新形态。亲身体验生活，在与人民群众的接触、了解、交流中受到真切地感染和体验，从活生生的典型事例中受到深刻的教育和启发，使思想得到升华，社会责任感和使命感得到加强，做好新时代的践行者。

项目团队从开展活动以来便一直重视可持续性发展问题，不断广纳新鲜血液融入团队，以老带新的方式不断延续、不断创新本项目，同时坚持定期与社区的持续对接。我们坚信今后项目的发展会越来越好，届时将传播更多的社区文化。

浅谈辅导员工作经验

（财经商贸学院　成微）

【摘要】学生是民族的希望，是祖国的未来。高校是培养社会主义合格建设者和可靠接班人的摇篮，是当今世界综合国力竞争的前沿阵地。辅导员作为高校学生日常思想政治教育和管理工作的组织者、实施者和引导者，担负着为国家和社会输送人才的重任。辅导员在工作中默默奉献，善于创新，努力完成这个光荣的使命。

【关键词】辅导员；工作经验；探讨策略

高校辅导员，一支专门从事学生德育工作的队伍，一个平凡而又特殊的教师群体，是每位大学生大学期间思想、学习和生活的导师，承担着帮助学生成长、成才、成功的重大责任。因此，作为沟通学院和学生桥梁的辅导员，在大学生的人生中起关键性作用。

一、新时期高校学生思想教育工作面临的新挑战

（一）市场经济的负面影响

市场经济的加快发展、改革开放的深入和社会转型的加速，一些不健康的思潮随之渗透到大学校园，拜金主义、弄虚作假等严重冲击了大学生健康的思想观念、价值

取向和行为方式的形成。有的学生对所学专业不感兴趣、不思进取、纪律松懈，集体意识淡漠，以自我为中心，缺乏奉献精神。

（二）网络时代的冲击

信息化的加速和网络化的普及，网络的虚拟和诱惑性使部分大学生在网络中迷失自我，价值观念错位，荒废学业，人生观、道德观等也出现问题。面临这种冲击，引导大学生如何理智地对待网络，改善网络环境下的思想政治工作，已成为当前高校学生管理工作中的一个突出问题。

（三）社会竞争压力大

大学生就业形势严峻，人才市场竞争激烈。"多读书不如早挣钱"等想法冲击着大学生的思想，大学生学习积极性普遍不高，感到前途渺茫。辅导员必须帮助学生摒弃传统的就业理念，在校期间做好职业规划，提升综合素质，应对各种压力，寻找就业契机。

（四）学生自我管理意识缺乏和心理压力增大

如今的大学生多为"00后"，缺乏自我管理的能力。部分学生生活独立性差，自我约束力弱，增加了高校学生管理工作的难度。另外，大学生个性鲜明、思想活跃，但其心理素质亟待提高，一些学生往往因为学习生活中的小困难产生挫折心理。此外，紧张学习与竞争压力易使部分学生产生茫然、压抑、紧张等负面情绪。关注大学生心理负担，教育指引学生学会自我调节、释放压力，成为新时期学生管理工作中亟待解决的问题。

二、辅导员工作路径的创新探索

对于刚刚入学的大学新生，他们从生理到心理等方面还都不太成熟，自我调整、自我适应能力都比较弱。特别是，大学是一个崭新的环境，与过去小学、中学大不相同，校园环境、班级同学、居住地点、生活节奏、学习要求、人际交往、社会活动等方面都发生了急剧变化。在这种状况下，部分学生会在不同方面发生不同程度的变化。怎样才能做好学生管理工作，使自己成为学生们的良师益友呢？

（一）辅导员人格魅力

《教育部关于加强高等学校辅导员班主任队伍建设的意见》中给出的辅导员的定义是：辅导员是高等学校教师队伍的重要组成部分，是高等学校从事德育工作，开展大学生思想政治教育的骨干力量，是大学生健康成长的指导者和引路人。因此，辅导员具有理想状态的人格魅力对于思想政治教育工作的推行有很大的助力。

辅导员人格定义为：辅导员性格、气质、能力、道德品质的总和，是其在从事高校学生教育管理工作中形成的相对稳定的心理构成、行为特征、道德意识、专业能力等多方面结合而成的一种非强制性的内在力量。这是一种获得学生认同和感染学生的能力。一个优秀的辅导员应该具有很强的这种能力，那么他在工作中能让学生愿意接近、愿意信赖，从而能够及时准确地解决学生的问题，充分调动学生学习的主动性、积极性，促进学生全面健康发展。

辅导员人格魅力内涵及其工作性质的分析可以总结出一个优秀的辅导员应该具有

的人格魅力包括：（1）理想的心理特征：性格开朗，乐观向上，宽容谦逊，自我管理能力较强。在与学生的交往沟通中，要能自如的表述思想和流露感情，以便在"言传"中很好地教导学生；要宽容谦逊，能够接受学生的各种个性和包容学生的不足，让学生愿意对自己敞开心扉。辅导员应该善于自我管理，使内心情绪具有一定的隐蔽性，多向学生展现向上的情绪，严格规范自己的行为，在"身教"中发挥作用。（2）规范的行为特征：行事独立，行动果断，严格自律。一个优秀的辅导员要具备独立处理问题能力，坚定自己政治立场和政治信念，不轻易受外界舆论左右；面对突发事件，要处变不惊，冷静客观地面对并找到解决方法；保持良好的作风，严以律己，善于自我反思及完善以身作则，及时发现自身不足。（3）良好的职业人格：良好的人际交往能力，纯熟的工作技巧。这就是说，辅导员要具有良好的团队精神，善于与人合作。能够与上级有效沟通，深刻领会上级指示和要求并将有效反馈；能和学生融洽相处，理解学生，营造和谐的交往氛围；对于繁杂琐碎的工作内容，能知其轻重有序处理；能在工作中因材施教，开发学生潜能。

（二）发挥班级干部的核心作用

辅导员应给班干部更多的自主权，充分发挥班干部的积极性，让班级干部参与到班级的管理工作中来，强化学生的主体意识和参与意识，让学生成为班级管理的主人。这对于班级形成凝聚力和向心力有着重要作用。

第一，提升每个学生干部的人格魅力。班级、院校其实都是一个重要的团体，每个学生的兴趣爱好都会有所不同，每个学生干部都需要在以身作则的基础上保持宽广的胸襟。辅导员可以通过组织各类不同的比赛，来让不同的学生干部学会处理人际关系，让每个学生干部跟同学和教师搞好关系，并充分重视工作中的艺术性。

第二，从多个方面提升学生干部的思想政治素养。学生干部一直都在学生自身工作中扮演重要的角色，学生干部的素质将直接影响学生工作的开展。辅导员可以通过不同的活动来直接锻炼学生干部的团队协作能力和团队意识，提升学生干部的综合素质。

第三，注意让学生干部学习不同的技能。学生干部除了要掌握过硬的专业知识，还要具备较强的组织能力、协调能力和表达能力。因此，高校应培养学生干部的能力，这样才能让学生干部在工作中具备较强的思想政治理论水平。

（三）提高辅导员自身素质

随着科学技术不断进步和教育体制的深化改革，高校迅猛发展，办学规模越来越大，所招学生来自不同区域，基础参差不齐，这对学生管理工作提出了较高要求。辅导员作为高校学生思想政治工作队伍的重要组成部分，从事于学生思想政治工作第一线、辅导员素质高低直接影响到工作的效果，也影响学生思想政治工作和实现培养目标任务的完成。因此，辅导员应加强自己的理论水平和知识水平，提高自身素质，以人格魅力去影响学生。首先，辅导员应具有较高的政治思想素质和为教育事业献身的精神。其次，辅导员要了解掌握辅导员工作的职责、应具备的素质以及当好一名辅导员必须遵守的道德规范。再次，一名好的辅导员还应具有相应的心理学方面的知识，了解学生心理对于开展工作至关重要。

三、结语

　　高校辅导员的人格魅力在学生的心中占据着重要的地位，对学生管理工作有着极为重要的影响。辅导员作为和学生朝夕相处的教育者，对学生的政治信念价值取向、生活方式、道德理念等有着积极的引导作用。辅导员的人格魅力越大，工作就越容易开展，效果就越显著，往往会达到事半功倍的效果。因此，高校辅导员要潜心思考高尚人格魅力的养成之道，以期在学生教育管理工作中取得更大的成效。新形势会面临着新的机遇和挑战，每一位思想政治教育者应积极探索辅导员工作的新思路和新途径，与时俱进，实事求是，研究新情况，创造新方法，增加学生管理工作的实效性。

课程思政视角下高职辅导员学生管理实践研究

（财经商贸学院　郭林）

　　【摘要】高校辅导员是高校学生工作的主力军，其专业能力直接影响高校学生工作的最终效果。因此，高校辅导员的专业化建设对高校学生管理工作具有不可忽视的乐观和积极的指导作用。高校辅导员的专业化建设需要为高校辅导员提供明确的晋升途径，不断探索高校学生工作的理论研究和实践途径，从而促进高校辅导员综合素质的提高。明确的晋升途径可以激发高校辅导员在学生工作中的积极性，使优秀的高校辅导员专门从事辅导员的专业工作，从而提升高校辅导员管理大学生的整体水平。高校辅导员要重视教育与管理的结合，将个体教育指导与群体管理和建设相结合。

　　同时，高校辅导员不仅要注重塑造大学生的社会主流意识形态，还要主动研究大学生当前的生活需求，将社会规范融入大学生的实际生活中，致力于指导大学生养成在处理人与社会的交往时应遵循的基本准则，即促进大学生的社会化，使大学生在成长和教育中更好地实现社会化。要围绕高校学生管理工作的实际需要，不断创新高校辅导员的专业能力。要努力创建与大学生工作相结合的模式，不断探索大学生工作视野下的优化路径，最终使高校辅导员的专业能力在大学生工作中得到更好的体现和展示。

　　【关键词】高职教学；辅导员；学生管理

一、概述

（一）研究背景

　　2017年教育部颁布的《普通高等学校辅导员队伍建设规定》对辅导员的角色定位和工作职责做出了明确说明，即"辅导员是开展大学生思想政治教育的骨干力量""思想理论教育和价值引领"为九大工作职责之首。课程思政改革赋予课程价值性、引领性和人文性，在春风化雨期间实现对学生的价值引领和品格形成，其本质是将思想政治教育与知识系统教育有机融合，拓展思政教育形式，扩大思政教育队伍，深化思政教育内涵加强思政教育实效。作为思政教育活动主力军的高职辅导员，一方面为众多育人主体之间形成良好协同效应奠定了基础，另一方面也为专业知识学习和技能实践应用的相互利用创造了机会，是课程思政建设不可缺少的重要力量。

（二）研究意义

在我国普通高校的教学管理中，高校辅导员作为大学生工作的主力军，在维护高校和谐教育环境、促进大学生全面发展中发挥着重要作用。我国正处于社会转型发展阶段，大学生日益丰富的成长环境和日益多元的发展需求，越来越显示出高校辅导员在开展高校学生工作中的重要性。高校辅导员是一个复杂的群体，具有多重身份和多重作用。高校辅导员作为高校师资队伍和管理队伍的重要组成部分，具有教师和干部的双重身份，所以他们应该成为大学生追求学业的人生导师和成长过程中的亲密朋友。

（三）研究目标

高校学生工作要重视一些社会现象对高校学生教育的影响，利用多种形式的热点教育和新媒体教育，发挥情感教育在高校学生工作中的优势，开展责任教育和诚信教育。高校辅导员职业能力的基层性突出高校学生工作的中介性和教学深度。从高中生工作的整体体系来看，高校辅导员对上下沟通起着纽带和桥梁的作用。因此，高校辅导员不仅是国家政策的传达者和学校指令的执行者，更应该成为高校学生工作的基层指挥者和管理实施者，将大学生从客体化的灌输模式中解放出来，充分调动参与教育活动的自发性和自主性。

（四）文献综述

国内高校研究表明，辅导员应利用网络聚集人气，拉近与网络中学生的距离，从而成为具有较强亲和力的话语领袖。同时，有国内学者认为，针对大学生，高校辅导员应利用网络平台将教育服务与网络功能相结合，将社会主旋律渗透到新媒体载体和大学生喜爱的内容中，在开展高校学生工作中寻求立体多维的方式，从而日益增强学生工作的有效性和创新性。

国外高校研究表明，辅导员在工作中应注意提高运用新媒体的能力，掌握大学生愿意接触的网络平台和网络社区，从而进一步熟悉学生在学习和生活中的动态，掌握高校学生工作的主动权。高校辅导员应首先树立新媒体的工作意识，构建高校辅导员网络文化队伍，形成大学生思想交流的网络阵地，努力传播时代正能量，积极引导网络新风尚（黄晓明、谢晓东、陈晓东等，2015）。

二、课程思政视角下高职辅导员学生管理问题

（一）缺乏工作协调机制

高职院校辅导员队伍采用校院二级管理模式，其他教学主体归属于各二级院校管理，分为不同的作业管理体系。在传统的管理机制下，辅导员主要负责学生的思想政治教育和日常管理工作，其他教育主体主要负责教育工作，彼此之间就像两条平行线，交叉非常少。目前，各高职院校正在积极探索推进课程思政建设的机制设计，但普遍是宏观的，中观层面缺乏促进教师协同的具体措施和平台，微观层面缺乏对辅导员工

作职责的明确界定。对辅导员职称晋升、考核、激励政策，也没有纳入联合教育者的效果，部分辅导员联合教育者意识不强。

（二）工作目标与动力不足

在辅导员的实际工作中，"只要是学生的事，就是辅导员的工作"的传统观念普遍存在，这就带来了辅导员角色泛化、工作无限化等问题。高职学生的认知水平和自我管理能力相对较弱。辅导员通常需要根据其工作的具体性质在不同角色之间来回切换。角色冲突经常发生。一些高职辅导员在处理事务性工作上花费了大量的时间和精力。他们对学生的思想政治教育投入不足，也没有时间与其他教育科目积极合作。此外，在机制层面缺乏政策引导和驱动，高职辅导员在课程思想政治建设体系中的作用模糊。上述角色困境导致一些辅导员缺乏合作育人的动机。

（三）学生沟通不充分

长期以来，高职辅导员主要负责公共基础课教学，在课程育人方面发挥了一定的积极作用，但思政因素的正确挖掘和隐含融合，以及教学内容与思政课程、专业课程的融通和互嵌等方面的能力有待提高。在传统育人体系中，高职辅导员、思政教师和专业课教师工作职责的分置、工作场域的疏散，导致三方教育教学活动内容、时间和空间相对独立。此外，由于缺乏常态化的协同机制驱动，相互间沟通不充分，这也在一定程度上制约了教师的协同培养水平，缺乏协同培养人的合力。

三、课程思政视角下高职辅导员学生管理改进建议

（一）强化思政意识，坚持思想领导

高校辅导员的专业化建设要求辅导员与大学生进行专业交流，有利于对高校辅导员工作的评价，从而构建一支优秀的高校辅导员队伍。面对需要解决复杂多变的大学生问题，高校辅导员应采取职业化态度，形成明确的内部分工机制：心理咨询辅导员主要负责大学生心理问题的专业管理；就业指导辅导员主要负责为大学生就业提供政策咨询，协助学生制订职业发展规划；思想政治辅导员主要负责管理大学生的思想政治问题。在全面专业分工的背景下，高校辅导员能够与大学生进行有效沟通，有利于提高高校学生工作管理的实效性。

（二）责任落实到位，注重学生素质

高校辅导员队伍要加快职业化进程，打消传统意义上的强势经验元素，使辅导员从一个多面手转变为学生工作的专家。具体来说，实施长期化、常态化的高校辅导员培训，全面提升辅导员在学生工作中的专业能力，使他们在学生工作中养成"一专多能"的专业能力，从繁忙的学生工作中解脱出来，提高学生工作的专业知识和能力。第二，高校辅导员要不断学习，及时充实知识，优化知识和能力体系，接受时代的前沿发展理念，提升高校学生工作的专业能力。第三，高校辅导员应具备专业的教育理念，将专业服务与学生工作相结合，以学生发展为本，充分关注和尊重学生的个性发展，为学生送去更多的人文关怀，从而提升自己在高校学生工作中的专业水平。

（三）促进课程改革，融入思政设计

高校辅导员的专业化建设要求高校辅导员所承担的高校学生工作能够应对日益多

样化的高校学生管理需求。高校辅导员应逐步适应自己的职业角色,逐步提高自己的职业素养,在高校学生工作的管理上做到专业化、特色化。作为一名青年教师或刚从学生转为教师的高校辅导员,虽然他们平时可以熟悉大学生的思想和观念,但对一些大学生不健康的思想和落后的观念不得包容甚至纵容。为了向大学生传递积极向上的人生目标,在职业岗位上取得好成绩,高校辅导员应时刻紧跟时代形势的发展和演变,深入研究大学生工作中遇到的新情况、新问题,关注大学生关注的热点、焦点和难点问题,同时,经常总结工作经验得失,敢于与时俱进,开拓进取,从而满足大学生工作的多元化管理需求。

四、结论

在整个高等教育时期,高校辅导员是大学生最亲近、最熟悉的对象。如果说大学生是高等教育服务的需求者,那么辅导员就是高等教育服务的提供者。大学生当然有权利、有资格、有必要对高校辅导员的学生工作进行评价,然后通过评价促进高校辅导员的工作。因此,构建以学生为中心的高校辅导员评价体系,有助于高校辅导员日益提高专业能力,改进工作方法,提升工作质量,内化大学生的成长需求,增进与大学生的亲密关系,使高校辅导员成为大学生可信赖的亲密朋友和人生导师。在高等院校中,对高校辅导员的考核通常以其工作业绩和学生工作成绩为标准,而建设以学生为中心的高校。

新时期,我国高等职业创业教育发展迅速,高等职业创新创业教育的形式和内容逐渐丰富。高职院校作为实施创新创业教育的主力军,需要进一步更新教育理念,结合职业人才培养特点,发挥高职教育优势,促进大众创业创新。

【参考文献】

[1] 许晓燕.关于新媒体对高职辅导员工作的影响分析及其对策探讨[J].才智,2022(25):120-122.

[2] 钱倩,龚文龙."三全育人"背景下高职学生思政工作的理念创新与实践向度[J].太原城市职业技术学院学报,2022(07):132-136.DOI:10.16227/j.cnki.tycs.2022.0412.

[3] 林舒俐.高职辅导员开展新生适应性教育路径探究——以福建开放大学职业学院为例[J].福建开放大学学报,2022(03):51-55.

[4] 冷冰冰.课程思政视域下高职辅导员协同育人实践研究[J].湖南邮电职业技术学院学报,2022,21(02):58-60+64.

[5] 戴智伟.高职辅导员与专业教师协同育人机制研究[J].产业与科技论坛,2022,21(12):266-267.

[6] 时倩.高职辅导员谈心谈话实效探析[J].常州信息职业技术学院学报,2022,21(03):67-69.

[7] 揭丽.探析高职辅导员将思政教育有效融入学生日常管理的策略[J].现代职业教育,2022(23):145-147.

[8] 吴炜.积极心理学视域下高职辅导员职业幸福感的自我提升[J].湖北开放职业学院学报,2022,35(10):77-79.

[9] 宋秀丽.心理健康教育视角下的高职辅导员工作研究[J].齐齐哈尔师范高等专科学校学报,2022(03):85-87.DOI:10.16322/j.cnki.23-1534/z.2022.03.028.

[10] 孙钺.促学风,立高效——高职辅导员工作的优化策略[J].现代职业教育,2022(16):169-171.

[11] 潘莹.论辅导员视角下高职学生思政教育途径[J].品位·经典,2022(07):120-122.

高职院校构建育人共同体的探索

(轨道交通学院　宋立)

【摘要】近来,随着国家对职业教育的大力支持,我国职业教育在师资、学生发展通道、实习实践平台等方面都得以有力提升,与此同时,高职院校内各个部门也在倾心挖掘有力的教育资料,想尽办法给学生提供更多的平台,但是也陷于教育资源"满天飞",落得难以生根的尴尬情况,致使在人才培养中,从育人环境的塑造、校园文化的氛围、育人模式的设置都缺乏基于学生个体实际,造成大量资源堆砌难以形成育人基石。这归根于学校在育人资源的整合方面缺乏核心抓手,未能有效整合校内外各方有力资源,因此学校应该以学生实际、企业岗位需要、校内特点等情况出发,综合相关资源,形成教育合力,共筑育人基石。

【关键词】整合;共同体;育人

　　教育是社会主义现代化建设的基础,对提高人民综合素质、促进人的全面发展、增强中华民族创新创造活力、实现中华民族伟大复兴具有决定性意义。而高校作为学校培养人才重要阵地,在立足提升教育服务经济社会发展能力、增长学生知识上下功夫外,更要在增强综合素质上狠下功夫,坚持引导学生树立高远志向,历练敢于担当、勇于奋斗、善于悟理的新时代青年,自觉为"系好青年学生走入社会的校内最后一颗扣子"不断践行。尤其是在国家大力发展职业教育的今天,新办高职作为职业教育的后起之秀俨然成了职业教育的新风景。在这些新办高职中,专业设置更加贴近行业、企业需要,他们更能够快速的根据行业发展动态及时捕捉到岗位需要和人才培养方向。另一方面,高职院校内各个部门虽倾心挖掘有力的教育资料,想尽办法给学生提供更多的平台,但是也陷于教育资源"满天飞",难以落得生根的尴尬情况,致使在人才培养中,从育人环境的塑造、校园文化的氛围、育人模式的设置都缺乏基于学生个体实际,造成大量资源堆砌难以形成育人基石。基于此,高职院校可以从以下几方面入手。

一、坚持党建引领，构建党团价值共同体

为进一步落实立德树人根本任务要求，聚焦不平衡不充分的发展问题，提升基层党组织组织能力，突出政治功能，各基层党组织要着眼分院工作实际，坚持问题导向，以党建工作为引领，坚持党团"结对共建"。在思想上，始终坚持社会主义办学方向，以广大青年学生需求为导向、以改革创新为动力，充分发挥高校资源优势和党总支功能性作用，以"党建引领""结对共建"为目标，以"党员带动群众"，充分利用人才特点、专业优势，共同参与团组织发展治理。通过信息共通、资源共用、责任共担、成果共享的"四共机制"实现合作共建、互利双赢。旗帜鲜明教育引导广大师生坚持用习近平新时代中国特色社会主义思想凝心铸魂，推进党建育人。

在坚持党建引领共青团发展治理工作中，充分利用人才特点、专业优势，共同参与党团发展治理。期间，通过信息共通、资源共用、责任共担、成果共享的"四共机制"实现合作共建、互利双赢。以广大青年学生需求为导向，以改革创新为动力，整合校内外各方资源，开展睦邻友好、儿童兴趣培训、老年群众关爱、消防演练、乡村文化宣传、春运志愿服务等志愿服务活动，充分调动和发挥青年学生主人翁意识，激发学生团体的公德意识，增强广大青年对时代使命、民族复兴大任的认同感、使命感、形成上下同心共同推进共青团高质量发展、高效能治理的共同价值追求。旗帜鲜明教育引导广大师生坚持用习近平新时代中国特色社会主义思想凝心铸魂，推进党建育人工程。

二、依托丰富志愿者活动项目，强化实践育人

通过构建团委和劳动教育两大阵地来实施实践育人，一是将劳动教育融入校园物质文化、精神文化、制度文化和活动文化中。打造全国劳模、大国工匠姜文盛等代表系列校园文化宣传专栏，设计主题性校园文化活动。同时系统整合各种资源，让工匠精神融入学生学习生活环境中，推动全院师生形成尊重劳模工匠、爱护劳模工匠、学习劳模工匠、争当劳模工匠的良好风尚。其次，开展志愿者服务和感恩志愿活动，培养学生的社会责任感，在充分利用校内资源的同时服务地区经济，助力推进乡村全面振兴，凭借自身的优势，全力绘好高校助力地区经济、助力社区治理这幅画。不断加强学生素质教育，大力提升了社会公德、职业道德、家庭美德、个人品德的教育。

三、构建网络育人"生态系统"，实现"一站式"精准化管理

高等教育改革的不断推进和社会对人才需求的发展，使得高校学生工作出现新的变化和特点，传统高校学生管理服务对象认识不到位，管理服务目标不明确，管理服务考核不清晰，管理服务沟通不及时，管理服务内容不丰富。高职院校应积极创新管理工作思路，为全面提升高校学生管理的针对性和时效性，更好地应对互联网发展机遇，开创更加广阔的创新发展空间，采用激励与导向相结合的引导方法，就学生生活、学业、就业相结合的管理服务内容等方面进一步创新实践，构建网络育人"生态系统"，实现"一站式"精准化管理。

学校根据自身的办学特点、学生实际、行业、企业关于人才培养的评价等方面，

从课程设置合理开设、育人力量协同推进、育人资源整合有效整合模块，合理、有效落实责任，一体化构建内容完善、标准健全、运行科学、保障有力、成效显著的高校育人工作体系，努力践行"三全育人"要求，在职业教育的洪流中不断前行。

【参考文献】

[1] 刘琳.高校思政教育"三全育人"资源整合路径探究［J］.现代交际，2020（19）：182-184.

[2] 黄东升，韦顺国.高校思政教育"三全育人"资源整合路径探究［J］.教育评论，2020（07）：50-51.

[3] 张传东.高职院校院系两级管理背景下教学系做好"三全育人"工作的路径研究［J］.科教文汇（下旬刊），2021（21）：143-144.

[4] 姚平芳."双高"背景下高职院校构建"三全育人"新格局路径探析［J］.安徽商贸职业技术学院学报，2021，20（01）：70-73.

以职业规划为方向的高职德育教育方法探究

（智能制造与汽车学院　姚威）

【摘要】职业生涯规划是高职德育教育的重要内容之一，它有助于培养高职生的专业素养，指导他们确立自己的职业理想，培养与其发展相适应的专业技能。在当今的社会环境中，德育教育日益得到人们的关注，尤其是在职业学校中，两者相融合，既能促进学生职业素质的提高，又能形成职业道德，为今后的职业发展打下坚实的基础。在此基础上，文章着重论述了职业生涯规划在高职道德教育中的应用，并探索相关有效的策略。

【关键词】高职德育；职业规划；教育方法

引言：随着我国经济的高速发展，企业对员工的专业素质提出了更高的要求。在当前的社会环境下，高职院校必须承担更多的责任，提高学生的综合职业素养，做好他们的就业指导和职业培训工作。同时要根据学生的具体情况，对毕业生的就业前景进行预测。然而，高职院校仍然存在着"毕业即失业"这一就业难题。所以，要根据目前的就业情况，合理地运用这些职业规划课程，将道德素质融入高职教育的职业生涯规划之中，提升学生的职业素养和道德素养，为未来就业打下基础。

一、职业规划与德育教育的意义

高职学生是一个相对特别的人群，他们的年纪还很轻，刚成年，没有从事过任何的工作，也没有清晰的人生目标。更多的是因为"养家糊口"而来工作的，他们缺乏宏远的生活理想。因此，应从高职生的职业生涯发展规划入手，引导高职生在生涯规划中树立正确的职业观念，引导他们准确把握自己的工作方向。同时，也可以使高职生在实习中获得更多的工作经历，使他们的知识理论和岗位实际相融合，使他们对所选的专业课程有所认识，并具有较强的适应时代发展的职业素质。长期以来，由于受传统的教育观念的影响，"重智育轻德育"的教育问题一直困扰着高职学生。这不但限制了职业院校学生的发展，而且造成了社会风气败坏、人性自私自利、个人主义盛行，对整个人类的发展产生了很大的负面作用。所以，要通过实施道德教育，为高职学生塑造一个好的榜样，从而促进高职生在良好的品德修养指导下实现职业生涯的发展，从而提高高职生的整体质量。

二、以职业规划为方向的德育教育措施分析

（一）了解学生，引导他们树立正确就业观

在了解学生的前提下，教师要引导学生制订自己的职业发展规划，要改变学生的不正确的就业观念，把理论教学和实践教学结合起来，培养学生良好的工作实习经验。此外，职业规划内容的选取应考虑到学生的实际学习状况和身心发展情况，要通过介绍一些真实的教学实例来加强对学生教学的积极性和对教学的兴趣。另外，在实施道德教育时，要转变传统的教学观念，公正地看待每个学生，把握每个学生的个性特征，举办各类的职业实践活动，开展交流合作的平台，让学生共同讨论未来的事业。在教师的引导下，既能帮助学生树立良好的职业道德，又能提高高职生的专业素质，使高职生获得全面发展。

（二）尊重学生的人性化职业信念

每位学生都是一个独立的个体，无论是在学习上还是在人生中。高职生的工作期望因生活环境、接受的教育理念、个性特征和个人兴趣等因素而各异。所以，在职业生涯规划教学中，教师不应以相同的准则来衡量全体学生，应针对其将来的生涯发展规划，给予个别的辅导协助，让每位学生都能清楚地认识到自己的专业，从而促进他们的个人发展。在进行生涯规划的过程中，应注意教学方式的运用、重视个体发展、充分发挥学生专业潜力、引导他们大胆地提出自己的理想、指导学生按照自己的理想来制订自己的事业规划。比如，对于个性较弱、较易产生自卑感的高职生，在道德教育中应采取表扬、激励等措施，培养其自信。通过加强与同学的交往交流，发掘其优点，从而达到培养其脚踏实地、追求进步、永不放弃的性格特质的目的。另外，在培养学生的创业精神的过程中，要把重点放在"双创"的宣传上，让学生了解创业的基础，培养学生的专业能力、领导能力、规划能力，使学生能够正确看待自己的创业梦想，从而提高他们的就业和创业成功率。

（三）引入社会化德育评价标准

在道德评价方面，历来是由教师的主观意识进行的，这种评估方法具有很大的主观性，很难准确、完整地反映出学生的实际状况。因此，必须进行教学评估的改革与创新。在高职德育工作的评估中，要不断拓宽其评价的范畴，从学生日常的规范、适应水平等多个角度进行综合的评估，从而突出其工作的重点和目标，促进高职院校德

育工作的顺利进行。同时，也要建立一套完善的校外评估制度，通过对学生在实习实践中的道德修养、工作态度等因素进行评估，这样才能全面地反映出学生在就业和职业规划上的实际情况，并根据学生的实际情况，及时掌握学生在工作中的问题，以期达到较好的教学效果。

（四）培养学生吃苦耐劳，勇攀高峰的职业素养和工匠精神

作为未来社会的建设者，高职学生必须具备较强的职业素养，并且在工作中要做到精益求精。这和学生的思想政治素养密不可分。首先，学生作为未来的社会从业者，要对自身的职业有全面性的认知，要了解本职业的专业技术和未来发展走向。其次，还要在工作中做到兢兢业业，将职业道德素养与自身的专业紧密结合，做到负责且专业。例如，拿汽车专业学生为例。"机械基础"是汽车专业课程教学的重点，学生应该在未来的工作中联系课程专业知识，以我国的庞大汽车产业为基础，在工作中做好汽车产业的基础工作，提升汽车的各项性能，提升自身的专业性，以工匠精神铸就时代品质。

三、结语

总之，德育教育对于以技术和人力资源为主要培养目标的高职院校非常重要，而道德教育又是塑造个性、引导高职生树立正确价值观的一盏明灯。所以高职院校的教师，要明晰道德素质教育在高职院校学生的职业生涯规划中的作用，并就高职院校的学生就业指导工作进行探索，以求提升学生的职业素养和就业效率。

【参考文献】

[1] 张俊峰.职业规划在中职德育教育中的渗透方法研究［J］.真情，2021（08）：275.

[2] 刘燕华.《职业生涯规划》课程教学策略探析——基于中职学前教育专业非智力因素培养研究［J］.文理导航（教育研究与实践），2021（09）：233+236.

[3] 余江.浅谈中职德育课教学中引导学生规划好职业发展道路［J］.读书文摘（中），2020（01）：207.

新职教法背景下职业院校产教融合发展的思考

（建筑工程学院　苏海）

【摘要】新职教法的颁布标志着职业教育进入"类型教育"发展全新阶段：一是明确类型教育特色，改善大众认知偏差；二是拔高立法目的，提高功能定位。通过梳理产教融合历史脉络，发现要提高职业院校内涵式发展必须重视推进产教深度融合，并提出三点思考：激发多元主体办学活力，形成校企合作长效机；推进职业院校学分

银行建设，打通校内学分与企业学分阻隔；构建"校中厂、厂中校"模式，打造双师型教学团队。

【关键词】新职教法；产教融合；校企合作；内涵式发展

在当前产业转型升级和经济结构调整不断加快对高素质高技术技能型人才提出新要求的形势下，《中华人民共和国职业教育法》（以下简称新职教法）应运而生，从国家法律层面明确规定职业教育是与普通教育具有同等重要地位的教育类型，标志着职业教育进入"类型教育"发展全新阶段。在旧职教法条文五章四十条 3400 余字基础上增加到八章六十九条 10000 余字，内容更加充实，制度愈加完善，包含职业教育的概念界定、社会地位、培养目标、运行机制、制度保障、法律责任等，明确产教融合、校企合作是推动职业教育高质量发展的必然方向，凸显了职业教育类型定位，增强了职业教育在当前技能型社会下的适应性。

改革开放四十多年来，职业教育始终追求与普通教育的平等地位，但未能改变"低层次、低水平、低地位"的窘境。新职教法从法律层面明确职业教育是与普通教育具有同等重要地位的教育类型，为职业教育高质量发展提供了法治保障。

一、新职教法明确职业教育类型特色，重塑职业教育社会地位新高度

（一）明确类型教育特色，改善大众认知偏差

类型教育是职业教育区别于普通教育的本质特征。新职教法第三条明确规定"职业教育是与普通教育具有同等重要地位的教育类型"，这一界定在职业教育发展过程中具有里程碑式的意义，从立法上彻底改变了长期以来职业教育处于"次等教育"的社会地位，与普通教育"平起平坐"。此外，新职教法第三条指出："建立符合技术技能人才成长规律的职业教育制度体系""增强职业教育适应性""为全面建设社会主义现代化国家提供有力人才和技能支撑"等，强调了职业教育作为类型教育对国家发展的独特价值，在法律层面改善社会大众对职业教育"低人一等"的沉疴顽疾，树立职业教育在社会大众心里中的正面形象。

（二）拔高立法目的，提高功能定位

新职教法第一条提到制定本法目的："为了推动职业教育高质量发展，提高劳动者素质和技术技能水平，促进就业创业，建设教育强国、人力资源强国和技能型社会，推进社会主义现代化建设。"强调职业教育在技能型社会、人力资源强国等国家发展战略中的关键性作用，与国家发展战略密切相连，将其社会功能助推到新高度。此外，我国法律具有明确、严格的位阶。例如，《义务教育法》《高等教育法》均表述为"根据宪法和教育法，制定本法"；而新职教法表述为"根据宪法，制定本法"，提升职业教育法的层级和位阶。

基于以上认识，职业教育完成了从"追求平等"到"立法分类"的历史性突破，成为与普通教育同属于"同等地位"的类型教育。新职教法的实施为职业教育发展送来"改革春风"。如何在实质上提升职业教育的办学质量，完成职业教育的"类型"之变，是职业教育走内涵式发展的关键之举。

二、梳理产教融合历史脉络，重视推进产教深度融合

纵观我国职业教育 70 多年发展历程，产教融合始终贯穿其发展的"主线"。经梳理发现，我国产教融合经历了计划经济时代产教一体化阶段，到市场经济时代产教分离阶段，再到新世纪产教深度融合阶段。从发展质量上看，在"分离阶段"职业教育体量滑到历史低谷；从表现形态上职业教育发展从"融合"到"分离"，最终回归到"融合"。历史和实践证明，产教融合对职业教育的发展具有关键性意义，是职业教育凸显类型教育的关键举措，也是职业教育高质量发展的必由之路。而现实情况是，职业院校普遍陷入演"独角戏"的窘境。通过对我国产教融合制度嬗变对职业教育内涵式发展具有重要价值的认知，并结合新职教法对产教融合的表述，不难发现我校要走内涵式发展道路，树立类型教育之典范，特色在于"融合"，关键在于"融合"，所以必须在"融"字上下功夫。

结合建筑工程学院产教融合办学实际困境，本人提出三点思考。

（一）激发多元主体办学活力，形成校企合作长效机

激发多元主体办学活力，是提升现代职业教育治理能力的关键。针对"办学主体缺失和错位""学校热企业冷"的现象，要落实职业教育中的主体地位，多措并举推进企业办学，构建办学主体问责机制，并给予政策性支持，采取奖励、减税等激励性政策，真正实现企业参与有益。企业主动参与，组建校企合作工作指导委员会、投入大量实训设施设备，缘于学校专业设置切合地区的产业需求，能满足企业人才培养的需要，以互惠互利为出发点使企业参与教学由"冷"转"热"，促成了校企双方合作的长效机制。

（二）推进职业院校学分银行建设，打通校内学分与企业学分阻隔

"订单班"培养目标是学校和企业双方的"目标融合"，可建设高职院校和合作企业学分银行，实现学分融通、互认。职业院校与合作企业共同对学生培养方案进行柔性化设计，让学生在高度发达、丰富的学习环境中自由选择学分获得（如校企合作项目、1+X 证书、技能比赛证书），根据项目、证书等涵盖的核心知识和技能进行横向学分融合、转化和互认，形成学分认定体系，打通校内学分、企业及行业学分的阻隔，激发学生学习动力。同时，也要保证和监控学分认定体系的质量，体现出公平、公正性。

（三）构建"校中厂、厂中校"模式，打造"双师型"教学团队

职业院校与合作企业要本着资源共享、优势互补、互利互惠、共同发展的原则，将工地设置在校园，将课堂搬进工地，打造"双域课堂"，构建"校中厂、厂中校"模式。职业院校将教师下企实践作为重点内容，把着力打造师资队伍作为提升人才培养质量的关键。学校安排教师入企了解产业发展现状、技术现状、企业文化等。对校企双方而言，双方应紧跟时代发展提出的新要求、新任务，快速响应产业转型升级需求，搭建校企联合培养平台，将技术推广、学徒培养、课程建设等内容融入"双师型"教师培养中。

刻苦努力，诞生新起点

（智能制造与汽车学院　李倩）

【摘要】在20级工机4班中有这样一个寝室，缘分让这个寝室的成员聚在一起，成为4班众多寝室里面的"无烟寝室"，不只是因为他们不抽烟就有多好，而是这个寝室每天保持内务卫生在90分以上并且每个月都是红榜寝室；"一个寝室内务做得好，那么整个寝室的文化成绩就一定不会差"，果不其然，在大一期末考试过后这个寝室成绩名列前茅，三人取得校级奖学金，两人申请获得国家励志奖学金；在大一期末临近的同时是院学生会换届选举，寝室四人竞争为学生会干部，整个寝室的刻苦努力，为寝室全体成员的进一步发展铸就新起点。

【关键词】班级治理；引导；新起点

一、实施背景

工机20级4班是我作为辅导员带领的班级，我觉得责任重大，感受到肩上使命的神圣。通过团建活动以及其他方式师生之间在逐渐的交流接触中相互熟悉，让我感受到强大的班级凝聚力；这个班是我从事辅导员工作以来带的较为"幸运"的班级，可能是工科类专业的关系导致这个班的学生是清一色的男生。作为辅导员，在班级发展中我应当做到班级之中无小事，加强班级治理理念。

二、主要做法

迎新工作结束后，一次查寝发现246这个寝室是这个班级中唯一的"无烟寝室"，因为在寝室的选择上是班级成员自由挑选的，我不禁为这六个小伙子感到庆幸，因为现阶段能遇到一个寝室都不抽烟的是极为不易的。随着班级整体的学习与我工作的逐步推进，通过正确教育和积极引导，在班级治理中突出了这个寝室的独特之处，在寝室的内务上从未让我操心，而是捷报频传，周周上红榜，月月得奖金；我从以往的经验中总结出"一个寝室内务做得好，那么整个寝室的文化成绩就一定不会差"，我在246寝室讲过，也同样在班上开班会时讲过。环境会影响人，但是不一定会决定人，在日常的学习中，无论是我的课还是其他教师的课，发现他们寝室的同学基本位于讲台前三排的位置，而这也是大学学习的高强度信号接收区，这让我看出了246寝室刻苦努力的学习氛围。

二、成果成效

大一的时间走得很快，寝室部分成员在学生会担任干事，临近期末考试前的换届选举四人竞选成为学生会干部。期末考试成绩不久便出来了，不出所料，246寝室的整体成绩在班级乃至整个年级的专业排名都名列前茅，专业前十也占几个席位，使得该寝室部分成员不仅取得校级奖学金还申请了国家励志奖学金；学习之余，校内的各种文体活动也不乏他们的足迹，校级以及以上比赛均有参与。

大二，在新一届学生到来之后不久，召开的学生会干部及21届班干部大会时，我作为院学生会团总支书记讲话时再一次发现了他们寝室同学的身影，便是在努力学习并取得优异的成绩的同时，能作为学生会成员服务师生，能在大二的相关校院两级活动中发挥组织能力，并取得成绩，通过努力学习与踏实工作中磨炼自己，这便是良好寝室发展形成的路径。

三、经验总结

作为辅导员，我认为该寝室发展积极向上刻苦努力的原因有以下几点。

（1）首先辅导员积极引导班级，做好班级治理；
（2）辅导员体贴关怀学生，师生间真诚交流；
（3）提升学习能力，总结学习工作中的问题经验；
（4）学生自身维护学习环境，锻炼自学能力努力奋斗；
（5）积极参与文体活动与相关竞赛，促进德智体美劳全面发展；
（6）三人行，必有我师焉，同学之间相互协助。

班级"问题学生"管理

（轨道交通学院　宋立）

【摘要】M学生在校各方面表现均不佳，存在行为习惯差、自我控制能力不佳等问题，表现为经常违反课堂纪律，如上课吃东西、玩手机、上课时间与同学说话聊天、不服从教师的管教甚至顶撞教师。针对此类学生，学校更应该以学生实际性格特点为切入点，结合企业岗位需要、校内特点等情况出发，综合相关资源，形成教育合力，积极发现问题学生的闪光点，及时给予正面强化，共筑打开学生心灵的钥匙。

【关键词】问题学生；逆反心理；教育切入点；引导；正面强化

一、实施背景

2021年秋季学期迎来了两个新班，新生班级学习、生活氛围良好，唯有M姓同学表现较为"异常"。上课时常迟到、班干部多次提醒后仍无改善。在给班干部开会时，大家一致反映一种表现不佳的情况，即每次网课都会挂着手机睡着，发生了几次教师点名找不到人、辅导员打电话人在寝室。

二、主要做法

（一）谈心谈话，透过现象找问题

根据M姓同学的表现，我意识到不能再将此当作偶尔发生的问题，必须要"正面反馈"。我将M姓同学请来办公室，询问原因，M姓同学表示没有故意和大家作对，就是睡着了，并表示这些所谓的学习都没有意义。我与学生长谈后，将导航手册翻给他看，告知他如果继续发生这样的情况可能面临的后果，学生表示认可后离开。

随后，我以匿名的形式对全班同学的表现开展调查，在搜集上来的反馈信息中显示，这位M姓学生成了大家口中的"刺儿头"，上网课时依旧睡觉，甚至在团支书强调青年大学习时有带头起哄"躺平"的迹象。

看到调查结果后，我赶紧在当天把M姓同学叫来办公室再次谈话。这次我试着从学生的过往生活中去寻找"蛛丝马迹"。在一个多小时的谈话中，我了解到M姓同学之前担任过班长、团支书，但是他没有过任何对抗情绪，还了解到其父亲非常严格，过于粗暴简单的教育方式让M姓同学不能接受。谈话过程中，我看到了M姓同学眼中躲闪的泪水。在谈话快结束时，我提到了班级同学对他的评价并征求学生意见，询问他，"如果将来有忙不过来的时候，可请他帮忙？"学生欣然接收并表示就算是跑腿都可以，就是怕闲着。

（二）积极关注，及时发现"闪光点"，并给予正强化

紧接着我就开始安排"事情"给该同学，在尝试做了2-3次任务后，我发现该生非常诚恳、踏实、灵活、情商高，并且乐于帮助教师和同学，在一些班级问题的处理中还能给出行之有效的建议。慢慢地我开始在班级管理中有意无意地描述M姓同学的过去"辉煌的历史"（主要当班长的经历），并以幽默有趣的方式表示该同学在大学就放弃了继续当班干部的故事。在这样反复经历几次后，我在与团支书谈话时了解到，这个同学变化非常大，开始主动帮助班级管理清点人员、核对资料等工作，而且不计较个人得失。本人赶紧将班级同学对他的积极评价反馈给学生本人，M姓同学腼腆地笑了，并说没有什么，以前做班干部也做这些事情。后来本人几乎很少有发现这个学生犯错的痕迹。

本人也曾经尝试着征求学生意见，想要给其父亲打电话，拟通过电话沟通更多地了解父亲对于学生的关注，但是被学生婉拒，并告知了我原因。虽然我尊重该生的意愿，没有再试图联系其父亲，但我告知学生一点，他的父亲绝对是爱他的，只是沟通太少，方式过于简单粗暴，让学生多理解父母的不易，M姓同学表示他很清楚父亲对自己的爱，只是父亲给予了他太多否定性的评价，让他感到很自卑。

三、成果成效

在后来的相处中，M姓同学总是积极反馈给他的变化，我也按照他乐于接受的"幽默有趣"的方式回复他。针对该生的性格特点和实际情况，关于未来是就业还是升学，给出了个人的建议，同时，通过分享"就业典型"，让该生找到适合自己的奋斗目标。

四、经验总结

学生碰到问题时，由于缺少社会阅历，容易采取极端行为，如：自暴自弃式的躲避问题或者不经思考鲁莽行动等。作为辅导员，第一时间应采取学生易于接受的方式了解到学生所遇的问题，如：在了解学生问题时，可以采用"唠家常""套近乎"等方法打消学生的抵触和害羞心理。发现学生有异常问题后，不要过早下结论或者带着刻板效应，一定要多走近学生，寻找问题背后的根源，其次，原生家庭带给学生的影响学校不能轻易改写，在无法得到社会支持（尤其是家庭亲情支持）或者社会支持较少（家庭亲情支持）较少的时候，作为教师，一定要给予更多的关注和支持，将这类学生经常"带在身边"，积极发现他们的闪光点，及时给予正面强化，才能让学生感觉到被需要、被认可，才能更积极、乐观。

上好开学第一课 系好思政工作第一颗扣子

（财经商贸学院　王紫维）

【摘要】新生入学教育是大学教育的第一课，是引导新生适应大学生活、建立学校归属感、认识专业特点、学会规划大学生涯的有效途径，是加强和改进大学生思想政治教育的一项关键性基础工作。我校秉承"以德润身，技臻至善"的育人理念，以社会主义核心价值观教育为主线，坚持"红色文化培根铸魂、天府文化优品雅行、工业文化精技立业、校史文化润心修身"，构建"研究引领、学习传承、双向体验、社会实践"四维文化育人格局，大力弘扬劳动精神、劳模精神、工匠精神。尊重学生成长成才规律，着力提升工作的科学化、专业化、精细化水平，为实现学生的全面发展奠定良好的基础。

【关键词】新生入学教育；思政工作；三全育人

案例背景分析

结合实际情况，针对新生特点，从理想信念教育、道德养成教育爱校荣校教育、校规校纪教育、适应性教育、心理健康教育、安全教育、职业生涯规划教育和国防知识教育九大方面入手，通过"学校—学院—班级—寝室"四级全方位开展，以学校为主导，以学院为主体，以班级为核心，以寝室为基本单位，充分发挥新生班集体、寝室的自我教育作用，力争上好新生开学"第一课"。

一、从学校层面

学校的新生入学教育侧重爱国荣校、理想信念、校风学风、朋辈典范和学习生活指导等层面进行思政教育，重点树立"三个意识"。

（一）学习党史校史，树立爱国爱校意识

学校肇始于 1951 年，在 2010 年整合 6 所中等专业学校建立成都市工业职业技术学校；2014 年新建为全日制高等职业技术学院。新生入学教育第一课以红色教育为主题，组织全体新生参观校史馆，举办"成工的天空"校歌大赛，观看爱国主义影片和学校宣传片等。同时，开展党史校史的宣讲活动，力图用党和学校的历史沿革、光荣传统和突出成就等生动事例来培养新生们的爱校意识。

（二）举办讲座，树立修身成才意识

一是举办各职能部门系列讲座，邀请与学生学习、生活密切相关部门的主管领导，如学工处、教务处和安保处，为全体新生进行系列讲座，解答新生普遍关心的问题。二是举办优秀大学生事迹报告会。组织"三好学生"、国奖获得者等优秀学生事迹报告会，围绕学习、考研、就业、创业、交友等多维度分享成长体验，发挥朋辈典型人物的示范作用，激励广大新生崇尚先进、学习先进。

（三）开展普查，树立心理健康意识

开展新生心理普测工作，并建立学生心理健康档案；开展心理健康知识讲座和适应性团体心理训练。如今，心理问题是当今大学生普遍面临的一大难题，而对于新生入学工作来讲，抓好学生心理问题则需要家校双方必须重视、互通消息。建立好解决各类心理问题的应对方案，引导学生树立健康积极的心理意识。

二、从二级学院层面

各二级学院新生入学教育侧重专业思想教育、行为养成教育、党团教育等。重点表现为"三会两课"。

（一）开好三个会，帮助新生了解大学生活

一是新生家长会。建立家长 QQ 群或微信群，将每位学生的家长联系方式整理成台账。合理运用网络工具，增进与新生家长的沟通和交流，配合学校做好新生的思想工作，为后续开展教育工作打好基础。二是师生见面会。各分院的学生科主任、教务科主任、教研室主任、专业带头人与新生见面交流，加强对新生的专业和学科指导以及生涯规划指导。三是新老生见面会。组织本学院品学兼优的高年级学生与新生近距离接触，老生分享自己在学校的学习、生活经历，为新生答疑解惑。

（二）上好两堂课，引领新生成长

一是新生"党课"，一方面开展入党启蒙教育，通过主题党（团）日活动、座谈交流等形式，帮助学生团员提高政治素质，积极向党组织靠拢；另一方面，开办新生入党积极分子培训班，举办党史专题报告、组织爱国主义教育基地参观、开展新生党

员风采展示等活动，充分发挥学生党员的先锋模范作用。二是职业生涯规划课，为新生开设职业生涯规划课，进行学业与生涯规划指导，由辅导员或班助组织新生订立"学习型班级"计划和"学习型寝室"文明公约等，帮助新生合理规划大学生活。

三、从班级层面

以班级为核心的新生入学教育侧重于班级凝聚力、良好的班风、学风的养成。

（一）开展行为养成教育

开展各类行为规范教育，组织新生深入学习《学生手册》，可采用开卷考试、竞赛问答等形式开展，促进新生了解学校颁布的各项规章制度和奖惩措施，引导新生自发自觉地遵章守纪。

（二）组织班级学生骨干培训

为提高班级学生骨干的理论水平和工作能力，采取单次性团体辅导活动，让班干部、学生会干部互相交流学习进步，充分发挥其自我教育、自我管理、自我服务的积极作用。

（三）开展各类主题班会活动

主题班会作为班级管理的重要形式，对学生进行德育教育、引导学生正确认识自我、规范自身行为、激发学习兴趣、增强班级凝聚力等方面起积极作用。目前，班会已经被教育部正式列为活动课程，其地位已与学科课程同等重要。

四、从寝室层面

寝室层面新生入学教育重点是促进新生优良寝风的形成，帮助新生更快地熟悉学校和大学生活。主要开展以下活动。

（一）开展"老生带新生"活动

选拔优秀的高年级学生在学习、生活等方面开展经验交流，并带领新生熟悉校园周边环境及学校生活、娱乐、体育活动、图书借阅等场所和设施。

（二）开展"学习型寝室"寝风建设活动

引导新生在日常学习生活中"学典型、找目标"，积极推进宿舍学习制度化、生活习惯健康化、互帮互助常态化，塑造良好寝风。

五、案例思考和工作建议

思政教育是一项系统工程，新生入学教育更需要系统地策划与实施。

（一）理清思路，制订方案

在实施的准备上，学校要召开专题会议研讨入学教育思路，研究入学教育工作，并对入学教育的内容、时间等做详细的部署和明确的要求，在广泛征求意见的基础上，针对各学院的实际情况，制订新生入学教育实施方案，拟定详细的时间表。

（二）领导重视，亲自参与

在实施的过程中，学校党政主要领导亲自参加开学典礼、军训动员大会等活动，其他各级领导也要深入新生当中，以不同形式参与到新生入学教育的各个环节。

（三）丰富内容，落实到位

在实施的内容上，新生入学教育涵盖诸多方面，要不断改进、创新、丰富教育内容，保证教育内容新、内容实，把每个教育活动都切实打造成新生入学教育的精品课堂。

六、总结

新生入学教育是整个大学教育的起点，是展开成功大学教育和良好学生工作的开端和基础，新生入学教育的成效如何，直接影响学生后续思想政治教育的效果。为帮助新生尽快适应大学生活，应大力贯彻"全员、全过程、全方位"的三全育人方针，充分结合"00后"新生的群体特征，统筹规划新生入学教育的各项活动，不断提升大学生思想政治教育的科学性和实效性，系好大学生思政工作的第一粒扣子。

大学生就业受挫及调适

（财经商贸学院　魏靖舒）

小李同学是会计专业的学生，学习成绩中等，其父母都是农民。父母从小对她的管教比较严格，使其接触社会机会不多，成长过程算是一帆风顺。大三下学期参加毕业实习，应聘到某代理记账公司工作。刚参加工作时工作热情较高，积极表现。一个月前因工作失误受到部门领导批评，自己的自尊心受到了伤害，感觉领导歧视自己。另一方面，觉得公司的老员工们不够热情、负责，向他们请教时，他们总是不爱搭理，一点不像原先学校里的教师们。师傅和一些领导的文化水平并不高，任人唯亲，不唯贤，自己作为大学生却没有得到应有的重用。又认为这家公司没有当初宣传的那样好，企业管理水平也不高，感觉前途一片黑暗，个人发展无望。同时在参加初级会计师学习培训的过程中，因学习课程安排密集，学习强度大，课程跟不上，感觉到挫败，这种心理负担加剧了焦虑症状。如今，小陈情绪很低落，有时思维难以集中，并且感觉胸闷、身体疲惫，食欲不振，工作能力减退，不爱接触同事，对未来没有信心，感觉空虚、无助。

初入职场的大学毕业生由于受到社会因素、家庭因素、业务能力、自身认知能力、人格心理发展、意志品质以及情绪情感等主、客观因素的影响，往往在角色转换的过程中容易出现困境，主要表现在以下四个方面。

一、"角色转换"的认知困境

大学毕业生能否成功地扮演"职业人"角色，取决于他对"职业人"角色的认知程度。"大学生"与"职业人"二者的角色定位存在巨大反差，这种反差令大学毕业生感到无所适从，角色失调在所难免。

二、"角色转换"的素质困境

社会和企业期望大学毕业生具备扎实的专业知识、较强的实际操作和组织管理能力、开拓进取的创新精神、健康的心理和人格等职业素质。然而，由于不少大学毕业生职业素质的不足，使得他们在入职适应期间面临许多职业困难与挑战，这种角色素质困境严重影响了大学毕业生顺利实现角色转换。

三、"角色转换"的心理困境

许多初入职场的大学毕业生由于难以适应入职后的学习、工作、生活环境的巨大变化，容易出现以下心理困境，主要包括：（1）失落心理。工作岗位与职业理想相差甚远，在经过努力却无法改变现状时，就容易产生失落心理。（2）自傲心理。部分大学毕业生自视甚高，轻视基层工作。由于受到这种心理的影响下，他们在实际工作中"大事做不了，小事又不做"，从而很难完成角色转换。（3）依恋心理。部分大学毕业生以学生角色要求自己在工作中的言行举止，以学生的思维方式来观察、分析和解决职场出现的问题，从而影响角色的顺利转换。（4）自卑心理。面对新的工作环境和生疏的人际关系，部分大学毕业生在工作中胆小、畏缩，产生"不求有功，但求无过"否定自我的消极心理。（5）浮躁心理。在入职初期，部分大学毕业生容易表现出"一阵子想干这项工作，一阵子又想干另一项工作"的浮躁心态，这种不稳定的浮躁心态使他们工作浮于表面，难以顺利实现角色转换。

四、"角色转换"的人际困境

大学校园内师生之间和同学之间的人际关系则是简单的、纯洁的人际关系，二者的处理方式存在巨大差别。许多大学毕业生，在职场人际交往过程中，由于人际交往经验和人际交往技巧的不足，容易因为"较强的个性和极强的自尊心"导致他们与上司、同事和下属的交往和沟通不畅，甚至产生隔阂，进而使他们陷入焦虑、紧张、害怕、回避和自我封闭等人际交往困境。

针对小李同学存在的问题，辅导员制订了以下几个解决方案：

（一）加强角色教育，消解"角色转换"认知困境

结合大学生特点和全面发展需要，从职业角色规范和职业角色评价两个方面对小李同学开展角色认知教育，引导她正确对待职业角色规范和职业角色评价，正确领悟国家、社会和用人单位对大学毕业生的角色要求和角色期待，帮助她调整个人需要结构，消除社会需要与自我价值期待之间的冲突，形成正确的角色意识与角色价值评价理念。

（二）加强职业素质培养，消解"角色转换"素质困境

调动职业素质自我修炼的积极性。引导小李同学认真学习、运用职业规划设计理论对未来的职业与人生发展方向进行科学规划；充分认识自己的个性、气质、能力、职业兴趣、职业价值观和职业发展目标等；引导她积极参与专业知识、专业技能和各种职业素质教育活动，加强"职业形象、职业知识、职业行为和职业技能"等显性职

业素质和"职业道德、职业意识、职业态度、职业作风"等隐性职业素质的修炼。

（三）加强职业心理教育，消解"角色转换"心理困境

首先，引导其做"合理化"的解释。在分析其求职受挫和求职焦虑的本质原因之后，在肯定成绩的同时，对其失败进行"合理化"解释，纠正不恰当的就业观和就业心理。其次，转移注意力。在求职受挫后，学习又受到严重影响，究其原因在于小李同学在学习的过程中还深陷求职失败的情绪中不能自拔。可建议他去爬山或打球，在宣泄情绪的同时转移注意力，减少求职失败的自我负强化机会。最后，寻求专业心理咨询师的帮助。

（四）加强人际交往能力培养，消解"角色转换"人际交往困境

给小李同学讲授人际交往的理论、方法、技巧等内容，帮助她树立正确的人际交往理念、方法，校正不良的人际交往行为习惯；指导她掌握并灵活运用"学会尊重人、关心人""正确认识自己和他人""诚恳待人，坦诚交流""保持自己的个性，相互尊重，求同存异""善于自我暴露，主动加强交往"和"掌握交谈艺术，多和别人交流思想"等人际交往技巧，正确处理人际关系。

大学生就业问题已经成为社会和高校的一大难题，高校辅导员应与时俱进，积极了解因大学生就业问题而引起的思想政治教育的新特点和新规律，寻求新的有效的内容、途径和方法，把思想政治教育渗透到大学生就业工作中去，增强思想政治教育的针对性和时效性。辅导员还应不断提升自我素质，真正成为大学生就业的服务者、职业生涯的指导师、思想的引导者。辅导员可以把平常收集到的有关就业、心理健康等方面的知识通过线上线下等多种方式呈现给学生，辅导员还可以通过面谈与网聊交谈相结合的方式，帮助大学生提高职业成熟度与心理承受能力，提高认知水平、培养积极情感、克服不健康的就业心态。同时学校应树立全程就业指导理念，把就业指导渗透到大学生的整个大学学习过程中，完善心理健康教育的工作机制，开展职业心理教育，进行就业心理问题辅导。

党领导下的实践育人堡垒——智能制造与汽车学院创新工作室

（智能制造与汽车学院　魏曦）

【摘要】党领导下的全方位育人工作是高校党建工作的重点环节，随着高校管理和思政工作不断下移，高校教师党支部党建工作的实践育人功能不断凸显。本文通过一个党领导下的实践育人案例，提出大学生创新工作长效机制、"课程思政课堂教学改革""教师党支部和创新工作室平台共建等措施"探索教学、实践和思政融合式党建育人创新模式。

【关键词】党的领导；实践育人；育人创新模式

一、党领导下的实践育人工作思路

（一）指导思想

高校教师党支部作为广大高校教师思想政治阵地及师生之间交流联系的桥梁，在教师的师德师风建设方面和学生培养及成长成才过程中，起到至关重要的作用。高校教师党员是国家高等人才中政治站位正确，思想纯洁、业务精湛的代表，对于高校的教学、科研、人才培养、对外交流和社会服务起到关键作用，有力促进了高等教育事业的繁荣和稳定。培养和提高大学生的创新能力是党员教师的一项十分重要的任务，也是加强大学生综合素质教育的根本诉求之一。党领导下的实践育人工作是一项系统工程，必须进行全方位的教育改革，在每一个教育环节上实行创新，最终在全面的教育创新中建立起创新教育的新机制。

1.加强教师党支部建设，建设师德师风提升长效机制

高校教师党支部要坚持"问题导向式"学习方法，以当前高校中存在的师德失范问题入手，以问题促思考，增进党员对党章党规和习近平总书记系列讲话精神的理解和认识，提升教师思想政治素质和职业道德水平；坚持"学习""讨论"结合全员参与模式，通过师德师风专题学习和讨论，分享学习心得和经验，以"论"促"学"，加深教师对师德师风内涵的理解，弘扬高尚师德。

2.加强宣传，促进形成良好风尚

教师党支部要将师德宣传工作作为支部党建工作的重点环节，实现师德宣传教育制度化、常态化。通过"三会一课"宣传普及《高校教师职业道德规范》。充分挖掘支部教师的师德宣传素材，制作"党建慕课""名师风采"等内容，利用网站、微博、微信公众号等新媒体平台，宣传学院优秀教师，充分展现我院教师的良好形象，宣传我院优秀教师的典型事迹，坚持营造以"标兵"促"先进"的学习氛围。

3.强化师德考评、健全监督体系

高校教师党支部要完善师德规范和考评标准，依托支部建立教师个人的师德档案，并严格管理，年底实行师德考核制度，将考核结果运用到职位晋升、职称评审、评优评奖、绩效考评上，实行一票否决制，同时，师德档案记录还作为教师党员发展的重要依据。教师党支部要健全师德监督体系，设立监督信箱和举报电话等渠道，推动师生共同监督。

（二）推动以"课程思政"为目标的课堂教学改革思政教育与专业教学的融合

在日常的教学中，推动以"课程思政"为目标的课堂教学改革思政教育与专业教学要有机融合，要结合专业特点，深入挖掘专业课程蕴含的思想政治教育元素，讲述科学巨匠、党员科学家在科研中勤奋工作、刻苦钻研、分用献身的先进事迹，渗透专业领域的历史使命和传承，展望专业学习及行业从业对个人发展及成才的深远影响，培养学生艰苦朴素、勇于奋斗、攻坚克难的精神和意志，激发学生投身行业建设的内生动力，为国家发展做贡献。同时通过党建慕课和微课、网络平台宣传学习等"互联网＋党建"手段进一步促进思政与专业教学相融合。

（三）加强科研攻关精神和团队协作意识，提升师生科研团队战斗力

搭建科研育人平台充分发扬教师师德示范作用，一方面鼓励学生掌握学术前沿，努力突破和掌握先进技术。另一方面鼓励他们脚踏实地，积极投身国家和国防项目研究工作，突破核心技术，促进成果转化。努力发挥"传、帮、带"的作用，引领师生增强科学精神和创新意识，提升集体攻关、联合攻坚的团队精神和协作意识。在科研组会、系会等组织形式中，通过学习学术名家、优秀学术团队的先进事迹与科研精神，弘扬正气，宣传主旋律，将党的要求和国家的需要变成教师在教学和科研中潜心钻研的内在动力，进而产生示范辐射作用，起到育人的作用。

（四）加强意识形态工作，重视思想育人功能提升

第一，通过充分利用党建活动室和读书室，形成学院师生学习园地；同时，进一步将支部工作制度向下延伸，安排辅导员、班主任、学业导师和生活教师等联系指导学生党支部工作和学生社团工作，引导学生党支部开展丰富多彩的活动。将以上两个手段有机结合，使学与做协调开展。

第二，通过个人谈心、科研组会和班会等方式宣传党的路线、方针和政策，通过党政领导、教师党支部书记、双带头人讲党课，党支部主题学习日，党建读书会等活动创新"三会一课"制度，增强"三会一课"的针对性和实效性。加强新进教师培训和高端引进人才引领，宣扬党的优秀传统和时代先进性，积极吸纳他们加入党组织，增强党员水平和素质。

二、党领导下的实践育人堡垒——智能制造与汽车学院创新工作室

（一）工作室概况

智能制造与汽车学院创新实验室是在智能制造与汽车学院党总支领导下的创新实验的平台，是学生科技实践活动的基地。常驻有9位指导教师，其中党员教师8名。作为学生进行科技活动的空间。工作室是课堂教学的一个深化，同时也是提高学生创造性的活动。工作室主要有机器人项目、全国大学生机械创新设计这两个主要的项目，每学期还有学生自己的项目。工作室指导学生参加大学生创新设计大赛，机械创新设计大赛，"挑战杯"创新创业大赛、"互联网+"大学生创新创业大赛、全国机器人大赛等赛事，获得9个全国一等奖在内的102项奖项。工作室带领学生克服心理压力，培养学生敢于亮剑的精神，获得了学院的领导、同事、学生的好评。

（二）工作室主要任务

结合智能制造与汽车学院的专业特点，结合学院的发展思路，提升学生的专业技能和综合竞争力，促进我师生创新能力的提高，结合专业结合所学，带领学生走在创新创业的路上。把创新做实，让每一学子都有"仰望星空"的气魄和"脚踏实地"勇气。让他们用自己的专业知识去做创新，做匠心。以教学创新实践、深化机械设计、机构设计为平台，以机械创新设计及创新设计大赛等竞赛活动为手段，运用项目式教学的工程教育理念，培养实践型、实用型人才。

（三）工作室育人成果

智能制造与汽车学院创新工作室，共申请专利4项，其中2项为发明专利，共参

加比赛6次，分别是挑战杯大学生创新设计大赛获得省级二等奖；创客中国创新创业大赛获得三等奖和优胜奖；天府工匠杯机械加工综合赛三等奖；智能小车比赛三等奖；四川省机器人大赛获得一等奖、二等奖、三等奖各一次；中英"一带一路"创业大赛获得三等奖。其中两个项目获得项目奖励资金1万3千元。

三、存在的问题及改进措施

（一）学生缺乏职业认同和追求安逸

针对当前学生在参与工作室活动中表现出的缺乏职业认同和追求安逸的问题，结合专业的发展历史和国家需要，在课堂教学中，大力引导学生提高服务国家和社会的政治素质。在课堂教学外，开展"传承红色基因、担当复兴重任"等主题活动，引导学生从事国家急需领域和有战略需求的工作，为祖国的长远发展做出贡献。

（二）实践育人工作宣传覆盖不足

针对实践育人工作宣传覆盖不足的问题，通过支部党员大会、系会，宣传身边优秀师生党员的先进事迹，鼓励广大师生在学习、工作和生活中发挥党员的模范带头作用，切实发挥良好的辐射作用。

（三）教师支部和学生支部工作联系不足

针对教师支部和学生支部工作联系不足的问题，开展师生支部共建，以党建促交流，促进学生成长成才。建立完善的相互交流机制，促进党员教师之间的交流，激发党员积极性，推进党建工作迈上新台阶；开展党支部与学生党支部结对子，与学生社团手拉手等活动，加强党支部与学生党支部、学生社团的联系，通过参与学生党支部主题活动、指导学生社团科技活动和竞赛、师生学习分享、师生联合科技服务日和科技扶贫等实践活动，促进师生支部共建和学生健康成长。

四、结语

未来高校党支部党建工作必将以"育人"为重点任务，本案例旨在抛砖引玉，提出高校教师党建育人工作新模式，该模式贯穿高校人才培养全过程，能够一定程度解决高校"为谁培养人""培养什么人"和"怎么培养人"的问题。相信在党的领导下，在习近平新时代中国特色社会主义思想的武装下，高校党支部将充分发挥先锋模范作用和示范引领作用，为思政育人工作打下坚实的基础，为学院"双高"建设和高等职业教育的发展做出突出的贡献。

实践育人典型工作案例

（轨道交通学院　许仁华）

【摘要】实践育人是思想政治教育体系的一个重要环节，2012年1月10日教育部发布的《教育部等部门关于进一步加强高校实践育人工作的若干意见》指出要充分认识高校实践育人工作的重要性。本案例通过发现和发挥学生优势，引导积极参与实践活动，使学生树立科学的世界观、人生观、价值观，不断增强自信心、服务国家服务人民的社会责任感、勇于探索的创新精神、善于解决问题的实践能力。

【关键词】实践育人、自信心、责任感、实践能力

一、实施背景

为进一步落实党中央关于新时代实施乡村振兴战略总体任务要求，加强高校实践育人开展力度，提升基层党组织的组织能力，突出政治功能，轨道交通学院党总支学生党支部结合工作实际，建立了一支乐于奉献、互助友爱、热情服务的志愿者服务团队。志愿服务工作开展立足自身资源、人文特色等基础条件，着眼所在地社区发展治理新格局，形成了高校基层党组织参与城乡社区治理发展的新思路，新创举。先后和成都市天府新区华阳街道四河社区、青羊区清水河社区、高新区紫荆社区、双流区黄龙溪镇东岳村、双流区怡心街道藕塘社区开展志愿服务工作。在志愿服务工作中，根据社区治理发展需要，有针对性地派驻志愿服务团队提供优质、富有特色的志愿服务，获得社区和群众好评，并在服务过程中探索出了一条"党建引领＋结对共建＋助力社区发展治理"的发展模式，着力构建城乡基层组织结对共建项目。先后和中共成都市双流区黄龙溪镇东岳村委员会、成都市双流区黄龙溪镇志愿者服务中心签订了"结对共建协议"，建立了党支部志愿服务基地。

二、主要做法

（1）以主题班会形式讨论社会实践的意义，引导学生去关注去思考。

（2）在所带班级中积极宣传轨道交通学院志愿者服务队的开展情况与成效，并邀请合作社区社会工作服务中心负责人到校开展"志愿服务专题讲座"，通过身边的案例来引导和鼓励更多的学生参加到社会实践志愿者服务中。

（3）针对班级成绩不理想和性格内向等类型的学生进行单独谈谈话，根据个人所擅长的方面予以肯定，并对参与哪类社会实践活动能突出自己优势，改进自己不足等方向给予建议，鼓励其主动参与活动中。

例1：X同学、Y同学是室友，军训期间几次偷懒悄悄返回寝室打游戏，并有迟到和旷课现象，行为习惯较为懒散。辅导员为了更好地了解两位同学的情况和帮助其进步，根据他们身体素质较好的优势，引导他们参加了辅导员所指导的龙狮社团，并跟随志愿者服务队定期参加社区公益演出和志愿者服务活动。在整个相处过程中发现学生哪个方面出现松懈思想时马上纠正。

例2：W同学性格内向不善言谈，也害怕与教师交流，通过参加"志愿服务专题讲座"的宣讲后，除积极参加到学校组织的志愿者服务活动外，暑假主动投身到当地的社会实践志愿服务活动中，并将其经历和心得感悟分享给当时专题讲座授课的社区教师。辅导员得知后对其进行了赞扬、认可和鼓励。首先听讲座"有心"后付诸行动

"有力"，其次愿意跟社区教师分享，说明在这个社会实践活动中自己是开心的、有收获的。通过此件事，该生之后与辅导员分享的生活事越来越多。

三、成果成效

（1）自我价值的实现。同学们丰富课余生活的同时，自我价值在某些方面得到了一定的实现，获得更多人的认识与认可。例如：参加龙狮社团的同学，课余社团训练替代了游戏时间，较好的身体素质和端正的态度也使其成了社团主力队员，在很多平台有了展现自我的机会，也建立了一定的自信心，对自己有了新的认识。

（2）思想意识的转变。有了新的认识也有了一定的约束，曾经有迟到、旷课等现象的同学不再出现这种情况，会有意识在同学和教师心中建立更好的形象。各方面会有相辅相成的促进作用，能带动学生在其他方面的进步。如课堂上有意识地坐前排听课，希望得到任课教师的认可。

（3）人际关系的建立。扩大了自己的生活圈，活动参与过程中结识到更多的人，增强了人际交往能力，有意义的事或平常的生活愿意与身边人及教师进行分享。

（4）社会责任感的提升和奉献精神的培养。通过社会实践活动，不仅能积累社会经验，也在帮助他人、助力社区发展等方面贡献出自己的力量。最后班长担任了二级学院新一届的志愿者服务队的负责人，班级不少同学也成了志愿者服务队的成员。

四、经验总结

（1）以鼓励和号召学生参加志愿者服务为契机，从知行合一上下功夫，让学生在实践中成长，培养奉献意识、社会责任感，在实践中思考和总结，在服务社会和服务他人中进步。

（2）群体间有带动性和相互作用，如一个寝室、一个班级，在群体中，个体的行为往往会受群体心理气氛、价值观念、行为规范的影响。所以通过带动一部分主动积极的同学参与社会实践，在通过身边人的影响力来带动整个班级的参与性。

（3）根据个体差异因材施教，立足人才培养方案，通过社会实践，把学生放在擅长的领域中去发展，善于发现其闪光点，多一些肯定。在潜移默化中引导学生克服自卑、消极等心态，激发积极心态，培养乐观、健康的性格。

五、推广应用

（1）开展分享交流主题班会，大家把参与到社会实践中的趣事或经验进行故事分享。锻炼学生的胆量的同时也培养其表达能力。

（2）成立班级志愿者服务小分队，定期组织参与或开展形式多样的社会实践志愿者服务活动中。增进班级同学间情感的同时，让大家相互有更多的沟通与了解，并发现大家身上的闪光点，树立自信心。

（3）以班为单位的形式轮流组织到合作社区进行志愿者服务活动，做到人人可参与，能参与。

防范电信诈骗 提高安全意识

（智能制造与汽车学院 姚威）

【摘要】现代科技的发展越来越快，大家的生活有了极大的改善，但这也促使了许多人利用高科技诈骗钱财，破坏人们的财产利益；大学生在受害者群体里占比非常多，诈骗分子利用大学生涉世未深、缺乏法律常识、禁不住外界诱惑等对大学生实施诈骗的案件不断增多，严重侵害了大学生的财产安全。

【关键词】大学生；电信诈骗；安全意识；案例

一、背景描述

案例1：2019年9月，一年级新生王同学喜欢上了一款手机游戏，平时和同寝室的一起玩，但因为周围的同学玩得比较早，等级比他高，偶尔会嫌弃他，这天被拒绝一起玩的王同学在游戏世界看到有代练喊"30元帮升级升段位"的信息，就主动联系陌生游戏代练谈好价钱后将自己游戏账号（微信号）给予别人，过程中代练谎称异地登录需要验证码，王同学就将收到的验证码发给代练。在约定时间结束后，王同学上线发现自己游戏等级没变，才惊觉被骗，自己微信里的800元生活费和绑定银行卡里的600元存款都没了。

案例2：2020年12月，某营销专业的李同学在学校收到一个比较好的电脑显卡，他挂在某二手交易平台进行二手出售，因同型号的电脑显卡当下比较火且已经断货，所以他挂价较高。某天一买家联系他想买，经过很长时间的讨价还价后双方准备交易，交易时频繁出现错误。此时，一自称是该交易网站客服加他站内好友，并打电话告知是他信用等级太低以使此次交易无法完成，如要继续交易需提供个人验证，李同学以为验证一下没什么就填写了个人信息，随后验证失败，客服又告知他是因为他是学生身份，不能进行超额度交易，如需继续交易需提交2000元保证金，买家此时也一直在催他抓紧时间交易，李同学随后根据客服提供的网页链接交了2000元保证金，交后买家不见了，客服也不再回他消息；李同学才意识到上当了，随后报警。

二、教育内容

类似上述案例的诈骗情况还有很多，我国每年统计出来被诈骗的金额多达上亿元，如何防范电信诈骗是高职院校一直在探索的问题。

（一）提高大学生安全意识

首先，大学生们要牢记公安部门提示的十个"凡是"和九个"一律"。

1.十个"凡是"

（1）凡是网上办理贷款、信用卡或提升信用额度、消除校园贷等不良征信记录，以各种理由要求交钱转账的都是诈骗。（2）凡是自称以做兼职、返佣金、赚零花钱、挣生活费等噱头承诺返利，用扫码、转账等方式进行刷销量信誉、到电商平台购买大额商品等网上刷单的都是诈骗。（3）凡是自称商家"客服""经理"，以购买商品质量不好、快递丢失、误开会员为由，声称可办理双倍退款、理赔、取消误办业务，让扫码、贷款、转账、汇款、提供密码及验证码的都是诈骗。（4）凡是在社交软件、婚恋网站中，以恋爱为由加好友培养感情后，声称掌握网站漏洞、有内幕消息能够赚钱，引导下载投资App或进入博彩、理财网站、微信小程序，让投资理财、炒股、炒虚拟货币、炒期货、博彩的都是诈骗。（5）凡是自称公检法的工作人员，以涉嫌违法犯罪并需要保密等为由，索要银行卡信息、密码、验证码或要求直接把名下所有钱款打到"安全账户"接受调查、自证清白的都是诈骗。（6）凡是利用电话、短信、QQ、微信等方式，冒充领导、老板、客户、教师、学生、朋友、家长，要求转账汇款的都是诈骗。（7）凡是自称军警或学校领导人，以购买物资为名，要求与指定商家联系并付货款的都是诈骗。（8）凡是在微信、QQ等社交软件中自称是外国士兵或国外工作人员，让帮忙代收贵重国际包裹并垫付"快递费""通关费"等费用的都是诈骗。（9）凡是自称医保局、社保局的工作人员，以医保卡、社保卡在外地有大额异常消费记录或涉嫌违法犯罪等为由，要求转账汇款的都是诈骗。（10）凡是未经国家金融部门批准的网上投资理财平台，以及所谓财富交流平台彩票出售、虚拟币交易都是诈骗。

2.九个"一律"

（1）刷单高额返点一律是骗局。（2）网购一律找正规渠道。（3）公检法来电要求汇款一律挂掉。（4）网贷预付手续费一律不给。（5）投资充值返现一律不信。（6）可疑链接一律不点。（7）收到信息一律要通过官方验证。（8）索要验证码的一律拒绝。（9）退改签票类一律要走官方途径。

（二）积极开展防范电信诈骗教育

大学生是一个特殊群里，涉世未深、缺乏法律常识，容易头脑发热、禁不住外界诱惑，但这个群体一教就改，一点就通。因此，高职院校要积极开展防范电信诈骗教育，发动班干部、入党积极分子等群体，通过每一次班会、每一次进寝室的机会，提高大学生安全防范反诈意识，发动大学生相互帮助，形成大集体关注小集体、小集体关注每个人的合理机制。

三、延伸思考

防范电信诈骗、提高安全意识，不仅仅全体同学签署学生防电信诈骗、网络诈骗承诺书那么简单，我们要始终强化学生的防范意识，教育其在今后的生活和工作中时刻提高警惕，加强防范意识，防止受骗，切实保护自己利益。

高职院校学生对思想政治人文关怀的诉求与策略

（轨道交通学院　陈攀）

【摘要】人文关怀作为思想政治和价值引导过程中的重要手段，越来越受到高校的重视，而且已经广泛应用于我国大学生思政教育领域。本文阐述了高校思想政治教育实施人文关怀的重要时代价值，结合高职院校大学生思政教育实际，从丰富思政教育内容、改进教学方式等方面提出了加强学生思想政治教育人文关怀的策略。

【关键词】思想政治教育人文关怀；学生个性需求

一、思政教育过程中人文关怀缺失的普遍问题

高校开展的思想政治教育目的在于帮助学生树立正确的世界观、人生观、价值观。因此，思想政治教育教材的制定也较为严谨，以实现对学生的发展引导，提升其综合水平。但是，在实际的教学过程中，教师更多地关注教材中渗透的严谨理念，却普遍忽视了对大学生的人文关怀，枯燥的教材知识激发学生的学习兴趣有限。思想政治教育的最终目的就是培养大学生的良好思想品质，忽视对大学生情感的教育使大学思想政治教育严重脱离实际要求，不利于教育工作的顺利开展和学生道德素养的提高。

市场经济下，丰富的物质充斥人类的生活，各个主体具有较强的独立性，自主意识不断增强，自我主体感使得人类个体对自身的权利、自由、利益、风险、责任、需求、尊严等的主体感更强，主体意识更加张扬。现阶段社会中的一些诚信缺失、道德滑坡、重物质和权利、轻责任和言行等问题，使得人文关怀的思政教育更加迫切。

学生在学校发展中占据主体地位，高校思想教育教学工作应建立以学生为本的教学管理模式，将学校的工作重点和核心转移到学生身上。在实际生活中也要做到想学

生所想、办学生所需，建立相互理解、相互关心的平等和谐的师生关系。

在高校中对大学生进行思想政治教育的时候，要因材施教，对每个学生根据自身的情况进行不同的教育。但是目前，我国的高校中往往只是重视对所有学生的整体教育，从而忽视了对学生个体的教育。这样的共性教育过分强调个体对整体的服从，扼杀了个性的发展，让大学生失去了学习的热情和积极性，限制了大学生的个性发展。

二、践行以人为本理念的重要意义

（一）以人为本理念是时代发展的必然产物

随着社会经济和时代的发展，市场对人才的需求越来越大，同时竞争也愈发激烈。大学生通过在学校的学习，已经具有了基础的文化底蕴和技术知识，但在人的主体地位不断发展的今天，良好的道德素养是必不可少的。因此高校思想教育工作中要以尊重人的主体地位为前提，坚持以人为本的理念，把大学生的思想政治素质教育放到工作首要位置。

（二）践行人本理念是促进大学生全面发展的前提条件

就目前的高职院校教学情况来看，学生的文化底蕴和技术知识得到了很大的提高，但道德素质教育方面没有得到足够的重视。目前高校辅导员与学生的配比基本为1：200，仅仅依靠辅导员的日常关怀、思政教师在课堂上有限的引导，是远远不够的。这就导致大学生的思想发展与科学技术发展不够同步，达不到全面发展的目标。坚持以人为本还可以激发学生的主体意识，有利于他们培养个性和创造精神，最终发展成为全面性人才，在激烈的社会竞争中脱颖而出。

三、人文关怀在高校思想政治教育中渗透的对策

（一）将理论灌输和情感关怀相结合

情感是人类心灵的表达，它能够激发大学生的主观能动性，从而实现学生综合素质的提升，对此，在思想政治课堂教育过程中，应当充分考虑学生的感受，将教材理论知识的灌输与对学生的情感关怀相结合。对于各项案例的分析，教师应当引导学生向好的方向思考，除了要向学生说明案件本身的恶劣影响外，还应当引导学生认识到应当加强自身修养，避免发生此种情况。或者转换教师与学生之间的角色，利用各种课堂活动，如小组讨论，积极参与课堂教学，以达到活跃思维的目的，同时灌输人文关怀，达到引导的目的。

（二）充分发挥学生的主体性

作为高校教育活动的主体，学生不仅要将思想政治教育学习作为一门课程，同时还应当将其纳入自身素质培养与提升的过程中，从而确保思想政治学习的效果。在此过程中，只有学生充分发挥自身的主体性，才能够达到理想的思想政治学习目的，确保高效思想政治教育水平的提升。对此，高校应当鼓励大学生参加志愿者活动等，认识到社会发展过程中自身应当承担的责任，培养自身独立认识问题和解决问题的能力，从而提升学习思想政治的热情，并不断发挥自身的主体作用，实现自身综合素养的提升。

（三）尊重大学生的个性发展

由于每个大学生的生活背景和性格都不尽相同，导致大学生的思想和精神也会存在很大的差异。因此，高校思想政治教育的开展，应当充分渗透人文关怀，并承认大学生之间的个体性差异，充分尊重大学生的个性化发展，如可以在新生进校园时开展问卷调查，以此分析大学生的心理特点，明确每一位学生的个性特点，并制定相应的思想政治教育策略，营造良好氛围，从而确保思想政治教育工作的顺利开展。对于学生学习过程中的不合理处，应当给予适当的引导与教育，确保学生个性化发展的同时符合教育需求，更好地满足我国高校教育事业发展需求。

（四）开展符合时代发展的学生活动，输出校园文化

课堂教学是学校对学生进行教育的主要方式，在新形势下课堂教学的局限性日益明显，这就要求高校在对大学生进行思想政治教育的过程中，既注重课堂教学人文关怀的营造，在满足学生知识需求的时候，也能满足学生的精神和心灵需求，同时学校要尽可能多地开展与思想政治教育相关的特色校园文化活动。高职院校不同于传统大学，其所培养的人才更具应用性质，因此，应为了让该学生的专业技能得到锻炼而不断为学生营造社会实践活动。教师在与学生沟通之后，根据学生自身的特点为其组织适当的社会实践活动，鼓励学生参与到活动当中，从而让学生更加正确地看待工作岗位，促使学生能够端正自身的心态。此外，高校教师还应当充分认识到学生的主体作用，鼓励学生根据自身的想法，树立全新的学习理念，并将其纳入校园文化建设过程中，从而实现特色校园文化的建设，以进一步提升高校思想政治教育水平。

四、结语

大学生思想政治中的人文关怀的建设在学生的整个学习过程中发挥着十分重要的作用。在未来的发展过程中，要想实现大学生的全面健康发展，学校就必须加强对大学生思想政治教育人文关怀的重视，满足学生发展中的个性需求，使大学生健康发展。

【参考文献】

[1] 唐晓英，基于人文素质教育的高职院校大学生思想政治素质培养［J］.教育与职业，2012（12）：62-64.

[2] 柏璐，人文关怀视角下大学生思想政治教育研究［J］.北方文学，2017（09）：190.

高职院校校园文化育人要素研究

（建筑工程学院　蒋欣）

【摘要】文化是教育之根本。随着国家发展，文化育人更是高职院校内涵质量建设的迫切需要。基于当代大环境，探讨历史与文化要素、地域与环境要素、人文影响要素三大文化育人要素。高职院校深入落实"立德树人"根本任务，就要切实做好文化育人相关工作，培养新时代全面发展的职业人才。

【关键词】文化育人；历史与文化要素；地域与环境要素；人文影响要素

文化是一个伟大的国家、一个伟大的民族的为文化灵魂；正是文化兴国运兴，文化强民族强。党的十八大以来，以习近平同志为核心的党中央提出了"中国的自信，本质上是文化自信""文化自信，是更基础、更广泛、更深厚的自信"等重要政治观点，同时明确要求加大力度深入推进弘扬社会主义核心价值观教育和文化自信建设，这就为推进高职教育文化育人工作增添了新的时代文化内涵、教育体系新目标和社会发展新任务，高职教育作为教育的一个重要组成部分，文化育人更是高职院校内涵质量建设的迫切需要，基于当代大环境，拟就高职院校文化育人的要素进行探讨。

一、历史与文化要素

文化是学校的历史沉淀、思想引领和精神传承，每一代学生都是作为学校文化精神的传承者，一代接着一代，他们是相互连接的，良好的校园精神文化可以有效地培养学生的思想品质、陶冶情操、促进身心健康、增强学生的社会人际交往能力，促进学生的全面发展，提升学生的整体水平。高职院校虽然大多是由中专转制、升格而来，办学时间不长，但其中专主体大多是相关行业名校，文化源远流长、特色鲜明，有着深厚的校园文化底蕴。学校的历史文化可渗透到学校的各个方面，具有一定的"教化育人"作用。校园的文化氛围不能简单模仿普通高校——注重研究、学术的氛围，而应该充分反映职业性的文化特色，深入思考、精心研究，探索自身学校历史文化源泉。

二、地域与环境要素

环境文化建设，根据学校自身地域性环境影响，打造专属的、独有的、高职特色的校园环境文化，有利于潜移默化地感染和影响学生。学校校园的选址对学校的规划、建设，对学校的未来发展特点关系很大。学校应主动挖掘办学所在地的地域文化，将其有效地与育人结合，区别于普通高校，高职院校校园文化环境的营造应反映高职教育的特色。

在校内，干净、舒适、个性化的校园环境才能真正让广大学生随时得以有效放松学习紧张心情、减轻学习及生活压力、增强学生文化归属感和文化价值认同感。高职院校的校园文化特色及校园环境美化建设工程都应充分突出高职高职文化特色，与其他本科院有所区别及其发展由此开来，高职院校的校园环境应突出高职特色，与本科院校区别开来，随着学校与企业、学校与学校之间的交流增多，校园环境的打造显得尤为重要，校园环境影响学校的第一印象。故越来越多的学校积极营造富有自身特色的校园、加大文化景观的布置，精心设计亭台楼宇、道路宿舍、教室操场，各处显而易见的文化痕迹，让学生身处其中，在耳濡目染中感受到自然之美和人文之爱，崇善、尚德、爱美之心得以浸润。

三、人文影响要素

对于高职院校来说，师资队伍建设是学校文化建设的主要部分，由教师传递知识要领。文化精髓是育人的本分，也是办学的常规。同时，高职院校各类行业企业办学较多，学生就业面向相对集中，校友与母校的交融性较为充分。这种情况下，各校应在开放办学过程中，利用好校友这股力量，在传播企业文化、分享人生经验、激扬创新创业方面发挥奇效。

现代高职院校构建多元化育人观念。高职学生根据自身特点进行自我培养和发展，学校充分尊重学生的主体个性化发展，因材施教。将学校、教师、学生三者结合，深入挖掘高职学生自身潜力，拒绝以单一固定模式的就业形式为主，拒绝培养简单的体力劳动者，让学生真正成为主动自我探索的行动者、主动自我学习者、自我认同者，打破以往厌学、苦学的高职学生学习常态，进一步提高学生的文化自信，积累深厚文化底蕴，掌握精湛的专业技术能力。

总的来说，随着国家教育发展，高职教育发挥着越来越重要的作用。高职院校要落实"立德树人"这一根本任务，就要切实做好高校文化育人工作，其应当站在国家高度，深刻体会文化所包含育人要素，营造富有专属的高职文化，培养新时代全面发展的职业人才。

【参考文献】

[1] 任君庆. 新时代职业院校技术技能人才培养的成效、问题与对策 [J]. 中国高教研究，2019（12）：99-103.

[2] 黄春梅. 工匠精神与高职院校校园文化建设探析 [J]. 教育与职业，2018（7）：75-78.

[3] 靳诺. 高校思想政治工作根本任务的科学概括 [J]. 思想理论教育导刊，2017（1）：11.

[4] 罗春娜，袁光华. 高职院校文化育人实践研究——以河源职业技术学院为例 [J]. 南方职业教育学刊，2018，8（05）：55-61.

[5] 陈云涛. 高职院校文化育人的要素分析 [J]. 中国高教研究，2017（1）：104-106.

新时代高校学生党员党史教育困境与对策研究

（智能制造与汽车学院　谭林）

【摘要】中国共产党的百年奋斗史，是一部党与人民心连心，同呼吸共命运的奋斗史。我们党的一百年是始终保持初心和使命的一百年。高校教育是党史教育的主要阵地。在高校学生党员中开展党史学习有利于学生正确认识党和国家的发展历程，认同中国共产党的主流价值，引导党员学生树立正确的世界观、人生观和价值观。随着新时代的到来，信息化手段日益变化，学生获取知识的途径越来越多，对信息准确性难辨真伪，导致党史教育工作出现了重重困境，我们必须及时分析根源，立足于理论与实践的融合，保持党史教育应有的育人功能。

【关键词】新时代；学生党员；困境；对策

2021 年是中国共产党建党的第 100 周年，习近平总书记高度重视党史和革命史的教育，指出"学习党史、国史，是坚持和发展中国特色社会主义、把党和国家各项事业继续推向前进的必修课"。2015 年，中共中央、国务院印发《关于进一步加强和改进新形势下高校宣传思想工作的意见》，其中提出"加强党史国史和形势任务政策教育"。作为高校学生党员，党史是最好的营养剂，每一位党员都应该报以崇敬之心，认真学好党史才能了解我国在各阶段发生的重大事件、做出的重大决定、出现的重要人物，从学习中吸取宝贵的历史经验，增强大学生党员的智慧与力量。

一、新时代高校学生党员党史教育的意义

党史教育是高校教育的重要内容。学习党史才能了解共产党不凡的奋斗历程和丰富的治党、治国经验与智慧，才能吸收和借鉴共产党人的智慧结晶。"为中国人民谋幸福，为中华民族谋复兴"是加强党的建设的永恒目标，是全体党员的奋斗源泉。在高校学生党员中开展党史学习教育，就是要提升党员学生的认识党史的能力、学习党史的能力、继承党的优良作风的能力。学习党史也是对中国特色社会主义实践经验的学习，学习对历史经验的总结和概括。中国高校的发展史，也是几代大学生用坚定的理想信念，实践党的教育宗旨的奋斗史。新时代的高校，政治决心也是全体师生的基本政治素质。新时代的青年，通过党史学习，让我们认识到中国建党初期的革命人物，如李大钊、陈独秀等革命先驱，他们的形象又鲜活地展现在我们面前。通过学习党史让我们认识了新文化运动的领袖，如陈独秀、鲁迅、胡适的国家情怀。新时代的青年们应该明白少年强则国家强，学习党史能够让高校学生进一步增强对中国特色社会主义理论的理解，更加明确坚定走中国特色社会主义道路的内涵。高校学生党员这一身份，要求强化党员的党性，做到以身作则。在高校学习与生活中起到先锋模范作用，

全心全意为人民服务。为实现中华民族伟大复兴的中国梦而不懈奋斗。

二、新时代高校学生党员党史教育面临的困境

不忘来路才能行稳致远。通过党史教育可以让新时代大学生体会到革命先烈们高尚的革命品格和不屈的斗争精神，以史鉴今，才能明白今天的幸福生活来之不易，才能更加深刻地认同中国共产党的主流价值。而如今在党的改革开放时代背景下，各种思潮不断涌向高校学生，使高校学生党员的思想教育环境面临的重大冲击。

（一）历史虚无主义对党史主流价值的冲击

历史虚无主义是一种由国内外敌对势力制造和散布，以否定共产党领导、搞乱社会主义国家人心、颠覆社会主义政权为目的，以攻击、丑化和污蔑人民革命及革命领袖、英模人物为核心，以"重新评价历史、书写历史"为幌子，以"碎片化"甚至胡编滥造、"恶搞"历史为主要手段的政治思潮。这种思想主要体现为否定中国特色社会主义的历史必然性，动摇全党全国人民的共同思想基础。习近平总书记指出："历史虚无主义的要害，是从根本上否定马克思主义指导地位和中国走向社会主义的历史必然性，否定中国共产党的领导。"随着网络信息技术的快速发展，高校学生接触各种信息的渠道变得更加多样。历史虚无主义思潮在新时代通过网络、自媒体等多种形式以文字、短视频等多种形式，向高校学生群体渗透其思想，如虚无中国的文明、中国的传统文化、中国的民族特征，一步一步侵蚀我们的思想道德与信仰，削弱我们的文化自信。在这样的背景下，中国共产党主流价值观非常容易受到侵害与冲击，逐步动摇全体人民的共同理想。以上种种原因，也给当今高校的党史教育工作带来了全新的挑战。

（二）高校学生党员党史教育师资队伍建设有待进一步加强

2018年9月，在全国教育大会上，习近平总书记强调"建设社会主义现代化强国，对教师队伍建设提出新的更高要求"。同时习近平总书记在全国党史工作会议的讲话中也明确指出："加强和改进新形势下党史工作，关键是建设一支高素质的党史工作队伍。"只有具备良好的专业素养和丰富知识储备，党史教育工作者才能更好地为学生提供全面的、正确的党史知识，才能更有效传承中国革命优良传统，引导学生树立起正确的世界观、人生观、价值观。但就目前形势来看，党史教育队伍主要存在几个问题：（1）队伍总量不大。编制系统不健全，专业教学人才少。（2）队伍拔尖人才少。部分党史教学工作者还要承担很多课程教学任务，长期进行重复性的教学，基本没有给自己进一步深造与学习的精力、时间，枯燥、单一的教学内容严重影响学生听课时的积极性和专注度。高校学生党员党史教育队伍在教学准备、教学时间和教学效果上都有待进一步的提升。（3）党史宣传部门人才缺乏。党史教育一直存在学习形式单一的状况，宣传方式和途径有限，如更多的宣传部门和优秀人才的加入可以有力地解决这一难题。总的来说，高校党史教育工作存在事务繁杂、任务重、专业教学人员比较少、后备力量不足的现状，严重制约着党史学习工作的开展以及教师队伍的能力提升。以上种种原因都严重制约了新形势下党史教育工作的有效开展。

（三）高校学生党员党史教育浮于形式，创新意识有待提升

党史教育工作是党的生命线，部分学生党员在党史学习过程中，仅仅局限于学习书本教材、观看革命电影、观摩红色教育基地等，没有真正学到党史的精髓。

高校学生党员党史学习学于纸面，扎实性不够。我们决不能忘记党史学习教育的初衷是能更好地为人民办实事、办好事、办成事，通过学习教育我们务必要提升学生的思想高度，这样才能真正体现出党史学习教育的内涵，开展实践活动也要基于高校党员学生身份，真正体现党的宗旨，做到全心全意为人民服务。正是为了检验和升华学习教育的成效。在实践过程中，要防止"花拳绣腿"式的形式主义，悬空不着实际，做表面文章，仅仅为了完成学习任务。

高校学生党员党史学习形式枯燥，新颖度不够。例如：仅仅是在党课学习班期间对党史知识学习、思想汇报、主题讨论学习等单一、枯燥的传统灌输式讲解形式。学生无法将党史知识全面吸收，大大降低了学生的学习积极性与主动性。

三、高校学生党员党史教育的策略

为解决高校学生党员党史教育问题，应该从提高学生思想认识水平、加强师资队伍建设、丰富党史学习方式等方面来思考。

（一）提高学生思想认识，自觉抵制错误思想影响

习近平总书记在党史学习教育动员大会上，首次公开提出"树立正确党史观"的重要论断，体现了坚持用唯物史观来认识历史的根本立场，为我们正确认识、学习中国共产党的百年党史提供了有力依据和指导。

中华民族是一个尊重历史、尊崇英雄的伟大民族，我们应该加强党史教育工作的正确性，向高校党员学生展示在中国革命建立、建设、改革等不同历史时期，涌现出了多少令人敬佩的革命英雄。用无数鲜活的生命才换来了今天的幸福生活。这些英雄是民族的脊梁，他们为革命事业百折不了、无私奉献的精神引领中华民族不断前行、发展。我们不应遗忘，也不能遗忘。然而，在历史虚无主义的鼓吹下，有人认为这些牺牲都是没必要的，党史教育工作者一定要明确这个观点是极其错误的。我们只有通过认真学习党史、国史，包括为什么要坚持马克思主义？为什么要坚持走中国特色社会主义道路？为什么要学习毛泽东思想、邓小平理论，只有全面了解党史、国史的来龙去脉，做到以史为鉴，继承和发扬党的优良传统，才能用清醒的头脑抵制错误思想对我们的入侵。

加强高校学生党员自信教育，通过学习道路自信、理论自信、文化自信、制度自信让学生全面认识到国家的发展成果，取得的卓越成就便是我们自信的底气。通过学习"中国共产党为什么能？"让学生充分认识党的历史轨迹。当今世界，"中国模式""中国道路"等成为探讨的话题，这难道不能成为我们自信的源泉。党史教育工作者要明确历史虚无主义的危害，逐步引导学生树立正确的民族观、价值观、历史观。认清国外敌对势力丑化、污蔑中国共产党的险恶目的。

在高校课程设置中要更加全面和科学，采取线上、线下共同学习的方式增强学生的学习时间、学习渠道。通过学习"毛泽东思想概论"了解中国近代以来至改革开放

前的革命和建设历程。学习"思想道德修养与法治"课程有助于学生掌握丰富的思想道德和法律知识，帮助学生明确党和国家对大学生的希望和要求，明确自身成长面临的机遇和挑战，明确自身肩负的历史使命，击溃错误历史思想的理论基础。思想理论课程教师也可以通过开展以主题讨论、案例分析、实践活动为主要形式的课堂教学活动，以提高学生对于各种错误思想的警惕。

（二）强化教学师资队伍建设

习近平总书记曾指出："在中华民族几千年绵延发展的历史长河中，爱国主义始终是激昂的主旋律，始终是激励我国各族人民自强不息的强大力量。"高校教育工作者必须在党史教育中紧密结合爱国主义教育和社会主义核心价值观教育，让学生充分了解到党和国家发展过程中爱国主义精神的发展，在传授学生党史知识的同时增强学生对于中华民族的认同感、归属感和自豪感。

面对党史教育队伍力量不足的问题，我们建议定期、定时组织教学人员进行党史业务培训与活动，加强与其他教学工作者的交流与学习，力推业务工作有效开展。在不断提高现有业务水平的基础上，解决人员编制，以鼓励、激励措施让党史教学人员工作更有信心、更有劲头，吸纳更多教学能力强、专业素质高的优秀人才到党史研究队伍中来。在强内力的基础上，善于借助外力整合各方资源，聘请党性觉悟高、热爱党史、懂党史的老同志为研究员、信息员，为工作开展建立可靠的人才保障。通过内外力结合锻造出业务专、作风实的党史研究队伍，更好地为党史教育工作的蓬勃发展提供可靠的政治保证和坚强政策支持。创新教学人员管理机制，重点是建立符合党史教育特点的学习评价体系和奖惩机制，进一步调动教学工作者的积极性、主动性和创造性。

（三）丰富教学方式，强化学习效率

面对党史学习教育方式单一、学习知识相对枯燥的实际，高校学生党员党史教育工作者除了要强化党史知识的理论学习外，还可以将校史、家乡史与党史教育结合，丰富课堂教学内容，增强学生爱校、爱家乡、爱祖国的有机统一。在党史学习过程中多采用分组讨论、案例分析、主题演讲等多种方式真正让学生参与进来，比如课前自己查阅资料、组织实地参观革命基地、课前主题演讲让学生更生动地体会到党史知识，更主动地查阅资料，掌握知识，避免党史教育工作者单方面知识灌输式。还可以采用问卷、座谈等方式充分了解学生的学习需求，用学生喜闻乐见的方式来学习，充分调动学生的学习积极性、主动性。

大学阶段是学生党员树立正确参观的关键时期，高校学生党员更是广大学生中的优秀代表，党史教育是推进国家发展的必修课，同时也是高校党员学生取得进步的营养剂。每一位党员都应以崇仰之心、敬畏之心来学习党史，学习党在发展过程中的宝贵经验和伟大成就。在学习党史的过程中让学生党员做到充分认清历史的发展、践行党员初心使命，同时高校学生党员要坚定理想信念，明确新时代里身上所担负的责任和担当，坚决抵制错误思潮，牢记初心使命，为实现伟大的中国梦贡献自己的青春力量。

【参考文献】

[1] 金碧来．新时代高校党史教育的困境与应对策略 [J].学理论，2019（06）：98-100.

[2] 穆标．关于当今党史教育的几个问题 [J].西部学刊，2019（06）：89-91.

[3] 王云燕．坚持正确党史观，旗帜鲜明反对历史虚无主义 [N].长江日报，2021-05-06（04）.

[4] 马桂花．深刻认识开展党史学习教育的重大意义 [N].新疆日报，2021-04-15（A08）.

[5] 梁华府．当代大学生党史教育的若干困境 [J].赤峰学院学报（哲学社会科学版），2014，35（02）：248-250.

浅析高校文化育人对大学生的影响

（物流工程学院　白窦萍）

【摘要】习近平总书记指出，加强高校思想政治工作，要更加注重以文化人以文育人。这为新形势下更好地秉承文化育人新理念，探索思想政治工作新举措提出新的更高的要求。作为高校思想教育工作者，应明确自身岗位职责与目标，把"文化育人"融入日常管理和校园文化建设中，坚持文化立本，优质育人。

【关键词】文化育人；思政教育

高校教育早已不是单纯地以传授知识为主，面对新时代的新青年，高校应该更加注重文化的培养和育人，才能适应时代快速发展对人才培养的速度与质量的需求。高校教师队伍要加强师德师风建设，做到学思践悟、知行合一，做好学生的"四个领路人"：做学生锤炼品格的引路人、做学生学习知识的引路人、做学生创新思维的引路人、做学生奉献祖国的引路人；争当"四有好教师"：有理想信念、有道德情操、有扎实学识、有仁爱之心。要将文化育人工作落实到工作中，在学生中传播正能量，注重精神引领，促进学生思想道德的提升，注重思想引导，促进学生行为习惯的养成。

一、增强大学生的爱国主义热情

列宁曾说："爱国主义是千百年来巩固起来的对自己的祖国的一种最深厚的感情。"邓小平同志也曾指出："中国人民有自己民族的自尊心和自豪感，以热爱祖国、贡献全部力量建设社会主义祖国为光荣，以损害社会主义祖国利益、尊严和荣誉为耻辱。"爱国主义精神不仅仅是形式主义，更是一种优良传统、一种民族气节、一种精神脊梁。爱国主义精神是对祖国的忠诚与热爱，高校辅导员应该具有爱国情怀，热爱祖国的山水，热爱民族的历史，加强对大学生的爱国主义教育，教育当代大学生要继承和发扬爱国主义传统，学会自力更生，贡献自己的力量建设社会主义现代化新中国。习近平总书记在十九大报告中提出：少年兴则国家兴，少年强则国家强。大学生承载着祖国未来的希望，是祖国延续辉煌的使命者，所以，高校辅导员更应该扎根于自己的本职工作，做好学生的思想政治教育工作，引导学生进一步增强对新时代爱国主义精神的思想认同、情感认同、价值认同。

二、增强大学生的传统文化理念

中华民族向来是一个以传统文化为基础底蕴、不断将传统文化发扬光大的民族。作为一名高校辅导员，我们必须始终不忘初心，践行立德树人的使命，做好学生的引路人，将我国的传统文化在大学生日常的学习和生活中渗透进去。正如我国的社会主义核心价值观所提及的一样，要以培养担当民族复兴大任的时代新人为着眼点，强化教育引导、实践养成、制度保障，发挥社会主义核心价值观对国民教育、精神文明创建、精神文化产品创作生产传播的引领作用，把社会主义核心价值观融入社会发展各方面，转化为人们的情感认同和行为习惯。富强、民主、文明、和谐，自由、平等、公正、法治，不仅是中华民族的美好夙愿，更是新中国大学生们的目标追求和使命担当。所以增强大学生的传统文化理念，也是高校辅导员们不可推卸的责任，我们将中华传统文化带进课堂，让大家从知识中感悟传统文化的强大，我们将中华传统文化带入寝室，让大家利用课余时间也能感知传统文化的力量。

三、增强大学生的创新精神能力

要始终坚持育人为本的教育理念，要以学生的全面发展、终身发展为工作目标，做到一切为了学生，为了学生的一切。作为一名高校辅导员，还需要有强烈的创新意识创新精神，正如习近平总书记指出的那样，教育要"着力培养学生的创新精神和实践能力"。目前各大高校都开展了大学生创新创业的基础课程以及实践活动，目的就是希望通过这样的方式，提高同学们动手动脑的能力，培养同学们的创新意识和创新精神，为社会的发展注入新鲜的血液，为新时代中国的腾飞储备更多的能量。

高校辅导员应当不断加强自身的文化底蕴修养，牢固树立"文化育人"的理念，以高度的文化自觉，努力把优秀传统文化、流行文化等元素融入大学生思想教育工作中，增强集体文化底蕴，努力提升育人水平，服务于学生成长成才，努力将学生培养成社会主义现代化建设的合格建设者和可靠接班人！

传承红色基因 铸就红色工匠——以工职院打造"一体两翼三支撑"实践育人体系为例

（成都工业职业技术学院 石瑞 解琳 王调品）

【摘要】成都工业职业技术学院（以下简称"工职院"）以习近平新时代中国特色社会主义思想为指导，深挖红色文化精髓，线上线下相结合，校内校外相结合，打造"一体两翼三支撑"育人体系。融合学生个体成长需求，整合实践育人资源，将思想政治教育与技术技能培养进行有效融合，打造了纵向到底、横向到边、立体交融的铸魂育人体系，对于培育新时代"红色工匠"具有重要现实意义。

【关键词】红色文化；红色工匠；体系构建；新格局

一、实施背景

习近平总书记在庆祝中国共产党成立 100 周年大会上的重要讲话中指出："我们要继续弘扬光荣传统、赓续红色血脉，永远把伟大建党精神继承下去、发扬光大！"红色资源、红色传统、红色基因都是新时代铸魂育人和培育时代新人的重要精神供给。面对实现伟大民族复兴的历史重任，需要培养更多"又红又专"的高素质大国工匠，如何传承红色基因，培育新时代爱党爱国爱社会主义的"红色工匠"是职业院校需要面对的重大课题。为了推进学校"三全育人"工作，成都工业职业技术学院打造"一体两翼三支撑"育人体系，成效突出，经验可鉴，有力破解当前职业院校培育"红色工匠"的现实困境。

二、主要做法

（一）做好顶层设计，以共育"红色工匠"为主体

学院以立德树人为根本，紧扣培育"红色工匠"的育人目标，坚持"办一流高职、育大国工匠"的办学定位，秉承"以德润身、技臻至善"的校训，带动学校、学院与班级多维联动，积淀形成了以"红色"作底色，以"工业"为灵魂，以"卓越"为境界的"红色工匠"育人共识。通过做好顶层设计，将共育"红色工匠"为主体，指导全院凝聚共识，为培育堪当民族复兴大任的"红色工匠"而努力。

第四章 科研育人

（二）深挖红色资源，以教育教学"双链"为两翼

学院针对职业教育学生底子薄、发展定位不清等情况，充分挖掘四川红色文化资源，把"红色工匠"培育理念通过"教学链""教育链"分别落实在育人全程中。"教学链"即根据教育部《关于职业院校专业人才培养方案制订与实施工作的指导意见》的文件要求，将红色文化合理融入专业人才培养方案。通过思想政治理论课主阵地，组建2支思政讲师团队，讲透讲精讲实3门思政理论课。同时，发挥专业课程承载思想政治教育的功能，启动24门课程思政试点，推动专业课教学与思想政治理论课教学紧密结合，引导学生爱党爱国爱社会主义，让学生真切感受到"职业教育大有可为"的广阔前景。

"教育链"即构建"学校＋家庭＋社会＋企业＋教师＋学生"协同育人机制。校内主要实施"三阶递进"培养模式，充分凝聚教师引领、学生自我教育和朋辈引领的强大动能。大一阶段以"认识红色工匠"为主题，开展学院党委书记讲授"开学第一课"、校史校情教育等活动，引导新生了解"红色工匠"；大二阶段以"走近红色工匠"为主题，开展红色经典著作诵读、主题班团课、社团活动、劳动实践、创新创业大赛、表彰工职院"红色工匠"、优秀毕业生分享会等活动，弘扬工匠精神。大三阶段，以"成为红色工匠"为主题，开展红色文化沙龙、毕业生感恩教育、就业指导、创业孵化等活动。在校外则通过聘请家长、企业优秀党员、技术能手、社区党员上微党课，建立校外红色文化实践基地、寻访红色遗址、沉浸式体验红色交互场景、企业见习实习等方式，让红色文化浸润学生心灵。

图4-1　党委书记讲授"开学第一课"

（三）促进多方联动，以"五媒、五区、五历"为三大支撑

一是打造"五媒共融"线上育人平台。工职院变传统思政教育的"大水漫灌"为"精准滴灌"，以师生共建、共育、共享为原则，构建以"工职青年"微信、微博、抖音、视频号、校园官网为主的融媒体矩阵，开展线上"红色工匠"主题教育100余期，推送文章累计500余篇，30万余人次打卡点赞。在"五媒共融"线上育人平台，均由学生参与线上录制音视频、制作网络微课、拍摄剪辑系列微电影等，激发学生传承本土红色文化、学习专业技能、建设家乡的热情。

二是创新"五区一体"线下育人机制。工职院积极履行实践育人的社会服务职能，增强校地、校企等合作力度，进一步利用"红色工匠"培育体系，服务地方经济和社

会发展。搭建校区、社区、厂区、馆区、园区等多元文化"五区一体"育人平台，目前共打造了以实景、实例、实事为载体的"一园一院""红色文化实践基地"等实践基地8个，构建"校企、校地、校所"联动育人机制。

图 4-2　全院范围内组织开展"赓续红色血脉 传承红色基因"红色经典著作诵读比赛

三是打通"五历实践"育人路径。将文化育人与实践育人有机统一起来，立足高职办学特色，从人才培养的全要素出发，实施"五历实践"育人融合计划，开展"红色访学经历 + 社会实践经历 + 创新创业经历 + 企业实习经历 + 劳动锻炼经历"系列实践，覆盖全体在校生，纳入学生综合评价体系，强化学生"技能报国、匠心筑梦"的情怀和职业综合素质。

图 4-3　组织学生骨干赴建川博物馆开展爱国主义实践活动

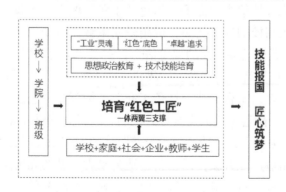

图 4-4　"红色工匠"育人体系模型图

三、成果成效

经过多年探索和实践，在"红色工匠"育人体系的影响下，一大批品格高尚、素养优良、能力全面的工职院"红色工匠"走出校门，在党和人民最需要的地方绽放青春光彩。

（一）学生素养显著提升

学子在该体系的影响下理想信念更为坚定、人生规划更具导向，就业的核心竞争力愈加增强。学院 284 名学生获评"四川省优秀毕业生"，300 名学生取得"大学生综合素质 A 级证书"，30 余名学生获国家奖学金。

（二）毕业生就业竞争力愈加增强

近年来，毕业生就业率稳定在 93% 以上。2016 年，日本、韩国等 7 国主流媒体驻华记者团来学校参观访问。2017 年，学校"基于技术应用理虚实一体的国际高端技术技能人才培养模式"入选四川省全面创新改革首批 21 条经验成果并向全省推广，人民日报以《职校里如何走出大国工匠》报道学校改革实践。

（三）校企融合质量明显提高

学院将人才培养标准与企业需求相结合，与德国工商大会（AHK）深度合作，开展实践教学、社会培训、师资培养、鉴定认证和技能竞赛。累计 600 余名师生获得国际职业资格证书，为一汽大众、京东方等大型企业培养国际化高端技术技能人才 1000 余人。

（四）学院社会声誉不断扩大

学院荣获 2020 年高职院校思想政治工作创新示范案例全国 50 强、四川省五四红旗团委、四川省"三下乡""社会实践活动优秀单位""相约幸福成都"志愿服务工作优秀组织单位、四川省魅力职教团队 30 强。斩获"互联网+""挑战杯"竞赛国家、省级奖项 60 余项，智能制造与汽车学院辅导员李倩荣获四川省第七届"高校辅导员年度人物"提名奖，红色经典著作诵读工作室荣获成都市"百佳社团"。

四、经验总结

（一）案例成功的关键要素及经验

一是以红色文化理想信念为抓手，培育"小我"融入"大我"爱国报国的时代新人。立德树人是各级高校的根本任务，运用爱岗敬业、劳动教育、职业伦理教育等内容，培育和树立学生爱劳动爱祖国的理想信念，实现"小我"到"大我"的飞跃。

二是以"红色工匠"育人为特色，构建"一体两翼三支撑"的协同育人培育机制。

学院利用校内外育人平台打造"红色工匠"，铸就"红色工匠"为抓手，形成了打通课堂、联通社会、融通发展的实践育人机制，取得立德树人成效显著。

三是以创新创造为指引，打造"中国智造"品牌的高职校园文化。

紧紧抓住国家制造产业升级，以创新创造为动力，弘扬和传承成都工业基地蕴含的红色基因与工匠精神，打造具有地域特色、彰显工匠精神的"中国智造"高职特色文化品牌。

（二）案例存在的不足及下一步举措

案例在实际运用过程中，仍然存在理论内容与实践形式的融合"壁垒"，在实践育人过程中，学院将进一步深化理论研究与创新，充分整合校内外实践资源，理顺理论与现实之间的脉络。

五、推广应用

（一）适用范围

此案例的经验可面向所有高等职业院校推广。

（二）使用场景

一是用于入校、在校、离校育人全过程的纵向衔接。二是用于学生多元化培养模式的横向融通等场景。

（三）注意事项

一是注意理论宣传与实践育人方式的协同融通。二是结合学院专业特色，优化实践育人理念与目标导向。三是贴合青年成长成才需求，创新实践育人方法和途径。

构建"1+M+N"劳动教育体系，筑牢高职人才培养底色

（成都工业职业技术学院　王菲　王调品）

习近平总书记在全国教育大会上，提出了培养德智体美劳全面发展的社会主义建设者和接班人的时代命题。劳动教育是新时代高职院校开展思想政治教育工作的重要方面，也是立德树人的必然要求。作为省级"双高"建设拟入选立项单位、成都工匠公共实训基地、成都市劳动教育试点学校，成都工业职业技术学院全面落实加强新时代职业院校劳动教育的重要任务，积极探索劳动育人有效途径，努力搭建多元劳动教育平台，初步形成"1+M+N"劳动教育体系，基本实现"有关劳动"的教育和"通过劳动"的教育的有机统一。

一、实施背景

研究资料显示，新时期高职学校在"德智体美劳"五育人才培养中，劳动教育在顶层设计、系统规划、科学管理、成果无法量化等方面是弱项和短板，劳动教育培养作用尚未全部发挥出来。从个体层面来说，我校新生基本情况调查及其他相关调研也表明，学生在劳动教育方面普遍存在"有劳动意识、缺劳动技能、无劳动作为"等问题。

为丰富劳动教育内涵，充分发挥劳动综合育人功能，学校从2018年起，在由日常劳动、专业劳动、服务劳动、特色劳动等多种形式构成的"行走课堂"的基础上，逐步打造"1"系列劳动教育课程走进课堂，精心设计"M"门专业技术劳动课程促进学生技能增长，广泛提供"N"个志愿公益劳动项目提升学生劳动素养，初步形成符合学

生生活需求和职业发展的、成果可量化的"1+M+N"劳动教育体系（图4-5所示），真正做到"有劳动，有教育；边劳动，边教育"。

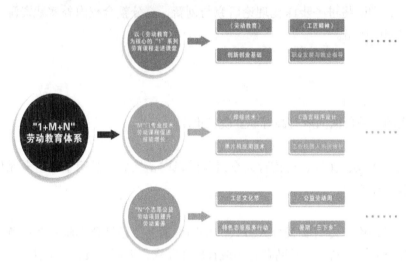

图4-5 "1+M+N"劳动教育体系

二、主要做法

（一）"1"系列劳动教育课程走进课堂

课程资源丰富。学校加快构建劳模领军、专门课程支撑、实践教学融入的全员、全过程、全方位新型劳动育人模式，学校将劳动教育纳入人才培养方案、"双高"建设方案、学生综合综合素质评价体系，开设以劳动教育课、工匠精神课为核心，辅之以"工职大讲堂""劳模进校园""校友分享会"等各类分享交流活动，形成一系列劳动教育课程资源，让劳动教育课程走进课堂。

课程内容完整。学校从2020级学生开始，面向所有学生开设劳动教育公共必修课，重点围绕马克思主义劳动观、劳动技能素养提升、劳动安全与法规、劳动教育实践等四个专题，循序渐进对学生进行基础理论教育。已编写出版《大学生劳动教育教程》《新时代劳动教育理论与实践项目化教程》《工匠精神》等多本校本教材，部分科研成果被应用到劳动教育教学改革及学生管理中。劳动教育课与其他公共基础课、专业课同等地位，课程成绩及实践活动参与情况等作为学生评优、评先、学业毕业的必备条件。

课程形式多样。《劳动教育》实行理实一体、计1学分16学时。除理论课教学外，学校结合校园生活，在实践教学中推行"清洁一间寝室，服务一个区域，打扫一间教室"的"三个一"劳动实践活动，每学期劳动锻炼时长不少于4学时。推进劳动教育渗透课建设，强化"课程劳育"。在各类公共课、专业课及顶岗实习等课程中充分融入劳动教育相关要素，树立学生劳动教育意识，积累实践劳动经验，培养学生掌握劳动技能。

（二）"M"门专业技术劳动课程促进技能增长

立足岗位设置劳动项目。学校重视专业课程劳动实践育人的重要性，将劳动教育融入专业实践，构建了"纵向四层次、横向八模块"（图4-6所示）实践教学课程体系。每个专业开发M门专业技术劳动课程（原则上不少于5门），实践课学时在总学时中的占比不少于50%，顶岗实习不少于半年，鼓励学生全面发展劳动技能，畅通技术技能人才成长途径。

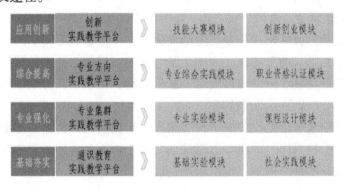

图4-6 "纵向四层次、横向八模块"专业实践教学体系

立足发展开展创新创业实践。成立"总部＋二级学院"的大学生创新创业俱乐部，依托学校"工智时代"和校外"菁蓉汇"等双创平台，打造"创新创业＋劳动实践"活动。引企入校，建立大学生创新创业实践基地；整合校内生产性实训基地与企业共建校内专创融合示范基地及高质量的实践教学基地；依托竞赛，打造大学生科技创新服务平台，对接国、省、市级技术技能大赛及创新创业大赛，定期举办"互联网＋""三创赛""创业天府、赢在未来"等各类创新创业大赛校内选拔赛，以技能竞赛为抓手，锤炼工匠精神，培养高素质人才。

立足产业基地开展综合劳动实践。实施"一园一院"协同育人工程（图4-7所示），构建起实践育人多元立交桥。学校走进产业园区办学，已建有蒲江、龙泉驿、青白江、青羊、雅安5个产业分院，33个校内实践教学基地、35个校外实践教学基地，实现了实践教学环节与产业零距离对接。

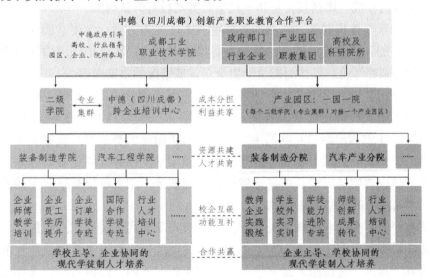

图4-7 "园院协同"劳动育人

（三）"N"个志愿公益劳动项目提升素养

举办劳动主题教育活动。设立专业"公益劳动周""劳动月"，围绕专业特色，打造"专业+劳动实践"系列活动；举办"工匠文化节"系列活动，结合植树节、学雷锋纪念日、五一劳动节、农民丰收节、志愿者日以及各专业文化节分会场等开展劳动主题教育，积极营造"崇尚一技之长、不唯学历凭能力"的校园氛围。

开展校内劳动体验活动。举办"劳动文化月"，邀请裴忠富、唐成凤等国家省市劳动模范、技能大师、能工巧匠、大国工匠等开展"成都工匠进校园""优秀校友创业故事汇""劳动竞赛、劳动成果展示"系列活动，让学生在劳动中体会劳动的价值和意义，树立劳动光荣的劳动价值观。

开展志愿劳动服务活动。开展"青春志愿·爱在社区"特色志愿服务行动；依托"逐梦计划""千校万岗""西部志愿计划"等工作平台，培养青年学生到基层、到艰苦地方建功立业的理想追求，组织动员全院青年为打赢脱贫攻坚战、乡村振兴做出积极贡献；依托暑期"三下乡"开展有特色亮点的专业化、区域化志愿服务活动，引领学生在社会实践中学思践悟。

三、成效经验

高职学校的培养对象应具备特有的劳动情怀和实践本色，学校"1+M+N"劳动教育体系筑牢了职业院校人才培养这一劳动底色。

优化劳动教育课程设置。除劳动教育必修课程外，其他课程也结合学科、专业特点有机融入劳动教育内容，同时对工匠文化节、公益劳动周、劳动月予以制度性安排。注重围绕创新创业，结合学科和专业特点，开展实习实训、专业服务、社会实践、勤工助学等在内的劳动教育。

广泛开展劳动教育实践活动。大力开展包括日常劳动、社区劳动、家务劳动、志愿劳动、服务劳动、特色劳动等形式在内的普遍劳动教育，丰富学生劳动教育体验，促进职业精神的养成，增强其自身和全社会对劳动教育的认同感。

健全劳动素养评价制度。将劳动教育纳入人才培养方案、学生素质评价体系，组织开展劳动技能和劳动成果展示、劳动竞赛等活动，全面客观记录课内外劳动过程和结果，把劳动素养评价结果作为衡量学生全面发展情况的重要内容。

近3年来，学校已组织学生参加各类专业实习人数近1.2万人次。2016年以来，学校学生参加各类技能竞赛获得国家一等奖5项，二等奖15项，三等级45项。2020年，获得第六届中国国际"互联网+"大学生创新创业大赛上国家级铜奖1个，省级金奖1个、铜奖3个；第十二届"挑战杯"中国大学生创业计划竞赛省级银奖2个、铜奖8个。学校学生初次就业率在全省高校名列前茅，用人单位对毕业生的满意度达99.26%，本科报考升学率为79.86%。

学校被评为"全国职业教育先进单位""教育部现代学徒制试点单位"、教育部首批"新商科智慧学习工场（2020）（A）"试点院校、四川省教育综合改革试点单位、四川省"双高"建设拟入选立项单位、四川省"五四"红旗团委、成都工匠公共实训基地、成都市劳动教育试点学校。

下一步，学校将继续充分发挥劳动教育资源的育人价值，切实做到"以劳培德、以劳增智、以劳健体、以劳育美、以劳创新，促进学生德智体美劳全面发展"，为区域经济发展提供高质量人才保障。

图4-8　企业教师在对顶岗实习学生进行劳动教育

图4-9　学校奥的斯（OTIS）校内实训基地

图4-10　车控室实训室 车站模拟实训室

图4-11　学校"工匠文化节"系列活动

图4-12　学校"工匠文化节"系列活动

图4-13　学校学生参加2021年春运乘务志愿者活动

图4-14　学校心理协会开展志愿服务活动

图4-15　学校学生在进行专业实训劳动教育

图4-16　学校建筑工程学院学生在新加坡就业

图4-17　学校为"全国职业教育先进单位"

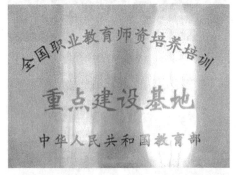

图4-18　学校为"全国职业教育师资
培养培训重点建设基地"

图4-19　学校为"成都工匠公共
实训基地"

图4-20　学校学生在中华人民共和国
第一届职业技能大赛上获奖

图4-21　学校获成都市"相约幸福成都"
系列赛事活动志愿服务工作优秀组织单位

党委领导，党建引，文化铸魂，打造以"极致匠心"为内核的新商科"文化育人"体系

（财经商贸学院　苏重来　冉启涛　刘霞）

　　成都工业职业技术学院贯彻落实《关于加强和改进新形势下高校思想政治工作的意见》，立足为国家"制造强国"等重大发展战略、中国特色社会主义现代产业体系

建设培养造就一批能担当、有作为的中高端技术技能人才的办学目标，充分发挥党委领导核心作用，依托自身厚重办学底蕴和产业特色，培育和弘扬社会主义核心价值观，深度挖掘丰富的工业文化基因，立足工业文化特色，推进工业文化进校园、行业文化进院系、企业文化进班级，形成党委统筹下工业文化与专业文化相融合的"文化育人"体系，并率先在财经管理学院落地实施，带动财经管理学院建成党委领导、党建引领、文化铸魂的以"极致匠心"为内核的新商科"文化育人"体系。

一、加强党的建设，建成引领"文化育人"的高质量党建工作机制

（一）实施"党委顶层设计"工程，统筹部署推进"文化育人"工作

校党委书记牵头成立学校思想政治工作委员会，并担任主任，分管校领导担任副主任，二级单位负责人为成员，共同谋划设计、部署实施"文化育人"综合改革。借助校党委、院党总支理论学习中心组学习、师生政治理论学习、"三会一课"等，结合"双高"建设，宣讲"文化育人"时代价值与实施路径，凝聚"文化育人"共识。通过召开党委会、思政工作委员会会议和专题会议，强化校党委、院党总支、党支部三级纵向联动，推进职能部门、二级学院、直属单位三维横向共建，形成党委统一领导、党政齐抓共管、宣传统战部牵头协调、部门院系协同落实的"文化育人"机制。

（二）实施"党建示范引领"工程，切实增强党建工作对"文化育人"全过程引领

扎实落实《成都工业职业技术学院党委领导下的院长负责制实施细则》《加强思想政治建设专项行动实施方案》《进一步健全和完善"三全育人"工作实施方案》等针对性文件，以立德树人为工作的中心环节，以建立思想政治工作与教学科研管理服务相结合的实施体系为根本，强化党的建设，扎实做好思想政治和意识形态工作的顶层设计，形成育人育才和党建工作对接融合的有效模式，充分发挥党组织的政治保障功能。健全完善党政联席会议制度，充分发挥党总支在育人重大事项的政治把关作用。把党小组建在教研室、班级、社团、公寓，形成党建带团建新机制新模式，充分发挥党组织的核心领导和树立价值观作用。

（三）实施"治理机制建设"工程，将"文化育人"工作纳入评价管理范畴

充分发挥党总支的组织功能，系统梳理各专业、各群体的文化育人元素，并作为职责要求和考核内容融入整体制度设计和具体操作环节；坚持定性分析和定量分析相结合、工作评价和效果评价相结合，制定内容全面、指标合理、方法科学的评价体系；实行党总支书记抓党建述职评议考核制度，考核结果和有关情况作为目标管理和实绩考核的重要内容；严格落实意识形态责任制，加强各类文化育人阵地的规范管理，推进文化育人工作制度化，推动全体教职员工把工作的重心和目标落在立德树人、育人实效上。

财经管理学院党总支积极发挥基层党组织的政治核心作用，引领和推动各项工作科学发展，牵头开展"文化育人"建设工作，连续多年牵头举办学院工匠文化节，效果明显，多次获得中共成都工业职业技术学院党委表彰，先后荣获成都市先进基层党组织、四川省先进基层党组织等称号。

二、构建文化体系，建成工匠精神与专业教育相融合的"极致匠心"文化品牌

（一）实施"需求侧研究"工程，确立"极致匠心"文化品牌建设总思路

以习近平新时代中国特色社会主义思想为指导，贯彻落实全国高校思想政治工作会议精神，践行社会主义核心价值观，围绕"新时代、新业态、新模式、新目标、新要求"赋予青年一代的历史责任和使命担当，在学校党委组织领导下，在学校"育大国工匠"人才培养总目标指导下，结合财经管理学院人才培养实际，彰显职业教育特色，深化产教融合、校企合作，确立了培养适应和引领现代产业发展的"四有三型"（四有：有理想、有道德、有文化、有纪律；三型：应用型、复合型、创新型）财经人才的培养目标，基于此以"极致匠心"文化打造为内聚力，将学校工业文化传承创新与新商科专业教育有机融合，形成了工匠精神与专业教育相融合的"极致匠心"文化品牌建设总体思路。

（二）实施"党带团队"工程，校企合作共建"极致匠心"文化体系

在学院党总支的统筹领导下，整合中联集团、新道科技、广州福斯特、江泰保险等合作企业的资源和力量，多元组建"极致匠心"文化建设团队，共同梳理、深度挖掘中国产业文化、企业文化、企业家精神内涵，梳理再现合作企业的企业文化和新商科专业文化，凝练以爱国、敬业、诚信、精益求精、合作执行、友善、团结为核心的"极致匠心"文化内涵和精神。在团队广泛收集、甄别、梳理文化素材的基础上，打造成了包含中国产业文化体系、中国企业文化体系（以合作企业的企业文化为核心）、中国企业家精神体系、新商科专业文化体系以及由之凝练、升华而来的"极致匠心"文化体系。

三、打造文化高地，建成"极致匠心"学习教育、传承创新平台基地

（一）建立"校-企-军"虚拟党支部，让"极致匠心"浸润广大师生

建立"校-企-军"虚拟党支部，树立党员模范人物——军队爱国模范、企业敬业模范、诚信模范、匠人模范、友善团结企业团队和合作执行优秀团队等，使以爱国、敬业、诚信、精益求精、合作执行、友善、团结为核心的"极致匠心"文化人格化、生动化；组织开展特殊党课活动，如与军队联动开展爱国主义教育、主题党日团日活动，推动"极致匠心文化"入脑、入心、入行。

（二）依托新技术集群，搭建"极致匠心"文化学习教育"云"平台

借助学院新商科教育云平台，开辟"极致匠心"文化专题模块，设定为学生的必修课程，定期上传、更新资源，检查学生学习进度，进行考核评价，并将考核评价结果与学生的评优评先等相挂钩。运用现代多媒体技术、AR/VR虚拟技术和现代网络技术，开发打造了"极致匠心"文化网络虚拟展馆，建成特色化网络宣传平台。

（三）聚力空间环境打造，搭建"极致匠心"文化学习教育实体化基地

学院建设有实体化运作的财经文化体验馆、财经文化走廊，以时间发展为线索，展示了财经发展的前世今生与未来展望，师生在这里能感悟人类文明的进步，聆听财

经故事，感受财经文化的迷人魅力，增强专业认同、文化自信。现已发展成为学院各专业师生进行专业新生入学教育、素质教育、文化传承的重要场所。

（四）用好学生日常管理与教育，搭建"极致匠心"文化学习教育常态化机制

将"极致匠心"学习教育、文化传承创新发展与党团教育、学生管理、社团活动、团队建设、社会实践等相结合，做到人人明确"极致匠心"的价值观标准。通过举办财经论坛、优秀校友论坛、专题讲座、文艺演出等精品活动，打造互动化、交流化、艺术化宣传展示平台。

（五）借助课程建设，使文化学习与专业教育相互融合渗透

将"极致匠心"文化学习教育纳入学院各层次人才培养计划和方案的必修环节，校企联合开发新商科专业群基础课程——财务素养，作为学院所有专业新生的必修课程，共32个学时，其中文化模块6个学时，以理论（2学时）与实践（4学时）相结合的方式培养学生的"极致匠心"文化认知和素养，并编写了《财务素养》活页式教材；同时，围绕课程学习，开发了《成都交子文化》《中国前秦时期会计发展荟萃》等教学资源库。通过这种学习模式，极大地强化了学生的专业认知及对财经文化的认识与敬畏，筑牢专业自信和文化自信。

第一节　思政论文

高职院校网络育人现状及对策的重构

（财经商贸学院　张弘霞）

【摘要】科学技术的日新月异带来了互联网普及程度越来越高这一事实，网络育人的教学方式逐渐兴起并趋于成熟，如何让学生在网络中受益是当前高职院校辅导员需要研究的大课题。本文在分析了当前高职院校网络育人现状的基础上，发现问题并给出了以下建议：1.不断打造和完善思想政治教育；2.不断优化教师能力，提升专业素养；3.不断引导学生提高自我教育、自我反思的意识与能力。

【关键词】高职院校；网络育人；现在；对策

一、前言

在全国高校思想政治工作会议中，习近平强调：思想政治工作者要因时而进，依托新媒体技术把思政工作与现代信息技术相结合。当今世界，受信息化时代的全方位影响，学校教育不仅扩大了网络教育的深度，还增加了受众的广度。"网络育人"这一新概念也是顺应时代发展诞生的新鲜产物，青年群体尤其是在校学生成为"网络育人"的主要群体。学校尤其是高校充分使用网络，整合多方面的资源，加强对学生网络育人、网络文化营造以及网络舆情管理等教育形式和手段，这对于学生的思想政治教育有良好的指导作用。高职院校，作为高等教育的重要分支，以培养社会应用型人才为主要目标，在教育教学的过程中如果能合理利用网络育人手段，发挥其主观能动性，就可以充分激发学生个性发展，让学生管理走向便捷化和科学化，学生的成长也将更加符合当前时代的高标准、高要求。

二、高职院校网络育人现状

当前，作为网络空间活动主要参与者的高职院校学生，已经参与了形式多样的网络活动。各大高职院校也积极使用时下流行的软件来组织、开展网络育人活动，这些活动已经对高职院校大学生群体的日常生活和学习产生了深刻的影响。眼下，在健全网络育人管理制度，加强网络育人师资建设，拓宽网络育人空间等方面，高职院校还有很长的路要走也面临着诸多问题与挑战。

（一）形式多样但专业契合度不足

文明和谐、安全健康的网络环境，一直是高职院校在网络育人方面必须遵守的前提，各个学校也在积极引导师生树立正确网络价值观，增强网络安全和文明上网的基本意识，同时还要求广大师生遵守使用网络的基本行为规范。不少学校都十分重视校园网络育人阵地的管理、建设和运营质量，致力于不断丰富形式与内容。李晓娟在研究中指出：高职院校需要将网络育人阵地，作为新时代开展好思想政治教育工作的主阵地，学校应致力于建设形式多样且呈现多平台、相融合、共发展趋势。高职院校除了在学校官方网站的主页和二级院系网页上，搭建了形式多样的网络育人平台供师生使用，还增加了QQ、微信和微博等App进行主流思想传播和学校最新动态的宣传报道，除此之外，高职院校还高度重视学校自己的网络电视台、新媒体工作室以及融媒体中心等网络育人阵地的建设。在学校加速建设网络育人阵地的同时，当然不少学校也存在网络育人阵地的日常运营维护与教师专业教学实训契合度不高的现象，这也带来了诸多现实问题，值得大家深思。

（二）管理制度日趋健全，硬件投入偏少

近年来，国家对建设网络强国愈加重视，相关的意识形态工作也提上了日程，针对网络空间的管理制度也日趋健全完善。目前，高职院校对网络育人和网络安全阵地的建设和管理也越来越严格，学校上级部门要求从学校到二级院系都必须严格按照相关要求，因地制宜的落实网络安全应急响应预案和网络安全实施方案，与此同时，学校还定期召开网络安全工作会议研究最新方案。在一份学校网络安全主题教育调查问卷中显示，我校有98.5%的受调查师生参加过此问卷，大家对于网络安全隐患有所了解，也愿意共同营造安全健康的校园网络环境。随着当前高职院校对网络育人需求的快速增长，前期在网络育人阵地的硬件投入、队伍配备和配套经费等方面就显得捉襟见肘了。新媒体工作室作为学校二级院系的网络育人主要阵地和核心载体，学校对这一块的投入明显不足，尤其体现在配套经费、人员培训和硬件设备等方面，这也带来了一定程度的负面影响，从而降低了网络育人活动的工作效率，阻碍了网络育人目标的实现。

（三）机遇与挑战并存

从2017年开始，中国青年报社联合各高职院校，连续3年征集思政创新案例，利用中国青年报挖掘了一批网络思政育人的红色网红，推广了一批贴近青年，引领青年，服务青年的网络思政产品，向社会展示了高职思政工作的成果和经验，取得了较明显的传播效果。从其中一些具体的案例中可以看出，高职院校在进行体制改革的过程，

应该大力地利用互联网、新媒体技术的优势，及时改变育人方式，从而达到全方位、全过程提升高职院校育人的真正目的。互联网使得信息获取便捷化，学生都能利用电脑和手机上网，快速了解自己所感兴趣的事物，获取各类所需的信息。互联网技术的不断发展和为师生沟通和交流带来很多便利和更多元的形式，拉近了师生之间的距离感，大大提高了育人质量，这对于教育管理工作的实施十分有利。

促进优质就业，随着网络的不断普及，这对于当代青年有很大的影响，尤其是思维模式的改变。对于高职院校的学生而言，绝大多数对于未来的就业问题非常迷茫。由于网络大量信息的影响，一方面学生在分辨的过程容易存在误区，并且筛选能力非常有限，难以对其进行有效分辨。教师需要守好网络育人阵地，坚实网络教育堡垒。另一方面，从国家推进的网络招聘，网络就业教育讲座等，到学校、教师层面更应该发挥网络阵地的积极优势，因势利导，让我们的学生进一步了解就业政策，鉴别信息，优化就业途径等，最终促进优质就业。

三、高职院校网络育人实施对策

网络时代的世界是现实世界与虚拟世界的合成，做好高职院校思想政治工作离不开虚拟世界的成效。随着网络信息化的快速发展，高职院校在进行育人方面应该坚持高等教育的基本规律以及高校育人方面的工作实际情况进行，同时也应该将系统性和长效性作为衡量网络育人工作成效的重要标尺，尝试以打造推进网络育人系统工程作为解决问题的出路。

（一）不断打造和完善思想政治教育

在建设高校网络育人的过程中，通过不断地打造和完善思想政治教育是关键。始终坚持以习近平新时代中国特色社会主义思想为指导，坚持立德树人根本任务。高职院校网络媒体应该开展有针对性的教育研究，在开展过程中对于网络媒体的内涵和特点要理解清楚，从而把握舆论引导的关键要素，加强对思想舆论的引导。学校要依托制度优势建立起师生积极参与、齐抓共管和共建共享的良性发展模式。高职院校辅导员应当具备网络思政意识，在平时的工作过程中，应该融入思想和网络教育机制，所采用的方式可以是当代高职院校学生所关注所喜欢的方式开展思想政治教育，通过轻松活泼的形式提高思想政治教育的温度和热度，将思想政治教育合理地融入网络育人。

（二）不断优化教师能力，提升专业素养

高职院校的学生多数思维活泼，动手能力较强，对于网络的熟悉及运用程度较高。因此，面临着复杂的网络教学环境，这需要教师不断优化，提升自身专业素养，这是高职院校学生发展的个人需求，也是现阶段网络育人的必然结果。打造高素质的网络育人教师团队是当下亟待解决的核心问题。教师不仅要掌握丰富的理论知识还要具备较高的网络素养和良好的技术能力。基于此，学校可加大对专业素养高的教学人才的引进，另一方面还要加强对教师的技术培训。培训内容涉及互联网技术的发展与各项技能的使用方法。 要想确保培训的有效性，相关管理人员可按照教师的教龄、文化背景、教学经验等进行分组，从而对制订的培训计划有针对性地进行调整，提高教师团队的专业化程度。

（三）不断引导学生提高自我教育，自我反思的意识与能力

随着时代的不断发展，学生对于互联网的依赖增强，他们喜欢并希望通过网络平台表达自己的真实想法，但网络育人的教学环境相对比较复杂，而教师又不能时时刻刻关注学生的个人动态。所以，学生有必要具备自我教育的能力。一方面，自我教育能够使学生端正互联网使用态度，有助于网络资源的合理利用。另一方面，学生要具备明辨是非的能力，通过网络相关课程的观看等途径提高自我教育、自我反思的意识与能力，有助于学生在遇到问题时的自我排解。为了为教师与学生的互动交流创造良好的条件，增加沟通交流的机会，教师可通过QQ、微信等平台展示教育信息，实时跟踪学生的个人动态，从而及时有效的解决学生遇到的各种问题。

【参考文献】

[1] 李晓娟. 新时代高校思想政治教育网络育人的现实思考 [J]. 长江师范学院学报，2018（02）：119-120.

[2] 张文斌. 着力构建网络育人质量提升体系 [J]. 中国高等教育，2017（C2）：4-6.

[3] 王明生，王叶菲. 发挥高校网络文化育人功能 [J]. 中国高等教育，2017（13）：10-12.

[4] 杨芳. 新时代高职院校网络育人实践探索与研究 [J]. 益阳职业技术学院学报，2020，17（1）：36-39.

[5] 陈蕾，秦敏. 高职院校在网络育人中加强社会主义核心价值观培育实践与探讨——以四川交通职业技术学院为例 [J]. 四川省干部函授学院学报，2019（2）：83-86.

融媒体视阈下高校舆情预警传播研究

（财经商贸学院　曾源）

【摘要】随着移动互联网技术的迅速发展，高校舆情在网络、主体、客体、信息和传播等五个方面都呈现出新的特征，尤其是在处理危机舆论中，以网络媒体为代表的新媒体加速了危机传播和扩散，同时也带来了一系列新的挑战，为身处高校受众的表达权和知情权提供了广阔的平台。

高校学生参与到网络活动的方方面面，并形成一个较有影响力的群体，借用移动新媒体平台，扩大了各类事件传播的速度、宽度与广度，危机舆论的发展呈现出前所未有的态势。对于高校而言，应对危机传播的传统策略早已跟不上形势，需要积极改变固有观念，分析移动互联网环境下危机舆论的传播机理，制定新的应对策略。本文将对移动互联网环境下的高校危机舆情的现状和特征归纳分析，结合具体案例剖析，给出引导舆论，进一步提高舆情控制管理能力的建议。

【关键词】高校；移动互联网；网络舆情；危机传播

随着我国信息技术水平的不断提高，4G 网络逐渐普及，智能手机价格逐渐下降，各种移动互联网应用层出不穷，互联网成为今天信息产业发展最为迅速、竞争最为激烈的领域。使用移动终端访问互联网的用户逐渐增多，已超过了使用电脑访问互联网的用户数量，我国移动互联网发展进入全民时代。

在移动互联网的使用人群中，高校中的学生群体是网络利用率极高，也是网络舆情的主要生成力量，移动互联网时代逐渐成为高校覆盖人群的主流沟通方式。便捷的移动互联网使得大学生有了更加迅速获取各类信息的途径，参与网络舆论的方式便捷多样化，这给大学生网络舆情工作带来了挑战，也对大学生舆情工作研究提出了新要求。

因此，分析移动互联网背景下高校网络危机舆情的特征及挑战，努力提出有针对性的解决方案，对于净化高校网络舆论生态环境，引导正确的舆论导向，消解危机舆论的负面影响，促进大学生思想健康具有重要的现实意义。

一、移动互联网时代高校舆论总体态势

高校网络舆情是以大学生为主要群体，通过互联网对校园生活中的某些现象、校园管理及其所关注的其他社会现象、社会问题所表达的态度、意见和情绪的综合，它是反映大学生思想动态的晴雨表和风向标。网络舆论对大学生的世界观、人生观、价值观的影响在某些时候的冲击是深刻的，大学所承担的培养学生、塑造学生的手段和载体都受到了严峻的挑战。

在此情形下，全面调查了解现状，分析移动互联网给大学生网络舆情带来的挑战，探索大学生网络监管如何适应网络环境的变化而与时俱进，并在移动互联网时代对大学生网络舆论教育工作进行大胆创新，是很有必要的。

（一）高校网络舆情总体特征

当前中国社会中有影响的媒体主要有官方媒体、市场化媒体和网络媒体。这三种媒体凭借着自己的身份和各自独特的优势，在信息产生和传播时的方式有着不一样的表现。在当前网络化、信息化的环境下，高校作为社会整体的一部分，是网络舆情言论的一块重要阵地。

大学生网民是网络中最活跃的群体之一，大学生通过网络看新闻、查信息、收发邮件、下载软件、跟帖灌水、交友聊天和娱乐休闲等。移动互联网的发展改变了网络舆论场的格局，越来越多的大学生网民使用智能手机上网发表对公共事务的观点和态度。由于移动互联网不同于固定互联网的特性，移动互联网舆情也在高校网络舆情的多个要素上体现出新的特征。

1.网络平台终端移动化、智能化

随着互联网的高速发展，尤其是 3G 和 4G 网络普及后，焦点事件出现的第一时间就会引发大范围的关注和意见参与。高校大力推进校园无线网络建设，WIFI 普及率高，为高校网络舆情移动化打下物质基础。学生可以随时随地关注最新的网络信息。使得信息传播和舆情表达更加便捷。

2.舆情主体间构成"强关系"网络，互动性强

移动互联网环境下的高校舆情是基于手机联系人或通过其他现实渠道结识的熟人而进行的，其用户更加具有真实性。在这种情况下，信息的传播能最大限度地降低信任成本，更能提高用户黏性，舆情传播的效度大大增强。大学生受信息发布者感情倾向的影响，会出现情感倾向一致化的情况。在高校舆情发展过程中，由同学关系带来的熟人效应尤其明显，这使受众更容易相信信息的可靠性。同时，这种"强关系"网络也进一步带动了舆情信息的互动性，使得信息交流更为频繁紧密。

3.引发高校网络舆情的客体内容更加多元，其发酵和演化速度更快

高校网络舆情往往起源于学生身边的利害事件，其中的危机舆情能够得到学生的广泛关注并引发大量讨论，究其原因是因为移动互联网环境下高校舆情在网络主体、客体、传播渠道上都呈现出多元性特点。校园突发事件，尤其是涉及学生生命财产安全的事件立往往能激发学生在网络上展开大量讨论，形成具有潜在影响力的舆论事件。舆情客体的"触点"更多，且由于传播的零延时性，以往难以发酵的事件，在移动互联网时代很可能轻而易举地成为舆情热点，并快速传播、演化。

4.舆情信息图文并茂，碎片化特征明显

移动互联网时代，热点事件发生的第一时间，每一个普通用户都能通过移动网络发送语音、视频、图片和文字，并进行迅速传播。移动互联网的即时性使得网民们可以随时随地地关注最新网络信息，利用碎片化的时间来阅读碎片化的内容，从而构建一个相对完整的外部世界。由此看来，移动互联网所构建的信息传播体系，打破了传统媒体固有的议程设置障碍，极大拓展了用户所关注领域的舆情状况。

5.低成本与盲从性

移动互联网节约了传统的交流沟通成本。一个事件的产生到传播已然不需要传统方式的通信、短信来实现，微信依靠它自身的功能省去了传统传播方式的复杂和麻烦，同时也大大节约了时间的成本。这样的传播消费方式更符合高校学生的特点。由于高校学生身份趋同，生活环境的一致性，难免会存在舆论的从众心理，评判是非的能力较弱，做事易冲动，容易受到网络言论的影响，引发过激行为。舆论事件一旦产生，学生群体的盲目跟从会很容易传播开来。

（二）高校网络舆情管理面临的新挑战

在移动互联网时代，由技术条件所引发的传播行为的变化，使得大众传播机制发生巨大变革，在带来方便快捷的同时，也给舆情的掌控与管理带来了新的挑战。由于高校是移动互联网使用最为频繁和广泛的区域之一，如何正确对待网络舆情，化解由此引发的危机舆论，成为高校急需探索的命题。

1.传统舆论主导权削弱，舆情引导困难

高校不再享有传统媒体环境下的主导话语权，其所控制的报纸、广播也不再是高校学生获取信息的唯一渠道。当网络舆论场进入了"人人都是麦克风"时代，每个学生都可能成为信息源，高校管理者的信息主导权受到了极大的挑战，媒体格局也随之发生了革命性的变化。

失去平台与信息两大因素的制约，借助移动互联网平台的广泛性，高校网络舆论

的传播范围和力度都得到增强，其不可控因素也大大增加，若高校管理者不注重舆论引导，就会长期处于被动地位，从而失去舆论主导权。

2.群体传播信息良莠不齐，网络谣言与网络暴力难抵制

移动互联网时代，圈群化的传播模式使得舆情信息呈封闭或半封闭的状态，给信息获取带来不便，与此同时，碎片化的信息在不断转发的过程中，增加了转发人、评论人各自的主观感受，其真实性不断递减，甚至可能演化为网络谣言。

高校舆论对于特定事件的看法往往会在短时间内形成趋同性，并出现"群体极化"。

二、移动互联网时代高校危机舆情

一直以来，高校承担着教育和培养高质量人才的重任，素有"象牙塔"之美誉。随着高等教育进入大众化时代，高校从社会边缘走向社会中心，受到越来越多的关注。由于教育领域存在的种种问题，高校成为新闻记者乐于追踪的"新闻富矿"。近年来，高校负面新闻屡见报端，新媒体的强势传播更是将相关高校推上舆论的风口浪尖。

据上海交通大学舆情研究实验室发布的《2013年中国教育舆情年度报告》显示，2011年至2013年，高等教育事件连续三年占教育舆情热点事件主体，虽然所占比例逐年下降，但在2013年仍有40.2%的事件发生在高等教育阶段高校危机由高校校园安全事件、部分师生言行不当等问题所引发，由于社会在很大程度上仍旧保持对高校神圣形象的向往，高校危机事件一直是舆论广泛关注和重点讨论的对象。

（一）高校危机舆情的诱因

高校处于转型期的复杂社会大环境中，也不可避免地面临着各种危机。尤其是高校近年的扩招，使高校所牵涉的面越来越广，牵涉的社会关系也越来越多，更容易处于风险、面临危机。高校危机舆情不仅面对的是社会公众传播，在高校内部的组织传播中，大学生既作为传者也作为受者，对于所在环境的舆情有着极强的认同感，作为目标受众群体，大学生往往更关心此类舆情，也热衷于讨论与传播，使得危机舆情的二次传播更加广泛。

1.高校人群的特殊性，决定了它是各种危机的易发场所

高校人群密集，价值取向高度一致。大学生有着相同的利益需求，很容易在较短时间内达成一致。人口高度密集的居住方式是最易发生和传播危机的温床，隐藏着高度的危机爆发概率，带来了社会的高风险。大学生在经历危机舆情时，往往发生混乱的传播行为，即"集群行为"，使得各种信息无序传播。

此外，大学生群体成员的心理脆弱性和个性的非成熟性使得舆情有更多的不确定性因素，也使得大学生在接受、传递信息时不能充分理性思考舆情的性质，所以当危机发生的时候特别容易导致流言的传播和扩散。

2.高校外部环境变化，许多社会问题折射到高校，容易诱发危机

社会转型期，各种纷繁复杂的社会矛盾、社会问题通过各种信息渠道或家庭影响到学生，学生心理出现浮躁现象。家庭成员下岗、物价上涨、医疗保险不健全等看似属于社会问题，但这些问题可能涉及学生所在家庭，通过家庭传递给学生，学生则可能因为某一件事情引发对这些问题的不满，继而为引发危机埋下伏笔。

（二）高校危机舆情的特征

与其他的社会危机相同，高校危机也具有破坏性、突发性、紧迫性、渐进性、不确定性等特点。另外，由于高校自身的特性，高校危机还具有以下独特地特征：

1.传播性

高校危机舆情发生后易引发涟漪效应，扩散速度快。一方面，当前我国高校办学规模较大，组织结构复杂，在校人员众多，危机的发生将对高校内外部都产生一系列的影响，突发的小事件处理不当可能会引发另一场大危机。另一方面，高校危机信息经各方人员不断传播，或将导致危机的扩大化，从高校中的一个部门影响到另一个部门，从一所高校波及另一所高校。

2.结构不稳定

高校是一个特殊的组织结构，之了知识层次较高、思维较活跃的教师群体和学生群体。这个群体的年龄主要集中在 18-30 岁之间，从心理学角度看，这个年龄段的人易于冲动，具有活泼热情、敏感冲动、好奇心和从众心态较强的特质，加之在新媒体环境下高校师生作为使用新媒体最活跃的群体，接收和传播高校危机信息的能力突出，使得高校成为危机一发生就将引起众多师生关注的敏感区域。

3.长期性

高校的声誉或组织形象是衡量高校绩效的主要指标，一旦危机爆发，很可能会将学校陷入难以自拔的困境，要想恢复需要花很长时间，对于学生的身心及前途的影响也是长期的，所以危机对高校的影响是深远的。

三、加强高校网络舆情引导的对策及建议

如今，移动互联网已成为互联网发展的大势所趋，手机与网络的互动使得舆论更有杀伤力早已成为一种共识。互联网媒体，其信息来源更加多源、传播路径更加复杂、互动平等交流的影响力在青年学生一代身上更加明显。如何正确、有效地引导新时期高校网络舆情，能否驾驭网络媒体的运作和舆论导向，如何化解高校危机舆情，转"危"为"机"，是我们值得探讨的问题。

1.提高高校管理者的舆论引导能力，争取掌握舆论话语权

在移动互联网时代，谁能成为事件的第一定义人，往往就能掌握舆论的主动权，进而决定舆情发展的后续导向。因此，高校管理者要争取成为事件的第一定义人，杜绝谣言传播。另一方面，还应重点关注学生意见领袖的教育引导，争取打造主流舆论意见领袖。

2.做好线下工作，解决实际问题，化解危机舆论根源

网络舆论往往是现实问题的折射，几乎任何网络舆论都能找到现实问题的根源，在这种情形下，我们应该坚守一条原则：解决问题第一，引导舆论第二。现实问题的解决会从根本上促进负面舆论的自行消散。

3.从"封闭"走向"开放"，从"俯视"转向"平视"

高校必须根据新的环境和新的要求，及时创新，与时俱进，构建起科学而又实用

的宣传机制，与网络媒体展开双赢合作，科学地运用媒体为高校的各项工作服务，提升现代高校形象。尤其是在危机处理过程中，网络媒体能否发挥积极作用，在很大程度上依赖高校管理者的态度与理念。

保持信息传播渠道与反馈机制的畅通，才能有效联合师生、社会公众各个层面最大范围地掌握校园内的各种真实动态情况，防范或规避各种意外事件的发生。一味地封闭危机信息，则可能导致危机信息失真并迅速散布，使危机范围扩大，损失更难以挽回。因此，开放信息渠道是解决高校危机舆情的有效手段。

【参考文献】

[1] 李芳芳，田志军.移动互联网环境下高校网络舆情研究分析［J］.电脑编程技巧与维护，2015（18）：59-60.

[2] 孙亮.网络媒体在高校危机管理过程中的运用研究［D］.上海：上海交通大学，2010.

[3] 梁利伟.我国高等院校在校园危机中的传播策略研究［D］.西安：西北大学，2007.

[4] 白晨晖.新媒体时代高校危机传播管理探究［D］.广东：暨南大学，2015.

[5] 陆优优.移动互联网时代高校网络舆情的特征、挑战与应对［J］.思想理论教育，2015（06）：76-80.

[6] 陈晨.新媒体时代下高校危机管理的沟通问题研究：以H高校罢餐事件为例［D］.上海：华东理工大学，2012.

互联网环境下高职院校辅导员思政教育的策略

（轨道交通学院　杨芳）

【摘要】辅导员思政教育工作是培养高职院校学生美好品德，帮助他们建立正确三观的重要方面。互联网时期，辅导员思政教育工作既面临着挑战，也有着非常大的提升思政教育品质的机遇。在当前，高职院校辅导员应克服困难，充分利用互联网的有利条件，不断提升自身思政教育的专业知识和能力，为学校思政教育质量的提升贡献力量。

【关键词】高职院校；思政教育；辅导员

人才是国家发展的根本，高质量人才是国家高质量发展的重要前提。教育作为培养人才的重要手段，担负着为国家输送高质量人才的重要责任。自古以来，我国衡量高素质人才的标准就是"德才兼备"。对于高职院校来说，"德"，就要求学生要有良好的道德品质，正确的政治观念。"才"，要求学生要具备专业的技术能力。对于学生"才"的培养，高职院校一般通过专业课程来实现。对于学生"德"的培养，一般通过高校"思政"教育来实现。高职院校辅导员作为与学生联系作为紧密的教师，是学生日常思政教育的关键一环。因此，高职院校辅导员做好日常思政教育是提升学生思想品德的重要途径。

进入 21 世纪后，高职院校辅导员的日常思政教育面临着新的工作环境。一方面，网络时代下的学生接触各种思想、各种知识的途径变多了，因此他们受到的诱惑也多了起来，这让辅导员的思政工作的开展愈加困难。另一方面，信息化快速便捷的特征为高职院校辅导员思政教育工作带来了极大的改变。因此，互联网时期，高职院校辅导员思政教育面临着新的挑战和机遇。新时期高职院校辅导员应改变观念，抓住机遇，迎接挑战，利用信息化的便利有效提升学生思政工作的效率。

一、高职院校辅导员在思政教育中的重要性

（一）辅导员是高职院校思政工作的实践者

高职院校的学生正处于成才的末端，虽然思想上有一定的独立性，但是因为缺少社会经验，对事物的是非判断，价值观等尚处于完善阶段。因此，他们更容易受不良思想的诱惑，走向错误的道路。因此，高职院校的思政教育除了日常的思政课程之外，需要融入学习和生活的各方面。当前高职院校的教学制度，导致了教师和学生的联系较少。而辅导员的工作深入的学生学习和生活的方方面面，更易与学生建立了更为亲密的关系。同时，辅导员还能就学生思想存在的问题与思政课程教师进行交流，以便学生得到更好的思想引导，提升高校思政教育的效果。因此，我们说辅导员是高校思政教育的重要实践者。

（二）辅导员是高职院校思政工作的创新者

辅导员的思想政治教育工作是具有针对性的，在面对不同学生的不同思想问题时，需要辅导员采取不同的思想教育工作方式，比如：对于思想迷茫的学生，辅导员可以以自身经历进行引导性教育；对于思想出现明显错误的学生，辅导员可能就需要通过讲事实摆道理的方法来劝说。因此，辅导员思政教育工作要"因人而异"，这使得辅导员的思想政治教育工作更强调灵活性和创新性，也激发了他们在实际工作中创新性地进行思政教育，以期达到更好地思政教育工作效果。日积月累，这些创新性的工作经验可以推动高校思政教育工作的改革和进步。

二、网络时期辅导员思政工作面临的挑战与机遇

（一）信息化给辅导员思政教育工作带来的挑战

网络信息化的发展给高职院校辅导员思想政治教育工作带来了以下困难：一是，网络环境下，学生行为隐匿性增强，缺少必要的监督。在网络环境下，学生实名很难实现，这就导致监督困难，思想政治教育的难度增加。同时，网络环境下，其他不良思想也容易入侵思想政治教育的环境。二是，网络环境下，学生的思想认识有限，容易受到蛊惑。网络环境下，同样的信息，经过不同人的解读，可能产生了很多歧义。思想政治教育的传播具有个人色彩，这就让学生无法真实地接受网络思想政治教育。

（二）信息化给辅导员思想政治教育工作带来的机遇

首先，随着信息化的普及，辅导员思想政治教育工作不再局限于面对面的交谈、开班会等形式，比如：可以利用视频会议，打破时空的限制，给学生进行思想政治教育；也可以以视频通话的方式，对个别学生进行有针对性的思想政治教育。其次，信息化的手段实现了辅导员思政教育的公平性。以人工智能、大数据技术等现代化信息技术开展思想政治教育，将减少个人判断的偏颇，提升思政教育的公平性，比如：AI的参与针对各项设定标准对学生的行为进行打分。最后，信息化提升了辅导员思政教育工作的效率。借助与网络的便捷性和快速性，辅导员将能够及时地进行思想教育。同时，辅导员可以借助网络技术完善思政教育的体系，对学生的思想形成潜移默化的影响，比如：利用班级微信群随着可以向学生推送思政教育内容。

三、网络时期高职院校辅导员思政工作存在的问题

（一）辅导员思政教育专业素质不高

当前高职院校辅导员存在思政教育素质不高的现状，具体来说表现在以下几个方面：首先，高职院校辅导员大多数是刚毕业的学生，因此很多时候思政教育不能触及根本，只停留在比较浅的层次。其次，辅导员没有接受过系统的思政教育培训，不具备思政教育的思想体系，对学生进行思政教育的知识体系不完整的。最后，辅导员缺乏对学生进行思政教育的技巧。当前高职院校辅导员对于学生的引导和教育多以劝说、命令等为主，而运用其他方法来达到思政教育目标的技巧不足。

（二）辅导员应用互联网的意识较差

首先，辅导员借助互联网创新思政教育的意识不足。高职院校辅导员在实际思政教育工作中习惯用简单的几种网络信息化方法，比如：以微信群的形式向学生传达学校思政教育的文件。对于大数据评价、线上教育平台、广播系统等方法，几乎没有主动应用到学生思政教育中去的意识。其次，辅导员缺乏利用互联网提升自身思政教育能力的意识。在互联网中，有许多思政教育的资源、案例，辅导员可以通过自学这些资源来提升能力。但是，高职院校辅导员因为工作繁忙，工作之余也没有利用网络资源进行学习的意识。这导致辅导员自身思政教育的能力进步缓慢。最后，辅导员对于以互联网与学生建立更好的关系的主动性不足。在当前高职院校的辅导员思政教育中，多是被动性的教育。比如：学生有思想问题了，找学生谈话。这种模式多是事后引导，缺少事前良好品德的培养。互联网能够让事前预防，引导学生的思想变得更加便捷。但是，辅导员在这方面显然做得不够。

（三）未能充分利用网络思政教育优势

首先，对思政教育网络资源挖掘不足。当前我国互联网教育平台雏形已经出现。在网络上有各种辅导员思政教育的案例，思政教育的方法。同时，也有很多可以应用到思政教育中的信息和事件。这些资源的利用能够有效地提升辅导员思政教育的效果。但是，当前，辅导员对于这方面网络资源的应用远远不够。这是对网络思政教育优势的浪费。其次，没有建立其思政教育的网络平台。当前高职院校辅导员思政教育工作仍然是随机的、没有计划的。这导致其思政教育的效果不佳。线上教育平台、视频会

议、即时通信技术等网络信息技术能够让辅导员的思政教育体系化、规范化，达到更好的效果。但是，当前辅导员尚未应用这些技术搭建起思政教育的平台。最后，未建立起家校共育的网络渠道。高职院校的思政教育需要多方的共同努力才能达到更好的效果。辅导员和学生更为紧密的关系，让他们更容易和家长合作，完成对学生的思政教育。传统思政教育中，因为距离的原因，家长参与到思政教育的可能性较小。在网络化环境下，辅导员完全能够实现与家长配合完成对学生的思想教育工作。但是，当前辅导员在思政教育中忽视了家长的作用，没有利用互联网环境来实现思政教育方面的家校共育。

四、互联网时期高职院校辅导员思政教育存在问题的原因

（一）高职院校辅导员思政教育的制度尚不完善

良好的制度是提升工作效率的重要前提。互联网时代高职院校辅导员思政工作也需要好的制度来约束和保证。学生思政教育作为辅导员日常工作的一部分，当前尚未有具体的制度来规范。具体来说表现在以下几个方面：首先，缺少辅导员思政教育的考核监督制度。当前高职院校辅导员的思政工作是独立于学生会、团委、教学之外的。辅导员思政教育是日常众多工作中的其中一项。这项工作并没有被明确要求。同时，对于辅导员开展学生思政教育的过程、效果、结果也没有一个考核标准和监督制度，这就让辅导员日常开展思政教育工作的外在约束较少，没有积极应用互联网优势进行思政教育的动力。其次，缺乏辅导员思政教育的教研制度。任何教育工作都需要钻研，才能取得更好的效果，辅导员的思政教育工作也不例外。但是，当前辅导员教研的方向很多，而思政教育往往是被忽视的一个方面。同时，当前高职院校也没有辅导员思政教研的制度，来推动辅导员进行钻研，以便提升教育效果。最后，缺少辅导员思政教育的激励制度。良好的激励机制是提升人工作积极性的重要方法。当前在高职院校中有各种评优活动。对辅导员而言也有各种评优奖励活动，但是几乎没有专门的思政教育的评优活动，也没有人对辅导员的思政教育进行评价。这就导致"干好干坏一个样"，打击了思政教育做得好的辅导员，也没办法引导思政教育不积极的辅导员。

（二）高职院校对辅导员思政教育重视度不够

互联网时期高职院校辅导员思政教育不积极的重要原因就是学校从根本上没有对辅导员思政教育给予足够的重视。具体来说表现在以下几个方面：首先，学校更重视对课程思政的教育。思政教育作为高职院校重要的教育内容之一，一直非常重视。当前已经形成了比较完善的思政教育体系。比如：思政课程教育、团委教育。辅导员思政教育只是其中很小的一部分，而且具有隐匿性。因此，学校对于辅导员思政教育的要求历来不高，在思想上存在不重视的现状。其次，未能认识到辅导员思政教育的优势。当前高职院校学生以选课为主，这导致了学生和教师之间的联系弱化。哪怕是思政课程，教师对学生个体的了解非常有限。这就导致其思政教育工作只能是整体引导，而无法兼顾个体的思想情况。辅导员长期从事班级学生的管理活动，能够更多地接触学生，辅导员思政教育可以弥补其他思政教育对个体的忽视。而这一点高职院校并没有认识到，导致其从主观上不够重视辅导员思政教育工作。最后，对辅导员网络化思

政教育的投入不足。互联网时代，辅导员思政教育工作可以借助诸多的信息化设施。但是，因为辅导员不直接参与教学活动，因此，学校对于辅导员的信息化教具、资金、人员等方面的投入非常有限。

五、互联网时期高职院校辅导员思政教育的策略

（一）以网络化资源引导和培养学生的价值观

互联网时期的高职院校辅导员思政教育，要充分利用网络资源的优势，互联网技术的优势，更为高效地培养学生正确的价值观。具体来说，可以从以下三个方面做起：首先，以微信群为基础，向学生传输正确的价值观。微信当前已经成了人们日常生活中的一部分。微信的各种功能，能够有效地应用在辅导员思政教育工作之中。辅导员可以考虑用微信对学生思想进行调查、引导学生思想，疏导学生心理等，这样能够有效地提升辅导员思政教育工作的效率。比如：建立学生心理疏导群，由辅导员牵头制定话题，通过学生之间的讨论，来有效引导学生提升自身思想素质，建立正确的三观。其次，以网络热点事件为基础，引导学生建立正确价值观。互联网时代信息的传播具有快速性和广泛性的特点。对于互联网上影响较为广泛的事件，辅导员可以将其作为学生思政教育的题材。这样既能激发学生的兴趣，也能够有效结合实际，让学生的感悟更深。比如：针对网络上"清华眯眯眼"热点事件，组织学生展开讨论，并加以必要的引导，就可以达到引导学生建立文化自信和爱国情怀的思政教育目标。最后，利用网络的便捷性形成对学生的全过程引导。互联网时期，网络打破了教育的时空限制。因此，高职院校辅导员也要充分利用这一点，随时随地对学生进行必要的思想引导，让思政教育在潜移默化中培养学生正确的"三观"。

（二）以信息技术搭建学生思政教育的平台

互联网时代，高职院校的教育可以充分利用互联网技术搭建各种平台。让教育变得更加容易、更加高效。辅导员的思政教育工作，也要有利用互联网技术搭建平台，来提升思政教育效果的意识。具体来说，可以从以下几个方面进行：首先，搭建思政学习的网络平台。辅导员的思政教育工作可以是教师对学生的引导，也可以是学生自主学习的形式。当前各种线上教育的平台，给辅导员思政教育中学生学习提供了便利条件。辅导员可以在线上学习平台，上传各种视频、调查问卷、案例、讨论等，给学生布置学习任务。学生可以通过平台进行自主学习、讨论达到思政教育的效果。其次，搭建家校共育的网络平台。面对当前高职院校辅导员思政教育家校共育的渠道不畅的现状。在思政教育工作中，辅导员可以利用班级家长群等方式和家长建立长期的沟通渠道。辅导员可以在群里向家长展示学生思想教育的成果，也可以私下和家长讨论孩子的具体情况，和家长配合，对学生思想形成更好的引导。最后，搭建思政教育的宣传平台。互联网也可以很好地用于辅导员的思政教育宣传当中。比如：辅导员可以将自己思政教育的过程通过微信平台展示出来，扩大思政教育在全校分为内的影响，也可以对班级里出现的思想品德优秀的学生进行宣传表扬，对其他学生形成好的思想引导等。

（三）以信息技术创新学生思政教育的方式

互联网时期，高职院校辅导员思政教育工作的方式大大增加。在日常工作中，辅导员要懂得打破常规，懂得充分利用互联网技术，创新性地开展学生思政教育工作。具体来说可以从以下几个方面做起：首先，通过网络为学生提供思政实践的机会。网络让我们可以更好地与社会各界取得联系，也更好地了解其他地方的情况。辅导员可以在日常工作中注意留意对学生有思想教育意义的社会活动。利用互联网搜集这方面信息并取得联系，为学生提供深入社会，进行思想教育的机会。比如：可以在暑期的时候，为学生提供支教、实现、志愿者等活动，鼓励学生参加实践，获得更深刻的思想认识。其次，利用网络化条件丰富思政教育的内容。网络极大地打破了教学资源的不平衡现状。辅导员在学生思政教育中，要善于利于网络思政教育的资源，服务于自身的思政教育工作。比如：可以用借鉴别人的方法、可以让学生观看其他学校高专业水平教师的思政教育视频。最后，以网络拓展思政教育的深度和广度。高职院校辅导员思政教育工作当前局限在学校之内，局限于思想引导方面。互联网可以为我们提供更为便利的条件，辅导员要尽可能地利用网络资源，让学生的思政教育工作向更深更广的方向发展。这样对学生产生的思想触动更深，能够更为有效地达到思政教育的目标。

（四）以网络化条件营造良好的思政教育环境

互联网对学生的日常生活影响巨大，其中有好的，也有不好的。辅导员在互联网时代的思政教育，要做到尽可能降低网络环境的危害，利用网络营造好的思政教育环境。首先，要充分利用学校思政教育的氛围。良好的思政教育的校园氛围能够对学生产生潜移默化的正面影响。比如：学校组织的思想政治活动，辅导员要督促自己班级的学生积极参加。又如：学校组织的爱国教育活动，辅导员可以利用网络技术，让学生感受气氛，思想受到启发。再如：在班级的微信群中展示学校的各种思想教育活动的过程，引导学生探讨，让其受到大环境的感染。其次，要引导学生正确使用互联网，建立其文明上网的意识。网络的匿名性，极大放大了人性的恶。高职院校的学生年龄较小，思想不成熟容易受到蛊惑。因此，辅导员在思政教育工作中要特别注意学生的网络行为是否得当，要及时引导其错误的网络上的行为。同时，也要在工作中建立培养学生文明上网的意识。最后，以网络为媒介，进行常规性的思政教育活动，形成班级思政教育的特色。比如：辅导员可以联系社会组织形成固定的合作关系，定期组织学生进行有意义的实践，提升学生思想素质。

【参考文献】

[1] 刘荔嘉. 基于互联网环境下的高校辅导员思政教育工作分析［J］. 办公自动化，2022，27（05）：37-39.

[2] 刘亚平. "互联网+"下的高校辅导员思政教育探微［J］. 公关世界，2021（20）：135-136.

[3] 周旭枫. "互联网+"时代高校辅导员思政教育工作方法优化［J］. 知识文库，2021（03）：19-20.

[4] 程杨.基于互联网环境下的高校辅导员思政教育工作分析［J］.教育信息化论坛，2020（07）：80-81.

[5] 戴娜.基于互联网环境下的高校辅导员思政教育工作研究［J］.科教文汇（上旬刊），2018（03）：9-10.

[6] 曹露丹.互联网＋背景下高校辅导员思政教育模式研究［J］.文化创新比较研究，2018，2（06）：119-120.

[7] 梁帅."互联网＋"模式下高校辅导员思政教育模式思考［J］.科教导刊，2017（10）：62-63.

互联网时代高校思政教育工作实践

（建筑工程学院　陈青美）

【摘要】在信息网络时代，互联网已被广泛应用于各行各业，"互联网＋"思想逐渐出现。在"互联网"时代，社会生产力取得了巨大的进步，推动了社会经济形态的变化，增强了经济实体的活力，使人们的思想观念发生了巨大的变化。高校作为培养人才的主体，承担着发展学生思想政治教育的重任，如何在互联网时代下做好大学生的思想政治教育工作，是本文所探讨的一个问题。

【关键词】互联网时代；高校；思政教育

一、基于互联网的高校思想政治教育存在的问题

1.教学内容与时代脱节

目前，思想政治教育课程体系设置相对完善，但在整个教学体系，还没有明确的教学目标，思想政治课位于衬托的位置。当学生进入学校的时候，他们刚刚从进入高等学校的巨大压力中解放出来，开始接触一个新的世界，对生活有一些了解，但是他们在学习上存有明显的懈怠。虽然互联网在很大程度上可以为学生提供丰富的学习资源，扩大他们的知识，但一些学生的自控能力较弱。进入大学后，他们沉迷于网络，缺乏课堂学习的热情和主动性。这些问题没有引起高校的重视，教师在互联网的影响下仍然按照传统的模式开展思想政治教育工作，教学方式落后，学生难以接受有效的思想政治教育。

2.教育手段单一化

目前，一些高校的思想政治教育只注重理论知识的传授，以课堂教学为主要教学手段。虽然互联网提高了信息传播的速度和效率，但它并没有改变传统的教学模式。互联网的出现给学生们带来了广阔的视野，但它并没有改变传统教学模式的滞后性和内在本质。如今，当学生学习时，他们不再局限于学校的学习，而是充分发挥互联网

的作用，学生可以随时随地学习，学习的范围越来越广。然而，思想政治教育仍然停留在原有的教学水平，既跟不上时代的步伐，也不能满足学生多样化的学习需求。在传统的教育模式中，学生是被动的接受者。在新的发展时代，学生应该是学习的主体，教育的目标是拓宽学生的视野，提高学生的知识水平。高校思想政治教育没有充分考虑这些问题，使得当前形势更加严峻。传统的思想政治教育直接阻碍了学生思想道德水平的提高，教学模式过于单一，导致思想政治教育质量整体下降。

3. 网络环境造成的思想影响过大

首先，不良信息网络逐渐增多。大学生的生理和心理特征，他们思维活跃，好奇心强，很容易收到不良的网站信息，会直接影响大学生的意识形态。二是思想思潮多样化迅速蔓延。由于网络媒体的特殊性以及中西方文化的不断融合和碰撞，一些不良的享乐主义思想对大学生的影响越来越明显。它不仅直接影响着高校思想政治教育的顺利进行，而且对大学生三种价值观的形成产生了消极的影响。

4. 教师的信息技术水平与素质需要提高

首先，思想政治信息化专业教师相对匮乏。在互联网时代背景下，传统的理论教学根本不能适应高校思想政治教育改革进程的要求。其次，网络平台的教学效率和水平相对较低。由于低水平的专业教师的信息技术和教学过程中，他们只有依靠图片和文本、时事和政治视频、PPT 课件，等等，不能充分和合理利用资源的网络教学平台，使教学效率总是在低水平。

二、高校在"互联网+"时代实施思想政治教育的路径

1. 高校要转变思想政治教育的工作理念

"互联网+"时代代表人和网络处于共生关系，各行各业的联系的较为密切。"互联网+"时代高校要做好思想政治教育，要及时转变传统的教育理念，尤其是教育工作者的定位，需要得到改变，从而转变教育模式。高校在开展思想政治教育的工作中，要结合时代发展特色，紧紧结合现实生活。思想政治教育的工作者通过积极学习、认知，掌握"互联网+"时代的语言模式，积极传播积极正面的信息。

2. 保持包容、开放的工作心态

大学生刚刚从高考的压力中解放出来，迫切寻求自由，而在信息多元化、获取便利化的"互联网+"时代，大学生更加追求接受新鲜事物。高校在开展思想政治教育的工作时，要充分结合大学生心理诉求，保持包容、开放的工作心态。在实施思想政治教育的工作时，教师可以有效利用移动终端和网络载体，如贴吧、微信、微博，构建网络社区，开展学生比较感兴趣的活动，比如定一个主题让学生进行辩论，加深师生之间、生生之间的有效沟通。

3. 适当使用一些网络语言，拉近和学生之间的距离

在发展互联网的同时，伴随出现了网络语言，投射出网民的心理诉求。在长期接触网络的情况下，大学生会使用较多网络语言。高校在开展思想政治教育的工作时，要积极融进大学生生活圈，通过使用和大学生一致的语言，拉近和大学生的距离，实现有效沟通。高校开展思想政治教育的工作人员要多使用移动终端和网络载体，阅览

大学生普遍喜欢的 App、贴吧、论坛、微博等，及时了解和掌握大学生使用的网络语言。通过这些措施，加深学生之间的交流，使高校的思想政治教育真正发挥作用。

4.传播积极、正面的信息

在"互联网+"时代，网络有海量信息，这些信息鱼龙混杂，存在有不少不良信息，会侵害到学生的心理健康。高校在开展思想政治教育的工作时，教育工作者要做好正面、积极信息的传播工作。尤其是要带头分辨负面信息，将负面信息影响及时清除掉。另外，高校的思想政治教育教师要以社会主义文化为工具对网络中的不良文化进行稀释，让大学生逐渐树立社会主流的价值观，抵制网络中的负面信息。为此，高校的思想政治教育教师要积极去做微信群群主、QQ 群群主、论坛版主、微博博主和贴吧吧主等，在微信、QQ、论坛、微博和贴吧等载体中宣传正面、先进的思想和理念。另外，可以让大学生也参与到这些工作中，做教师的助手，积极传播正面、积极的信息。

5.有机结合"互联网+"和高校的思想政治教育

高校要在"互联网+"的移动终端、网络载体上开辟思想政治教育的工作阵地，将先进化先进思想教育理论作为开展工作的武装。为此，高校可以采取的措施是：（1）各个高校建立以校党委为领导的网络化思想教育小组，在制度上确保在网络中建设思想政治教育的工作力度。（2）集约化分散力量。教育部门带头建立各个高校在思想政治教育方面的专门、共同的移动化终端平台。（3）各个高校要做好带头作用，积极组织、培训思想政治教育的专职教师，在网络上开展针对大学生的互动咨询，提供给学生更多的交互选择，解决学生在"互联网+"中遇到的问题。

三、结束语

在互联网时代，高校思想政治教育变得越来越突出，无论是教学内容、教学方法、教师、学生思想引导等有明显影响，这就要求高校思想政治教育改革的过程中，首先明确网络给思想政治教育带来机遇和挑战，在此基础上，创新教学方法，优化教学内容，全面落实网络与思想政治教育的和谐统一，全面提高教学质量和效率。

【参考文献】

[1] 王有玺，刘红娟.新时代"互联网+"与高校思想政治教育的有机融合［J］.信息记录材料，2018，19（06）：223-224.

[2] 朱慧芸.互联网视域下高校思政教育课程的改进路径［J］.亚太教育，2016（25）：138.

加强舆情管理，倡导网络文明

（智能制造与汽车学院　谭林）

【摘要】学生莫某在网络平台发布在寝室做饭的视频，受到大量转发和关注，影响大学生形象的同时，也是非常危险的行为，通过对学生的引导和教育，莫某能及时消除影响并认识到自己的错误。

【关键词】网络；文明；安全；引导

一、案例背景

莫同学，机械专业，四川江油人，父母都务农，平日对班级活动没有热情，与同学交往较少，学习比较懒散，由于学习习惯不正确，一直不能取得令自己满意的成绩，个人爱好之一是做饭。2022年5月的某一天，莫同学在某音平台发布了一条视频动态，大意是在学校无聊时发现学校小池塘里有不少龙虾，通过自己的"努力"抓了很多，在寝室里制作了美味大餐，向其他同学炫耀自己的厨艺和成果。一时间，此条视频已经被点赞和转发上千。

二、问题关键点

（一）及时干预

面对突发的网络舆情，需要第一时间进行干预，控制事态。网络是一个虚拟、开放的平台，它为人们的学习、生活、工作、服务等方面带来了非常多便利的同时，网络也像放大镜一样，放大了个人情绪表达以及个人的立场、力量。在案例中，莫同学这个视频不仅快速被本班同学了解、传播，甚至被放大，还引起了很多其他网友的关注。如果不及时干预处理，这种负面言论和危险行为会扩散和影响更多同学。

（二）如何进行思想引领

解铃还须系铃人。只有莫同学在认识到自身问题的前提下主动发声，纠正先前的行为，才能通过他的改变更加有效地带动网络舆论向正确的方向发展。

三、解决思路和实施办法

（一）第一时间介入，掌握实情

虽然事发突然，但是辅导员一直关注所管学生网络动态，做到了第一时间介入，并发表主流意见，要求同学们冷静理性面对，暂停讨论，禁止转发未经证实、负面言论。在与其他知情同学了解全面情况后，及时和当事人进行了交流谈话。

（二）真诚以对，把握谈话技巧

谈话工作要注重方法和策略，要目的明确、足智多谋，同时关注其心理变化。真诚与当事人进行当面谈话，谈话注意思想引领和劝导，讲事实、摆道理、讲策略、谈感情。耐心听取其对于该事件的完整陈述和内心想法后，当面指出其行为的不当之处。首先指出他对于网络信息不加辨别、随意发布的错误，以及可能造成的不良影响。整个谈话要基于事件本身的事实程度上，讲方法、讲策略帮助他认识和感受自己当初行为的偏激、轻率。在沟通过程中，辅导员对于正面、积极的内容，要肯定和支持，表示理解他积极展示自己生活的心态，肯定他厨艺精湛，同时对于在网络平台发布把学生寝室当厨房使用的危害，以及言语中出现消极、负面的内容，要明确表示抵制和批判。

（三）及时处理，避免不实言论和负面情绪进一步扩散

在与莫同学正面沟通、引导教育之后，他主动及时删除相关视频，并密切关注已经转发过该视频的几位同学的思想动态。同时，以平等而又不失严谨的态度积极通报事件的过程与进展，一方面要及时和这几位同学交流，掌握他们的思想动态，另一方面要发动班干部一起做好他们的思想工作。

（四）及时召开班级主题班会，主动掌握网络话语权

在和莫同学交谈后，及时组织了主题班会，以本次事件为导入，忠于事实，引导学生在学校一定要注意大学生文明形象，不能在学校随意捕捉鱼虾，更不能在学校寝室使用大功率电器制作餐食等不安全、不文明等行为，引导学生在网络上应发布健康、文明、进步的信息，倡导文明上网。

四、经验与启示

（一）建立预警和监测机制

网络思想政治教育工作需要体现其针对性、前瞻性与预判性。面对网络事件舆情，全方位的网络平台监管及应对机制，可以化被动为主动。要能通过各种途径和渠道了解学生对于网络事物、人物及重大事件的态度及立场，保持实时的沟通，预判学生的网络动态及舆论发展趋势。在上述案例中，由于辅导员和学生干部及时发现，使得这起事件能第一时间得到重视。

（二）及时介入，正面回应，有效沟通

在大学生网络事件发生后，能迅速有效地介入，化解控制事态发展。解决舆情中的负面问题，要马上进行正面回应，及时有效地将信息通过适当的渠道进行发布、解

释及说明。

（三）重视学生日常网络素质及法律意识培养，倡导文明上网

行为是思想的反映，大学生的思想文化和行为方式愈发受到网络的影响。我们要将网络作为思想道德建设的新阵地，加强网络思想政治教育，提高大学生的网络自律意识。要主动利用网络宣传发布进步、健康、有益的信息，组织学生讨论网络热点，指导学生分析网络热点的起因、传播过程、性质、意义等，帮助学生在网络世界中形成文明共识。

构建具有深厚文化底蕴的网络思政育人体系，开创"1233"工职特色网络思政育人新局面

（成都工业职业技术学院　解琳　王调品　石瑞）

党的十八大以来，我国思想政治教育进入全面创新发展阶段，以习近平同志为核心的党中央审时度势、高瞻远瞩，对新形势下加强和改进高校思想政治工作做出了一系列重大部署。

一、把握网络思政主基调 确定融媒体育人总目标

在高校思政工作会上，习近平总书记指出：做好高校思想政治工作，要因事而化、因时而进、因势而新。随着科技和互联网的发展，如何利用新媒体创新高校网络思想政治教育、开展校园网络文化建设、提升网络育人质量已成为当下重要而紧迫的时代课题。

成都工业职业技术学院为深入贯彻落实习近平新时代中国特色社会主义思想以及党的十九大、全国教育大会、全国高校思想政治工作会议精神，紧跟时代步伐，在深入分析新形势下三全育人工作内涵，充分了解学生网络生活的状态的基础上，尝试利用网络空间构建起"1233"具有工职院特色的网络思想政治育人体系，"1"即围绕塑造学生的理想信念为核心；"2"即形成"成工职·易班""工职青年"两大网络思政教育推手；"3"即深挖三类文化精髓，构建具有深厚文化底蕴的网络思政育人体系；"3"即建设三项网络小微思政工程，打通网络思想政治教育"最后一公里"。

学院网络思想政治教育突破传统，走出藩篱，采取浸润式育人模式，结合新媒体并融于新媒体开展大学生思政教育，增强思想政治教育工作的亲和力，提升学院网络思政育人实效，形成了可借鉴推广的网络思政育人新模式。

二、工职院"1233"网络思政育人体系建设

（一）围绕一个核心，占领青年学生网络思想阵地前沿

学院始终以塑造学生的理想信念为核心，坚持以马克思主义思想为指导，深入贯

彻落实习近平总书记系列讲话重要指示精神，在我院青年心目中牢固树立中国特色社会主义共同理想，培养以爱国主义为核心的民族精神和以改革创新为核心的时代精神，让学生传承坚定的理想信念、传承艰苦奋斗的精神、传承实事求是的精神、传承甘于奉献的精神、传承改革开放的精神，把红色精神、红色文化、优秀传统文化注入青年的血脉，融入青年的灵魂，让红色基因薪火相传、生生不息。

图 5-1　学校活动

（二）形成两个推手，助力构建完整思想政治教育体系

学院基于当前无人不网、无时不网、无事不网的新媒体环境，从"全环境育人"的角度形成入脑、入心的网络思政教育推手，让思政教育在新媒体平台上看得见、悟得懂、听得进。

（1）建设具有工职特色的"成工职·易班"，设计易班熊为工职易班卡通形象，开发出"易签到""毕业跳蚤市场"等多款具有学院特色的轻应用。我院易班推广文章进入教育部头条共18次，活跃度长期排名在全省前15名。策划组织网上活动50余起，在抖音上发起的体育文化活动"我心中的运动会"全国有1100万人次观看，100多万人次点赞，20万人次转发。加强工职匠星、优秀学生、优秀校友等优秀朋辈群体的宣传，发挥先进典型的示范带动作用；培养具有网络影响力的同龄人团队，有的放矢地树立导向，让青年学子的同龄人成为正能量的发光源，提高网络育人成效。

图 5-2　线上教育成果

（2）建设以"工职青年"微信、微博、抖音为主的新媒体矩阵。依托新媒体矩阵，开展线上主题教育 29 期，督学信息 110 期青年大学习期，覆盖全院 13000 余名青年学生，累计开展思政引航、团学活动、信息发布等 4 类主题线上宣传推送，推广文章累计 200 余条，10000 余名同学点赞关注，扎实推进网上思想政治育人工作。

（三）深挖三类文化精髓，提升青年学生道德文化修养

1. 持续打造"弘扬华夏文明 传承天府文化"的文化品牌项目

将传统文化融入社团活动，开辟中华优秀传统文化校园传播新路径，持续高质量打造墨韵社、汉服社等 7 个传统文化学生社团；组建"传统文化展""高雅艺术进校园"等文化建设专场活动 10 余场，引导高雅艺术、非物质文化、民族民间优秀文化走近师生；打造学生宿舍传统文化长廊展示区，以 4 个传统文化展示模块为基础，覆盖 30 余个传统文化主题，累计展示作品 800 余副；通过摄影、拍摄相关抖音短视频，用浸润式育人模式把优秀传统文化注入青年的血脉，融入青年的灵魂。

2. 组建红色经典诵读工作室，传承红色基因，坚定理想信念

创建红色经典诵读工作室，将红色经典诵读活动纳入素质学分体系，以读、诵、写、享四种形式组织开展"青阅·青声"诵读活动、撰写精读笔记，组织学生线上线下相结合的沙龙分享会，组织 100 名同学精读红色经典理论著作，组织 1000 名同学阅读红色经典纪实和文学作品，录制音视频材料 100 条，组织 10000 名同学分享的传播，用学生喜闻乐见的方式把红色精神、红色文化融入学生课余生活，让红色基因薪火相传、生生不息。

图 5-3　红色经典诵读活动

3. 聚力打造工匠文化节，弘扬工匠精神，培育匠心匠魂

持续举办工匠文化节，一是以"传承工匠文脉，激发创造潜能"为主题的专业文化节，二是以"挑战自我极限，炫动青春风采"为主题的体育文化节，三是以"丰润艺术情怀，放飞人生梦想"为主题的艺术文化节包括建筑文化节、财经文化节、IT 文化节、汽车文化节、物流文化节、智能制造文化节、轨道交通文化节等 7 个专业文化节及体育文化节、艺术文化节等 9 项活动，将理想信念贯穿活动始终，让文化节成为学院文化盛事。

（四）打造三个小微思政工程，打通网络思政教育"最后一公里"

通过新媒体技术的充分运用，使网络思想政治教育工作"活"起来、"潮"起来，

推动思想政治教育工作传统优势同信息技术高度融合，同时也利用新媒体育人平台构建起"教师引导、朋辈引领、知行合一"的网络思想政治教育工作新机制。

1.创办"青阅青声"微信公众号

以学生喜闻乐见的方式推进马克思主义中国化、时代化、大众化，用中国特色社会主义武装青年学生头脑，让学生在诵、读、分享的过程中积极践行社会主义核心价值观。

自公众号创办以来，全院共推选60余名学生参与线上音频录制，每周由2—3名同学录制一期经典著作诵读音频，共录制9期线上诵读音频，采集、筛选学生诵读音频材料50余段。

飞扬吧青春

马克思的青春，和我们一样
上学了，恋爱了，要找工作了
他叛逆过，迷惘过，苦恼过
但马克思的青春，也和我们不一样
他热爱思考，坚持梦想，敢于批判，勇于实践
思考让他的叛逆闪闪发光
马克思如果是一匹野马，燕妮就是他的草原
他们的姐弟恋克服了世俗的重重偏见
他们的不离不弃诠释了
最好的爱情不是物质上的门当户对
而是精神上的势均力敌
他十七岁就起了个高调，立志"为人类幸福而工作"
然后把这个高调唱了一辈子
最终把高调唱成了高尚
让我们从现在开始，重回1818年
与靠谱的马克思相遇

——摘自《马克思靠谱》

图5-4 线上内容展示

2.创新话语表达方式，打造"短视频+"网络思政育人工程

基于大数据以及从树立学生正确意识形态到育人实效的有机转化，我院在网络思政育人工作中，提出了"短视频+"的小微思政工程概念。开发红色经典、传统文化慕课微课资源，改变学生长期处于"被教育"的身份及对"传统思政教育"抵触的心理。将学生理论学习与实践活动在网络上呈现，建设4个视频制作、推送模块。一是学业技能，包括专业技能、知识科普、办公软件等；二是生活技能，涵盖运动健身、美食探店，校园助手；三是校园业务，以短视频形式向学生展示与学生切实相关的业务办理、失物招领、公益活动、社团组建等；四是校园红人，以学生个人事迹、思想引领、学习标兵、文艺修身等方面，打造全天候、全方位、全角度的网络思政育人短视频，以妙趣横生的方式"霸屏"学生网络空间，想学生之所想，发挥高职人才聚集的优势。

图 5-5　网络思政育人视频

3. 打造匠心微影——微电影项目团队

组建学生编剧组、演员组、视频拍摄及后期制作组等学生骨干队伍，通过指导教师严格把关剧本题材的选取和内容的编写，打造原创网络宣传优秀作品，"匠心微影"工作室，深入发掘好素材，拍摄原创微电影 10 部，开发传统文化、天府文化、红色经典短视频、音频不少于 200 个。让学生在体验式创作过程中，将社会主义核心价值观、法治理念等主流思想观念内化于心、外化于行，达到育人全过程、影响全方位、播放全效能的"网络思政育人"高能量。

三、工职院网络思政育人成果

近年来，学院被授予首批四川省文明校园、四川省工业文化普及基地、四川省科普教育基地、成都市工业旅游示范点、成都市天府文化特色学校等荣誉称号，与工业和信息化部工业文化发展中心共建工业文化研究中心。学院团委荣获"四川省五四红旗团委"、四川省"三下乡"社会实践活动优秀单位、成都市大中专学生志愿者暑期"三下乡"社会实践活动优秀组织奖和优秀团队、成都共青团关爱留守儿童先进集体。

2016 年学院院级学生社团参加了由成都市教育局主办的"最强社团"比赛，斩获了视频类 2 个一等奖、2 个二等奖，团体 2 个二等奖、2 个三等奖，爱心千流社获得新媒体人气奖；2019 年匠心微影工作室拍摄制作的 20 余部抖音视频，参与"锦绣天府光影校园"在蓉高校摄影、微视频大赛，斩获 2 个二等奖、4 个三等奖和 2 个优胜奖的优异成绩；2020 年我院原创校园电视台法治节目《法制新闻：我心中的法》荣获成都市教育系统第五届校园电视台法制节目竞赛大学组一等奖；2020 年院团委在"成都好YOUNG 短视频"大赛中，荣获组织奖。

青年在哪里，我院的思想政治教育就在哪里，青年大学生在网络上，我院的思想政治教育就延伸到网络上，在网络空间培育和践行社会主义核心价值观，建设具有强大凝聚力和引领力的社会主义意识形态，才能确保"立德树人"得以全面落实，汇聚网络正能量、唱响育人主旋律，工职院在行动！

第一节　思政论文

浅谈如何提高高职学生课外活动参与的积极性

（智能制造与汽车学院　蔡治国）

【摘要】大学生课外活动是培养学生综合素质，提升学生实践能力，展现个人特色的大舞台，是课堂教学的有机拓展和延伸。当前，"00后"的大学生普遍思想积极活跃，对参加校内外的各种活动兴趣比较浓厚。各大高校都根据自身特点开展了丰富多彩的校园课外活动，旨在丰富校园内的精神文化生活，但效果不尽人意。本文从仅从一个一线学生工作者的角度，对部分高职学生参与课外活动积极性不高的原因进行简单的分析，并尝试提出如何提高学生参与课外活动积极性的措施。

【关键词】高职学生；课外活动；积极性；措施

一、高职学生课外活动现状

一直以来，大学校园内的各类"艺术节""科技节""文化节""讲座"等系列的学生课外活动都广泛受到好评，但随着"00"后学生涌入大学校园，传统活动已经无法很好地吸引学生参与。而当代社会的飞速发展，对新形势下大学生的各方面素质和能力提出了更高的要求，大学生的课外活动是顺应时代发展的产物，满足了大学生对知识能力的渴望与需求。而目前大学生的课外活动覆盖率却不尽人意。主要存在于高职学生参与课外活动形成两个极端。

（1）"00"后大学生普遍思想积极活跃、自我意识和社会责任感强，他们热衷于校内外的种课外活动。积极参与各类课外活动的学生大多是性格开朗，多才多艺的学生，所有的课外活动，积极主动参与的总是那部分学生。

（2）还有一部分学生对课外活动参与热情不高，以各种理由逃避集体活动，只要没课就待在寝室打游戏，看小说等。

二、参与课外活动积极性不高的原因探析

"00"后学生参与课外活动积极性不高的原因可归纳为内部原因和外部因素。

1.内部原因

"00"后大学生特有的心理特征。当代大学生是一个较为特殊的群体，其身心正处在发展阶段，自我意识和控制能力在不断完善之中。特别是当代学生家中结构，经济条件决定，使之"向往自由""追求独立"不喜欢被束缚""宅男（女）"等都是其主要特点。

对课外活动的认知存在误区，高校课外活动的开展是大学学生生活中不可缺少的一个重要组成部分，有着不可代替的作用。它可以促进学生的全面发展、培养个人能力，同时还可以发挥学生的兴趣特长、丰富课外生活等，但部分学生对此认识不够，存在误区，认为课外活动无聊、参加活动是浪费时间，还不如利用这个时间"泡吧""谈恋爱""打游戏"等。这在一定程度上影响了学生参与课外活动的积极性。

2.外部原因

学校开展的课外活动实际意义不足，形式陈旧，缺乏创新。其内容和形式吸引不了学生，缺乏前期精心准备，导致不能很好地调动学生参与的积极性。

活动考核和奖励机制不健全。在一些特殊活动需要全体学生参与时，往往部分学生不愿意参加，而组织者没有建立良好的考勤制度，采取不闻不问的态度，久而久之，学生会产生课外活动参与或不参与都一样的错觉，使得学生在参与课外活动时产生了一定的随意性。除考勤制度不完善外，还有活动后期的总结奖励制度也存在明显的不足。很多时候活动结束后，没有很好的总结评价，使参与活动的积极性受到了打击。

三、提高学生参与课外活动积极性的措施

（一）大学课外活动的设置应以人为本

1.主场让给学生，以学生为主导

大学课外活动是以学生为主体的活动，是学生主动活动的过程，教师只应起到辅导帮助作用。"00"后大学生思维活跃，自信、个性张扬、乐于表现，如果在活动中仅仅作为一个被动的观众，旁观者，势必会使其兴趣减弱，积极下降。即使是开展讲座式的活动，也应以内容有趣深刻，具有启发性的讲座来引起学生的积极的思想活动，增大互动环节的比重，以加深学生的理解，拓宽知识领域。

2.活动设置具有实践性

"00"后大学生大部分是独生子女，他们的成长经历，他们的习惯养成，自身的实践认识过程，是不喜欢教条式的灌输。因此活动设置应与社会、自然之间联系起来，使学生能将所学知识去解决实际问题，认识自己的能力及在社会中实际工作中所起的作用。

3.活动设置还要具有吸引性

"00"后大学生思想开放，具有较强的创新意识，因此大学活动必须在继承传统

活动的同时，要与时俱进，使活动贴近实际，贴近生活，以专业为导向，结合社会热点打造品牌从而吸引学生的关注。

4.活动设置还要考虑具有竞争性

举办具有竞争性的活动可以有效调动学生的积极性，通过一些比赛，可以加强学生的竞争意识，同时设置相应的奖项，也能提高学生的兴趣，调动其积极性。

（二）全体教师动起来，应对学生做出引导

1.增强学生的自信心

教师要全员参与，充分发扬民主，着重于把握活动正确的方向，在对活动做了宽松的规定后，要了多渠道了解并倾听学生组织者的意见，必要时了解更多学生的意见与建议，使活动方案的制订、安排和执行能够从学生的角度出发进行考虑。在学生提出活动方案，实施活动计划时，教师要鼓励学生参与，使学生敢于参与、乐于参与、善于参与，有足够的自信来举办能受到学生欢迎的活动。

2.因人而异分配工作

安排适当的工作，是调动积极性的前提和基础。教师要了解学生的能力、气质与性格，在开展活时，针对不同的人分配不同的任务，尽量使全员参与，人人都有事干，人人都有岗位，从而充分调动学生的参与积极性。

此外，教师还要进行适时的点评，多提出鼓励和表扬，以达到激励的目的。

总之，课外活动的有效进行，需要活动的组织者根据学生的实际情况，紧紧地抓住学生的兴趣和爱好，精心组织，周密安排，严格考勤，健全激励机制，课外活可达到预期的目的。

【参考文献】

[1] 纪红艳.大学生自我意识特点及其培养 [J].广西教育学院学报，2005（04）：11-13.

[2] 关彦来.浅谈如何提高高校学生参与课外活动的积极性 [J].知识经济，2016（01）：180.

[3] 林莹.浅谈如何提高大学生参与课外活动的积极性 [J].科教文汇（上旬刊），2013（03）：136-137.

[4] 王婷.如何调动大学生参加活动的积极性 [J].科技信息，2011（20）：184.

新媒体环境下加强高校学生心理健康教育的路径研究

（轨道交通学院　许仁华）

【摘要】本文展开对新媒体环境下加强高校学生心理健康教育的路径研究，其主要目的在于了解信息时代下高校学生心理健康教育的发展现状。在经济文化快速发展

的现阶段社会中，人才逐渐成为各国普遍关注的对象，主要是各国在综合国力提升过程中，逐渐认识到人才的重要性。目前，不少高校为了塑造更优质的人才，均在不同程度上加强对高校心理健康教育的培养。本文首先在新媒体环境下，对加强高校学生心理健康教育的优势加以分析，同时重点研究加强高校学生心理健康教育的措施。

【关键词】新媒体；心理健康教育；辅导员

引言：近年来，国家逐渐加强对人才的重视，并进一步实现对教育改革的深化。科教兴国与人才强国战略，是国家为了提高人才培养力度，而提出的有效教育改革路线。在新媒体环境下，仍有部分高校缺乏对高校学生心理健康教育的关注，在一定程度上限制了高校学生的全面发展。本文通过对新媒体环境下加强高校学生心理健康的教育的优势和措施探讨，能够为日后提升高校学生心理健康教育水平，奠定坚实的基础。

一、新媒体环境下加强高校学生心理健康教育的优势分析

（一）具有及时性

通过对新媒体与学生心理健康的分析，明确在新媒体环境下，及时性是高校学生心理健康的主要优势。目前，科学技术的发展带动了信息化程度的提升，新媒体逐渐成为日后教育教学的必然趋势。在此种信息化平台下，高校辅导员能够通过对新媒体相关技术的利用，比较系统、全面地实现对高校学生心理健康状况的评估和了解，从而能够为高校辅导员提供科学性的心理辅导内容。高校学生普遍具有数量庞大的特点，因此在对高校学生的心理健康状况实施评估时，借助信息媒体是十分有必要的。通过新媒体网络平台，高校辅导员可以在电脑和手机等媒介上，实现对高校学生心理问题的了解和解决。

（二）具有保密性

在当前教育教学环境下，部分高校学生的性格与特点都相对内向，因此在遇到心理健康性问题时，多数的学生都会表现出迷茫、不知所措，会从不同的角度上将其心理健康问题加以隐藏。而在新媒体环境下，其能够有效地发挥出其保密特点。高校学生在了解自身心理健康水平后，可以借助新媒体网络平台，以匿名的方式向心理咨询师询问其心理问题，不用担心自己的隐私被他人知晓；无法用语言表达的话语，也可以通过网络媒介进行传递。由此可见，新媒体环境能够使学生的隐私得到保密，积极解决其自身心理问题。

二、新媒体环境下加强高校学生心理健康教育的措施研究

（一）学校应加强对网络心理健康教育平台的建立

在新媒体环境下，通过多样化的手段，实现对高校学生心理健康教育的探讨，是十分重要的。高校辅导员应根据现阶段学生心理健康教育情况，从学生的角度出发，加强对网络心理健康教育平台的建立。高校辅导员可以通过对学校发展情况的了解，建立系统相对完善的专业心理咨询网站，设置网站的管理人员，并定期更新网站公告，提醒广大学生在询问心理健康问题时应注意的问题。同时，高校辅导员要明确，心理

健康教育网站是为了学生心理健康问题评估和解决而设置的。因此网络心理健康教育平台应从学生的心理角度出发，大力宣传心理健康教育知识，并通过相应的减压方法，缓解学生的心理压力。此外，该网络平台要定期对留言板中的内容加以阅读，并认真回复学生关于心理健康的问题，为高校学生心理健康的发展奠定坚实的基础。

（二）完善高校学生心理健康预警机制

在高校学生心理健康教育加强过程中，高校辅导员应立足学校的实际情况，进一步完善高校学生心理健康预警机制。在高校心理健康教育宣传和发展中，高校辅导员应充分认识到，新媒体环境在缓解学生心理压力的同时，其作为虚拟性平台，可能存在着一定的虚假信息。因此，高校辅导员应在新媒体发展下，完善高校学生心理健康预警机制。一方面，高校辅导员应加强对学生的了解，根据高校学生的实际情况，建立分层级的干预机制，由辅导员、班级班长、班级党员和寝室室长等共同组成四级式的预警干预机制，实现对学生心理健康状况的有效了解。另一方面，高校辅导员可以组织学生实施心理健康演练预案，使学生可以针对突发性、典型性心理案件进行讨论和分析，由此实现对高校学生心理健康的教育。

（三）加强对高校辅导员的综合培养

在新媒体环境下，通过加强对高校辅导员的综合培养，加强高校学生心理健康教育，是尤为必要的。第一，提高高校辅导员的教育专业性。在聘用高校辅导员时，不仅要加强对辅导员聘用者的专业文化水平，同时也要关注聘用者的心理健康评估能力，明确所要聘用的高校辅导员，是否有能力实现对学生心理健康状况的评估，以此为高校学生心理健康教育的发展，奠定基础。第二，学校要定期组织高校辅导员进行培训，培训内容应主要以学生心理健康评估方法为主，实现对高校辅导员的综合培养。

三、结语

在当前经济文化发展日益呈现一个个整体的趋势下，我国逐渐从人才的角度，加强对自身国力的提升。目前，各国之间的竞争逐渐转化为人才和科技的战争，人才在发展中的心理健康水平，与其日后为国家和社会所做出的贡献，具有重要的关系。为此，加强对高校人才心理健康教育，是尤为重要的。针对当前高校学生心理健康教育现状，本文主要从网络心理健康教育平台、心理健康预警机制、高校辅导员等方面，展开对高校学生心理健康教育措施的研究。期望通过本文关于高校学生心理健康教育相关内容的分析，为日后提升高校学生心理承受能力，提供宝贵的建议。

【参考文献】

[1] 陈欢，王小月.新媒体视角下高校学生心理健康教育的教学改革研究［J］.高教学刊，2017，02（07）：66-67.

[2] 杨武成，张娟.从新媒体到"心媒介"——大学生心理健康教育新路径探析［J］.教育现代化，2016，04（38）：148-150.

[3] 薛玲，姚佳慧，付瑶.高校心理辅导员队伍专业化建设路径研究［J］.统计与管理，2015，07（02）：143-144.

辅导员工作中团体辅导的运用

（财经商贸学院　张煜敏）

【摘要】中共中央、国务院 2016 年印发的《"健康中国 2030"规划纲要》《高等学校学生心理健康教育指导纲要》经部党组会议审议通过，由中共教育部党组于 2018 年 7 月 4 日印发，对高校心理健康做出了具体的要求；辅导员工作中要加强学生心理健康教育，培养学生良好的心理品质。因此，在辅导员工作中加强心理健康辅导工作，培育大学生健康的心理非常必要，势在必行。而团体辅导就是一种很好的工作方式，应该积极推广运用。

【关键词】团体辅导；辅导员；学生管理；积极心理学

高校辅导员作为思想政治教育的组织者和实施者，如何提高心理健康水平和应对学生心理危机事件的能力已引起了学生管理者的关注。在团体情境下的团体辅导是一种心理辅导形式。通过人际互动达到放松自己的身体和心灵，反省自己，挖掘自己的潜力，提升自己能力的效果，提升辅导员对心理健康水平和应对心理危机事件的能力提供有效途径。大学生团体辅导，是具有创新型、高效性、实效性的大学生心理教育新方法，在新时代大学生心理教育需要有新方法。辅导员应该将大学生心理教育目标融入团体辅导的工作形式中，使大学生全面成长，将其在学生管理工作各个领域广泛运用，增进工作实效。

一、管理工作中辅导员日常的问题

心理工作是辅导员常规工作中的重要板块，也是辅导员工作中的难题。例如，辅导员在日常管理中经常遇到小团体问题，小团体往往不愿意同其他人交流，不利于班级团结和交流。如何让封闭的环境产生交流，让班级更加团结和向上是辅导员在日常管理中经常遇到的问题。而团体辅导技术可以帮助学生解决这些日常管理工作中的问题。美国一所大学心理研究中心调查显示，年龄在 17 到 22 岁之间出现心理问题的比率最大，这个年龄段正好是学生读大学的时间段，学生从未成年人跨入成年人，但心智和接受的教育却并不一定能达到成年人应该有的状态，导致大学生在校期间出现心理问题的比例较高。

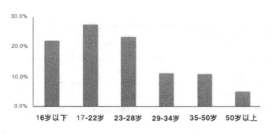

图 6-1　心理问题集中年龄比率

二、团体辅导的理论建构

（一）团体辅导和积极心理学

团体辅导的实质是一种心理咨询方式，团体辅导属于心理辅导的范畴。在团体中进行心理辅导，通过团体的交往，使个体在学会查看、学习、尝试，认识自己，调整改进与他人的相处，学习他人的行为处事，以促进良好的适应与发展助人的过程。我们要找的就是这么一个团体，在这里你可以自由且真诚地表达自己的困扰、问题、想法、感受，每时每刻可以一起去觉察，看见关系中的自己，看到面对这些问题时不同的人的不同反应，我们每个人都是一面镜子，照见你是怎样的人，和身边的人如何建立关系，容易陷入怎样的困境中。

积极心理学中表明团体辅导形式能全面提升师生幸福。积极心理的创始人马丁·塞利格曼说过："积极心理学正是培养学生积极品质和美德的学科，是一门关于幸福的科学，人通过科学有效的行动，哪怕是微小的都可以用来把握和获取自己人生幸福的主动权，教师需要投入到积极心理学的生活。"辅导员和学生朝夕相处，如何从日复一日的，看起来平平无奇的生活中去发现和积累积极资源，对于学生健康成长有着至关重要的作用。

积极的教育理念和团体心理辅导各环节是一脉相承的，并存在整个辅导环节的始末。在积极心理学的指导之下，用发现和解读问题的积极方面，培养积极的品质，用积极的思想浇灌心灵，用积极的过程提供情感体验，用积极的态度塑造人格，在原有的基础上提高心理健康水平，挖掘潜能，促进其自我实现。

（二）学生需求

目前团体辅导形式在高校辅导员工作中运用并不广泛，但学生在这方面确实有需求的，通过面对面单一的沟通方式已经不能适应新时代辅导员工作的要求。辅导员作为学生的知心朋友，人生导师，参与团课辅导的次数甚至不如心理学背景教师不定期的指导。调查显示，有接近一半的学生希望辅导员通过团课辅导的形式开展工作，通过团课辅导形式和班级同学建立良好的沟通关系。

表 6-1　学生参加及期望的团体辅导主题比重

	新生入学教育	班级建设	特殊群体	生涯规划	人际关系	其他
参加的	11.7%	21.4%	11.2%	26.9%	11.9%	1%
期望的	29%	35.3%	5.2%	17.5%	27.5%	1.3%

表 6-2　学生经历的团辅活动比重

	心理学背景教师	辅导员	心理委员	其他
参与的	28.8%	24%	21%	24.9%
期望的	20.6%	44.4%	18.6%	16.3%

三、团体辅导在班级管理中的应用

大学生心理辅导的类型除了治疗性团体，更多的是"成长性"团体，这个团体需要辅导员在日常工作中注重成员身心健康发展，帮助成员进行对自我认识、对自我的探查，进行对自我的包容、对自我的鼓励：注重生活知识和能力的充实和正确行为的建设。团体辅导能够推动"成长性"团体的成长，通过暖场活动、分组、破冰热身、了解主题相关问题、相关知识分享、分组、主题游戏、小组讨论、交流、总结等流程，达到团队成员间互相从不熟悉到基本了解，到互相尊重欣赏，从活动中成长。

常见的成长性团体辅导有人际交往、情绪调节、学习改善、生涯规划、新生适应、两性成长、自我超越、职业规划辅导，这些主题运用到班级日常班会中，通过团体辅导形式呈现，让学生迅速成长。团体辅导为同学们提供了深度交流的机会，通过分享，使大家发现了更多的应对资源，丰富了沟通途径，学会了从多角度看待问题，也紧密了学生之间的情感联结。在开展团体活动或主题班会时，辅导员要根据学生的特点和他们愿意接受的方法去开始，整个过程中要注意仔细地观察和正确的引导，才能更加有效地让学生深入思考，用心感受。

四、团体辅导中的作用

（一）增进学生的心理健康

积极心理学中发现和发挥你的优势是成就和幸福的核心，而不是改正你的缺点。通过团课辅导找到学生的自信点，让学生接受自己、渴望追求自己幸福、提升自己的积极性，培养积极的心态。团体辅导创设了类似真实的社会生活的情境，提供了机会社交，为他们提供了表现自己情境。参加者可以更加容易地与他人建立起优良的人际关系。如果行为在小团体中有所改变，那改变就会延伸到现实生活中，所以辅导的结果也会更加容易转移到日常的生活中去。

（二）促进班级内交流

团体辅导对化解小团体矛盾，沟通情感，加强班级凝聚力和向心力都有积极的作用。团体辅导能构建学生积极心理学，有利于辅导员工作的开展。通过交流，孩子能正确认识自我，认识到自己关注的是什么，明确未来方向，建立和谐稳定的人际关系。对于人际适应不良的人团体辅导就会出现特殊的作用。社会化的经验一般的青少年有所缺失，在学校中或者在社会上，经常会发生冲突或社恐的现象，这样的青少年就可以参加团体辅导。那些与同学不能相处和蔼，可通过团体辅导来改变对人际关系的适应。有的人缺乏自我评价、缺乏信任，很难与别人保持良好、协调的关系，也可以通过团体辅导进行改正。

（三）激发学生自我教育

学生自主学习能力是美国教育专家布鲁克·斯坦福－布里扎德博士开发的学习模块概念里的金字塔最顶端。激发学生自我教育在终身学习的背景下尤为重要。通过团体辅导，学生的"社交"更为宽广，师生一起交流切磋技艺心法。在团体辅导中，辅导员要利用学员间相互交流和自我的反思，帮助学生直面自己的缺点，以及导致他们落入当前境地的行为和给自己造成的痛苦，使其看到每个人都具备的人类基本的正直和尊严，耐心引导其心灵重建。

（四）提高教师教育与共情能力

通过教师教育共情能力，团体辅导能够让自己更好地适应，团体辅导能让学生更好地工作交流，增加理解与支持。活跃的氛围中，学生更容易敞开心扉，建立良好的沟通环境和情感表达。通过活动后的访谈语录，可以看出师生之间互相更加欣赏和悦纳，让每一个人都认识到对方的价值与不易，对教育者和学生的同理心有很大的提升，有利于营造温馨和谐的班级氛围。

五、总结

团课辅导是一个互助平台，学生在里面自由呈现，把生活中会遇到的问题交给这个有力量的团体一起面对。辅导员通过搭建这个互助平台，给予学生力量、寻找资源去探索可能的解决方案，在提高各项人格特质的基础上，从综合整体上提高大学生的心理健康水平。

【参考文献】

[1] 徐浪.辅导员责任制视角下的大学生心理健康教育——以单次团体心理辅导的应用为例 [J].湖北经济学院学报（人文社会科学版），2021，18（8）：112-114.

[2] 荆玉梅.团体辅导提高辅导员心理健康水平效果研究 [J].学校党建与思想教育（普教版），2015（8）：62-63.

[3] 范茂.团体心理辅导在高校辅导员工作中的运用探究 [J].新课程研究（中旬-单），2020（4）：129-130.

[4] 张弛，周琳琰.大学生团体辅导：高校辅导员的新方法 [J].高教学刊，2019（3）：69-71.

[5] 朱洁.团体辅导在高校辅导员工作的应用 [J].东方企业文化，2015（19）：203-204.

利用积极情绪理论推动高职院校学生思想心理工作

（轨道交通学院　邹莹露）

【摘要】作为积极心理学研究的核心目标——积极情绪理论，其研究的是人们在实践活动中获得的一种积极的、健康的主观体验。作为积极心理学研究的核心内容，积极情绪理论同样可以借鉴进高职院校学生思想心理工作实践中来。然而我们若要很好地借鉴和运用积极心理学积极情绪理论，需要首先深入了解积极情绪理论的科学内涵、主要研究内容、积极作用以及相应的获得途径等。在此基础之上，在思想心理工作中充分利用积极情绪理论是我们充分调动教育者主体的积极性、主导性，并尽可能地促进其在工作中创造性地发挥有效方法。教育者作为高职院校学生思想心理工作的主导力量，在高职院校学生思想心理工作中起着关键的作用，充分发挥其在教育活动中的作用是得到理想的教育效果的有力保障，应当充分借鉴积极情绪理论来调动受教育者的主观能动性。

【关键词】积极情绪；学生思想心理教育；福流

绪论：2022 年 5 月 1 日，新修订的职业教育法正式实施。这是职教法 26 年以来的首次大修，标志着我国进入职业教育高质量发展和建设技能型社会的新阶段，体现了国家对办好职业教育的决心和愿望。新职业教育法的修订，既是对职业教育与普通教育具有同等重要地位、职业教育可以培养高素质技术技能人才的肯定，同时也是对贯彻职业教育新发展理念、构建职业教育新发展格局，推进职业教育高质量发展提出要求和期望。相对于国家职业教育发展理念的飞速进步，高职院校学生则普遍存在基础差、入学成绩较低、对于网络过于依赖、缺乏学习的积极性、缺乏科学的学习方法、心理问题较复杂等问题。

积极情绪，是人们经验、体验的一种表现方式，因此它又称作积极情绪经验、积极情绪体验，其作为积极心理学理论的核心内容，主要是人们获得的一种积极的、健康的主观体验。我们常说的感受到幸福、觉得有希望、情绪状态好等都是其积极的体验。积极情绪理论研究发现，个体能够持有一种积极的情绪状态，对其更高效、更优质的生活、工作和学习，以及对个体实现更好地发展、完善意义重大。积极情绪的研究主要集中在几个方面：研究人们的主观幸福感受，即人们的生活是否令其满意，是否能够享受自己的生活，积极情绪下的人们能够获得更多的幸福感受，即便偶有不如意，也能很快调整心理状态重新获得满足感。同时，研究人们对自己的过去、现在以及未来的评价和感受，即在积极情绪指令系统之下的人们，对过去大部分的评价感到满意、知足，或是愉悦地处在现在的生活状态之中，抑或是对未来充满希望，更可能是三者兼具的幸福感最强的人。

积极心理学积极情绪理论在高职院校学生意识形态工作中有着十分重要的借鉴价值，合理科学地将之运用到学生意识形态理论和实践活动之中，能够使学生快乐地学习，并将习得的知识内化为自己的修养、外化为良好的行为习惯；通过认识、理解、运用好积极情绪理论，培养学生职业认同和职业自信，改变学生对职业教育的刻板认识，破除"崇尚学历，漠视技能"的教育观和成才观，推进职业教育高质量发展，努力实现职业教育的高水平自立自强。

一、激发积极情绪，体验学生工作福流（FLOW）

美国芝加哥大学心理学家米哈伊·西卡森特米哈伊在 20 世纪 70 年代中期提出了 FLOW 这个概念。清华大学心理系主任彭凯平先生把它翻译成"福流"。福流是一种感觉、状态和体验，是指一个人在自觉自发的前提下，对某一活动或事物表现出浓厚而强烈的兴趣，并能推动自己完全投入进去，把自己的优势发挥到极致，进入一种完全沉浸其中的状态。学生工作者不仅自身要积极投入工作，学会激发培养积极情绪，体验福流（FLOW），也要学会帮助学生培养积极情绪，使他们感受到学习和生活的快乐。

1. 培养学生工作者的福流体验

首先，学生工作者应当转变工作态度，首先从自身角度出发，促进改善教育质量。教师能否以自身对工作的热情和信心吸引学生，在一定程度上有助于学生树立对学习和生活的争取认识。高职院校的学生工作者更应该清晰认识职业教育未来发展的前景，对职业教育发自内心的认同，学生才会真正认识到高考只是人生中的一个选择，职业教育也有自己的上升路径。只有学生工作者拥有积极情绪，才有可能影响到学生的内心，培养学生兴奋愉快地接受教育，从而在主观上认同教学内容，积极主动地接受所学内容，不断将之内化为自我修养继，指导自己的行为。

其次，学生工作者应该培养自己处理情绪的能力，激发自己的积极情绪，体验福流状态。高职院校的学生在心理、学习、生活各方面都呈现出较为复杂的局面。面对来自生活工作等多方面的困难时，学生工作者更应表现出比一般人更高的思想觉悟，从正面鼓励自己，以积极乐观的态度来面对困难和问题，用积极的情绪取代消极的情绪，尽量做到始终给学生展示的是充满活力和热情的一面，而不是将不好情绪感染给学生，影响课堂效果。然而，消极情绪的产生是我们无法避免的，我们应当找到适合自己的情绪调节方法，可选择的方式很多，如跑步、打球、散步等运动的方式或者阅读、看电影、听歌等安静的方式，可动可静，只要对缓解消极情绪有帮助就是好的方法。将自己在自己的兴趣爱好中体验到的福流运用到工作中，不仅能使自己忘记工作带来的烦恼，而且能感染学生，更好地实现预期目标。

2. 提高学生工作者帮助高职院校学生培养积极情绪的能力

学生工作不是学生工作者一个人的独角戏，它是学生与教师两个主体间的互动，我们单方面去关注和加强教师的积极情绪培养是远远不够的，在高职院校学生思想心理工作中，想要实现良好的教育教学，学生与教师两个主体拥有着同样重要的地位。面对高考的挫折、未来的迷茫，高职院校的学生更加需要积极情绪的力量帮助自己转变思想，找到适合自己的道路。在这一基础之上，学生工作者应当积极主动、合理高效地与学生进行沟通，努力做到准确把握学生的内心感受、了解其真实想法，做到对症下药，明确、清晰地把握问题，合理快速地解决问题。

首先，学生工作者需要在一种积极的情绪之下展开与学生的沟通和交流活动。可以通过与学生一对一、一对多等方式进行谈话沟通；也可以通过非言语的方式，如眼神鼓励、适时合理地给予微笑肯定、恰当的肢体表达等符合当时需要的各种方式来达到了解学生思想、把握学生内心的作用。比如在与一位性格内向的学生进行沟通时，学生工作者应当致力于首先建立学生对其的信任感，鼓励学生主动表达，敞开心扉；并要对其表达注意倾听，恰当给予微笑、点头。

其次，学生工作者要具有辅助学生调节自己不良情绪的能力，并不断提升该能力，从而使学生在较好的状态下更好地接受学生和生活面临的问题。由于大学生处在心理尚未成熟的阶段，不可避免地会产生情绪上的波动，情绪情感是丰富多变的，这自然就包括积极情绪和消极情绪。当大学生产生消极情绪时，在其自我调节的同时，教师也应当适时合理地加以帮助，比如引导学生自我反驳消极情绪，教会学生在产生消极情绪后通过举例论证的方法，证明其引起消极情绪的某一观点是错误的。假设有学生在一次考试失利后产生消极情绪，认为自己不如人，那么教师要及时观察发现其可能存在的消极情绪，及时帮助其找到自己的优点和长处，重拾对学习的兴趣。又如当学生对自己某些不足之处耿耿于怀，可能导致消极的情绪时，教师要适时地帮助其将注意力转到其优点和长处上来，避免过分关注不足而产生自卑等消极情绪影响其学习兴趣。

二、培养学生的积极情绪，调动学生的主观能动性

学生工作者在学生思想心理工作中是外部的条件，其能力的提高的确对学生得到更好的思想政治教育有非常重要的意义，然而，外因的作用影响再大，它要想发挥功能也不得不借助内因。可见，在学生思想心理教育活动中，学生本身的作用是更重要的，其积极情绪的培养对我们进行思想心理教育活动来说起到决定性的作用。

1.提高高职学生对现在和未来的幸福体验感

在积极心理学的角度下，我们关注更多的是现在和未来，而不沉迷于过去。我们对待现在和未来都要持一种乐观积极的态度。高职学生在积极情绪理论的指导下，要关注学生对其学习生活评价的心理状态。对过去积极乐观的回忆有助于我们培养起积极的情绪，对继续现在的生活和迎接未来的生活都起到很大的影响。如果高职学生以往所受的思想政治教育生产生了消极的情绪则可能会影响其接下来的学习，甚至产生抵触的情绪。因此，我们应当积极努力引导他们对过去经历做出积极的情感体验，也就是说，能够正向乐观地看待事物，不用畏难的情绪来看待所接受的思想政治教育。为此，我们要引导他们能够客观主动地从以往接受的思想政治教育活动中提炼积极的情感体验，并巩固这一情感体验，为我们将继续的教育打下坚实的情感基础，以期实现良好的效果。而面对现在正在进行的和未来将要展开的大学生思想政治教育，我们要努力将他们的积极情感激发出来，使其在一个积极的状态下能够主动地接受教育，发自内心地想学好、要学好。

2.改善学校环境，培训学生的积极情绪

想要实现较好的思想政治教育实效，我们需要提高教育者和受教育者的积极情绪，在积极热情的氛围中达到思想政治教育的良好效果。而一个优良的校园环境是培养师生的积极情绪体验的有效环境因素。校园环境既包括物质环境，如教学楼、图书馆、宿舍、食堂，又包括文化环境，如学风、大学人际关系和网络资源等虚拟的环境。

我们要努力营造一个良性互动的学术氛围。教育者应当激发大学生的积极情绪，努力引导学生积极地参与到教学活动中来，大胆踊跃地表达。通过这样的学习模式，在良性互动的教学氛围中，大学生能够充分发挥自身的主观能动性，吸收课堂内容、交流自己的想法、帮助其他同学获得知识，将习得的高尚的思想道德内容内化成自己的修养，在这一思想的指导下，外化为自己良好的品行。

其次，我们采用单纯的理论教学以外的方式来进行思想政治教育活动，通过开展

相关的文化实践活动，在培养起学生的积极情绪的同时，提高其学习的兴趣，从而达到理想的学习教育效果，比如在多功能放映厅为大学生播放相关视频影片，组织大学生参过革命历史纪念馆，开展课程相关演讲比赛等活动，让学生接受另一种学习模式，产生一种的新鲜感，激发其好奇心和学习的积极性、主动性。

【参考文献】

[1] 彭凯平.吾心可鉴：澎湃的福流［M］.北京：清华大学出版社，2016.

第二节　育人案例

帮助当代大学生缓解心理压力、重塑自信心

（财经商贸学院　成微）

高校辅导员是最基层的学生工作者，对正处于青春期的大学生心理健康成长发挥着非常重要的作用。新形势下，高校辅导员要成为学生心理健康的导师，就要不断探索适合学生实际的心理健康教育的方法，不断提升自我素质，做好学生的心理指导和调节工作，促进大学生的健康成长与全面发展。

一、案例情况

本案例以所带班级金融科技应用专业的在校大学生唐某为例，因其性格、生活方式等方面的原因与寝室同学相处不甚理想，寝室关系不和谐，影响了寝室同学的正常学习和生活，寝室人际关系亮出了"红灯"。唐某，女，20岁，性格较为孤僻，但生活规律，不合群现象较为严重，特立独行，做事不顾及别人的感受，同学关系较为紧张，且该生性格软弱不善与人交流，尤其与同寝室同学更是相处艰难。

二、案例分析

从走访中感觉到不仅同寝室同学对她有意见，班级其他同学对她也颇有微词，同学们都反映唐某性格怪异，脾气古怪，大家都不愿意与唐某有过多交流。课后找她到办公室，我们谈了很长时间，从与她的对话中我初步认为她们的寝室矛盾很大程度上来自她的自负和性格上的孤傲，加之室友脾气的火爆，互相产生厌恶，日常生活中一件小事就成为导火线，引发矛盾升级，直至大打出手。于是，为能更加深入了解该生并找到唐某问题的根本原因，我又与其家长取得了电话联系，结果证实：该生从初中阶段开始，就性格上越来越孤傲，与父母关系紧张，青春叛逆情况严重。

三、解决方案

通过案例分析，作为辅导员，我应积极处理相关问题，在解决大学生寝室矛盾时，充分尊重同学、信任同学，让他们自己化解矛盾、处理矛盾，当然在这过程中需要与学生深入交谈、启发和引导，使他们以积极的心态面对周围的人和事。我相信他们会想通其中道理，放下思想包袱，敞开心扉，保持正确心态，让自己更完美，让寝室更和谐。经过认真的思考，我认为给唐某换一个新的环境或许可以化解上述矛盾，合适寝室的选择是解决问题的关键。通过走访、调查等方式，选择的目标锁定为Y室。由于Y室一直是5个同学住，多出一个床铺，而且寝室成员的性格整体较为温和，其中又有2名认真负责平时表现很好、团结同学性格开朗的班干部同学，应该能取得我想要的效果。为此，我多次深入Y室与她们进行亲切交谈，她们也最终愿意接受并帮助唐某。作为辅导员，我必须做好学生的思想工作，正确地引导学生和睦相处，换寝前不做好学生的思想工作显然是不妥的，不仅解决不了问题，反而会引发更大的矛盾。为了能让Y室与唐某相处融洽，我设想先让唐某在Y室住一段时间，让她们试着相处。为此，在接下来与Y室深入交谈中，我直言不讳，"每个大学生都希望能够拥有一个相对独立的空间，比较自由的选择自己的生活方式，但如果只考虑到自己的意愿，那么必然导致同寝室同学的日常生活无法同步；过集体生活不像过家庭生活，集体生活环境要靠大家来维护，靠大家来营造，只要有一人不自觉，不顾大局，整个寝室的同学都要遭殃。好好利用在校过集体生活的机会，改掉自己的不良习惯，控制自己的行为，凡事多考虑别人一点，学会与人和谐共处，你们将会终身受益。虽然唐某的性格很古怪，但只要注意交流方式，尽量避免分歧与矛盾的产生，相信你们有能力处理好寝室的人际关系。"最后，特意召开主题班会，由唐某带领班级同学探讨专业学习方法和技巧，使之融入班级活动中加强与同学之间的感情交流。唐某虽然生活习惯并未改变，但知道了集体生活不是一个人的独角戏，而是大家的舞台，学会了做事考虑别人的感受。当我再次来到Y室时，看到唐某脸上露出笑容，看到她和寝室其他成员相处友好。

四、启示与思考

高校辅导员必须要有敏锐的工作意识，及时发现各种突发状况，大学是从学校学习与社会工作的一个过渡期，在这个过渡期间，大学生面临着各种各样的压力，这些压力不外乎来自个人、家庭、学校、社会环境，然而其过渡期脆弱的心理素质直接导致大学生严重的心理压力及自信心的丧失。

为了更好地缓解大学生的心理压力、重塑自信心，在日常生活中，我们应孜孜不倦地对大学生进行心理健康教育，协助当代大学生树立科学的世界观、人生观和价值观，增强他们的抗压能力，帮助他们正确地认识自己，客观地进行自我评价，脚踏实地地做好每一件事，逐步建立自信心，积极地对待周围环境以及勇敢面对生活中遇到的挫折。辅导员遇到学生寝室矛盾问题时不能掉以轻心，要确保弄清事实，做出正确决定。像本案例中的学生唐某因为性格问题和生活习惯引起寝室矛盾，如果仓促调整寝室人员，不仅解决不了问题，反而会伤害到学生的自尊，给今后的学生管理工作带来诸多麻烦。

最后，辅导员应该定期走访寝室，多与同学交流沟通，加强与同学的感情联系，深入学生的学习、生活中去，注重多渠道方式教育服务学生，以饱满的热情、积极乐观的心态面对工作当中出现的新问题、突发状况，切实为学生的成长和成才服务。

面对焦虑症学生，辅导员综合施策

（财经商贸学院　王秀娟）

【摘要】随着社会的快速发展，青春期大学生面临的精神压力、学习压力不断增大，加之频繁的过度熬夜，部分学生产生了焦虑症，严重影响了学业完成和学生的心理健康。依托心理辅导、家校共管、综合施策对该类学生进行健康教育成为当务之急，必须认清问题本质，找出解决办法，掌握学生心理的调治方法显得尤为重要。下面以我班一位同学的真实案例，与大家进行分享。

【关键词】心理健康；心理疏导；思想政治教育

一、案例信息

C同学，女，20岁，我校财经管理学院电子商务专业大二学生，通过学校心理健康普查，发现C同学患有重度焦虑症，曾有自残经历，但无家族精神病史，家庭完整，性格内向，主动与人交流较少，有个别知心朋友，学习态度端正，积极参加专业竞赛。

二、危机的发生

一天晚上，同寝室同学发现C同学一直情绪低落，与平时相比话少了很多，几乎不与同学交流，低头不语，还伴随情绪的宣泄，关门声音较大，水龙头的水放得很大声，学习桌的灯比平时都要暗淡许多。夜深以后，C同学眉头紧皱，用手指甲反复地抓挠自己的胳膊，一道道口子也随着显现出来，同寝室的同学看到后，赶紧打电话给我。

三、干预过程

第一，及时了解掌握情况。我听到这个消息后，一方面急忙赶往学生宿舍，同时将这一突发情况报告给上级领导；另一方面联系C同学的家人，告知其病情和现状。通过与其家人、同学、教师进行交谈，了解其平时日常表现、发病常见情况等，切实做到心中有数，为以后有针对性地处置打牢基础。

第二，安排专业心理治疗。将该生的情况及时上报校心理中心，联系相关专业教师为其制订相应的心理治疗方案，对其进行心理疏导，让其主动接受焦虑状态。

第三，合理制订运动计划。根据医学规律，结合该生爱好特长，合理制订体育运动计划，通过让其出汗，心跳、呼吸加快产生疲劳感，养成规律的作息时间，缓解焦虑、减轻焦虑症状。

第四，群策群力促进康复。及时掌握该生病情恢复情况，定期在专业医院进行复查，鼓励家人帮助配合治疗，同寝同学陪同复诊，同时及时将复诊情况反馈校心理中心。

四、干预结果

经过各层面领导、教师、同学的多方努力下，特别是在其家人的全力配合下，目前 C 同学的焦虑症病情已得到有效控制，并逐步好转。在最近一次复查中，医生给予了高度评价和肯定。除正常参加学校课程之外，C 同学还尝试有针对性地外出进行兼职，在家帮助父母搭理家务，积极参加专业课比赛，并获得西南赛区二等奖的好成绩。我还积极鼓励其广泛参加社团活动、担任班委，积极发挥骨干作用，将全部精力投入到学习、工作之中。

五、经验分享

在本案例中，危机干预的成功得益于学校危机干预工作体制的健全，各级领导的重视和统筹安排，校心理健康教育中心、二级学院领导和班级心理委员的共同努力，密切配合。具体经验总结如下：

（1）健全心理危机干预机制是这次危机干预成功的基础。学校建立了四级干预机制：一级干预由班级和宿舍心理委员组成，发现同学有异常行为第一时间联系辅导员上报；二级干预主要由班级辅导员组成，辅导员对事态进行判断和干预后，及时上报给二级学院领导和二级心理辅导站；三级干预由二级学院领导和二级心理辅导站组成，将危机案例上报给主管学生工作的领导和心理咨询中心，二级心理辅导站同时也将危机案例上报给校心理中心；四级危机干预由校领导和校心理中心组成，当出现心理危机学生突发情况时，启动四级干预，在校领导的统一指挥下，由校心理中心教师进行紧急干预，各部门配合做好相关工作。严密的组织架构，科学的管理和专业的工作体制，上下联动，密切配合，为心理危机干预工作的顺利开展提供了保障。

（2）极强的责任心和专业培训是这次危机干预成功的关键。我院每学期会邀请校心理中心的专业教师给所有班级和宿舍心理委员进行培训，使心理委员明确自己的工作职责，掌握工作技巧和方法，便于开展班级和宿舍的心理助人工作。与 C 同学的要好同学是班级心理委员，她经过了三次心理委员的培训，熟知工作的技巧和方法，具有识别和应对危机的能力，在第一时间敏锐地发现了 C 同学的异常行为，并及时对其进行劝导和情绪安抚。

（3）及时有效的心理疏导对危机干预工作不可或缺。在得知 C 同学的突发情况以后，辅导员和心理教师精心设计、指导心理委员利用合适的方式进行情绪安抚，科学制定治疗方案，鼓励其参加各项活动，及时了解近期学习、生活动态，并为其提供足够的帮助和关心，使她重新找回生存的勇气和信心，积极备战专业竞赛，恢复学习信

（4）家人的理解和支持是转危为安的重要前提。学生心理危机的干预很多时候都离不开当事人家长的理解和支持。本案例中，当事人家长对焦虑症的认识透彻，采取的方式方法灵活，能够积极配合学校治疗，及时反馈 C 同学情况，对于心理危机干预工作起着至关重要的作用。

对于突发私自离校问题处理的思考

（轨道交通学院　邹莹露）

【摘要】在大学生的成长、成才的过程中，辅导员的工作发挥着至关重要的作用。能否引导大学生健康成长、顺利完成学业最终成才，使其成为对国家对社会有用的人，实现自我价值的人，这与辅导员如何对待和开展学生教育管理工作密切相关。

【关键词】突发问题；失联问题

一、案例

李某某，男，四川攀枝花人，五年高职学生。2021 年 12 月 22 日，学生应在当天 19 点前返校上课，但该生并未按时返校并打电话请假，问及请假原因时吞吞吐吐，称因自己发烧不能按时归校。我要求他让家长跟我联系，证明他确实因发烧需要请假。结束通话后，该生于 15 分钟后给我打来电话，电话另一方为一个陌生男子，普通话，称是李某某的父亲，并为其请假。辅导员直觉告诉我，这个学生在撒谎，谨慎起见，我拨了该生家长的手机，学生家长对学生请假一事毫不知情。

随后该生手机整晚处于关机状态。于是我联系到该生所在班级的学生干部、舍友、同学、朋友，询问该生是否返校、是否有同学知道他的行踪。班里同学反映该生的 QQ 一直在线，于是我让学生试图和他联系，他回复说"想自己一个人静静，不想来上学，觉得学而无用，心态需要调整"，之后再次失联。我协同该生的家人，一方面不断拨打该生的手机，一方面到该生可能去到的地方加紧寻找。终于在失联的第二天下午在网吧找到了他，并在父母的劝说下让其先回家冷静几天。

经调查，情况如下：该生从高中时期就沉迷网络不能自拔，通过网络结交了许多社会上的朋友。来上大学之前其父母曾专门将他送到戒除网瘾的学校，上大学后他也成功戒除网瘾，但上一次回到家中偶遇当时的游戏玩伴，网瘾复发。他感到不想被游戏控制人生，觉得这样沉迷游戏对不起父母、教师对他的期望和信任，但是又自制力差，无法控制自己，因此离家出走想要冷静一下。调查清楚事实情况后，家长向学校申请给这名学生请长期病假，鉴于该生的特殊情况，我征得了领导的同意后，告知家长系里决定给予该生 10 天的自我调节时间，在这段时间内家长应帮助孩子尽快调整好身心状态，争取早日返回学校学习，如果逾期仍未返校，则将督促家长为其办理休学或退学手续。

在这 10 天内，我多次给该学生打电话、发短信对他进行心理疏导，并在 QQ、微信上鼓励他走出虚拟网络，珍惜学校给他的这次机会，在现实中实现自我价值。10 天后，该生下定决心远离网络并返回校园。初回学校，他对自己的错误感到懊恼和羞愧，不愿面对班里同学，也羞于面对教师。我在办公室与他进行了长达一个半小时的谈话，谈话内容为帮助他认识到自己的错误，以及指导他敢于承担责任，知错就改，树立新的正确的人生观、价值观等。最后，该学生承认了自己的错误，愿意接受系里给的处分，并写下保证书，表示一定痛改前非，今后在学校定会遵守校规校纪并努力、认真学习。现在这名学生已远离网络，并能正常学习和生活，养成了健康规律的生活习惯，他所在的宿舍还多次被评为系卫生文明宿舍。

二、案例分析

本案例中，作为一名学生工作者，对待突发的学生失联这样的问题处理，我有如下分析：

1.事件发生后，处理要及时、得当

发现疑似失联后，应立即与家长取得联系，采取适当措施以求搜寻工作的进展。

2.确认学生失联后，处理问题要全面

如果确认学生失联，首先，应同该生的家长合作，联合学生的同学、朋友等关系，展开对该生的搜寻工作，确认学生是主动失联还是被动失联，如果搜寻未果，需要报警寻求帮助。

如果已经找到失联学生，要避免打草惊蛇，以保证学生的安全归来为首要任务。找到失联学生后，需调查清楚学生失联的真实原因，做好后续安抚、心理疏导工作，尽量将事件对学生的影响降到最低。

3.学生返校后，要及时给予关怀

对于主动失联的学生，在该学生返校后，应从教师的角度给予学生关怀与安抚，帮助该生更好地调整心态，面对生活，将事件的负面影响降低最小。

辅导员应注意失联后返校同学的情绪调节，主动失联的学生返校后，心里必然存有对事件的阴影和对关心自己的人的愧疚，辅导员不可再对学生进行严厉的批评，而应与学生进行谈心式的交流，帮助学生尽快地恢复正常的学习、生活。

三、对于该案例的反思

（1）做学生工作应谨慎、细致。严格按照规章制度把控学生请、销假制度。有疑似撒谎请假的学生，应引起高度重视，第一时间与家长联系核实情况。

（2）辅导员应加强与学生以及学生家长的沟通联系，掌握每名学生的思想动态，争取预防为主，在事态未发展到严重阶段时控制局面。

（3）辅导员处理问题应刚柔相济。该生私自离校返校后，辅导员就该同学的问题进行了分析和疏导，也进行了批评。但若仅按照学生手册的规定，生硬地进行处分的

话，该生返校后会有思想包袱，无法真正重新接受学校生活，所以需要与他进行真诚交流，关心他的发展。

以上案例分析与反思是我在从事学生管理工作中的一点心得体会，学生管理工作是一项复杂而艰苦的工作，做好学生工作需要付出大量的心血和耐心，面对当代大学生，作为大学生健康成长的指导者、引路人，高校辅导员必须根据新形势的需要，调整工作思路，根据学生特点，探索辅导员工作新模式，只有这样才能更好地管理学生，将学生培养为社会需要的高素质人才。

正确处理学生寝室人际关系

（轨道交通学院　杨芳）

近年来，在高校寝室中出现的多起恶性事件给大学生寝室人际关系亮出了"红灯"，这些恶性事件引起我们对大学生人际关系越来越多的思考，同时也引起我作为高校的辅导员对学生寝室人际关系问题更大的重视，下面就以我在工作中遇到的相关事件做一下回顾分析：

一、案例主题

大学生人际交往中室友关系最难相处，大学里对人改变最大、影响最深的，也是朝夕相处的室友。宿舍人际关系的好坏，直接影响到每个成员的学习、生活乃至健康。不健康的宿舍人际关系，对学生的不良影响非常大。很多大学生渴望与室友处理好关系，但对人际交往的艺术和技巧、人际冲突和矛盾的应对知之甚少，往往凭直觉、凭情绪、凭经验来处理各种人际问题，经常会弄巧成拙，导致各种人际冲突的发生。当学生发生以上情况时，如何正确处理并引导是我们辅导员应该思考的问题。

二、案例介绍

为了方便管理，学校公寓管理中心根据宿舍分布情况和学生所处班级，给来学院的新生进行统一宿舍调配。这样有利于我们集中管理学生。然而，由于学生的性格习惯、兴趣爱好不同，如何让学生尽快融入宿舍大家庭，更好地学习和生活成为辅导员学生工作的重要组成部分和关注部分。

我所带班级为铁道信号自动控制专业。张同学入学时成绩较为优秀，班级不少同学对她的评价也不错，故在班级担任学习委员一职。但在接下来一学年的学习和生活中，同学之间的了解逐步加深，张同学本身的缺点逐渐显出：性格较为急躁，做事缺乏思考，自我感觉过高。比如大大咧咧，有什么说什么，也不管同学的感受，在宿舍兴趣爱好、个人习惯和同学不太一致，其在大二和同学的关系也不容乐观。

学期结束，其所在宿舍的另外五名同学，都上办公室找我反映，看能不能给自己调换一个宿舍，不想和张同学住在一个宿舍。

三、解决问题的思路、方法及效果

张同学所在的宿舍是6人间，与其同住的5名同学都来反应调换宿舍的问题，我开始留意和调查张同学宿舍同学的情况，因为什么原因她们都要换宿舍。是真的如她们所说——要专升本科，需要清静的环境；还是没有什么原因，就是想要换个宿舍，换换新环境。其中一位同学不想说明换宿舍的缘由，让我感到，她们都要换宿舍肯定是有别的原因的。

我先找到张同学所在班的班长了解情况，询问张同学所在宿舍的几个同学平时关系怎么样，最近有没有发生什么不愉快的事情。由于班长是个男生，对于女生宿舍里发生的事情也不是太了解。我就让他回去仔细观察观察，和同学交流的时候也多留意一下，如果发现问题就及时向我报告。同时，我又找来另外5名同学，向她们详细询问要换宿舍的原因，说到原因，几个女生唯唯诺诺，不知所云，和上次说的原因有较大的出入，不过大致了解是和张同学的关系不好引起的。

后来，在和其他同学的交谈中我了解到以下一些消息：张同学的前男友是宿舍程同学现在的男友；熄灯非常晚；宿舍个人物品摆放以及宿舍卫生不太好；在任学习委员期间，做班级工作的时候缺乏方法，大大咧咧，也不顾及同学的感受，对宿舍的几个舍友也是毫不留情面。每次一句"你管不着"将和宿舍室友的关系拒之千里之外。

我也找到张同学本人，怕她多想，先询问了她近期的学习情况，功课难不难等问题，然后委婉地问她与宿舍同学的关系怎么样。张同学是个比较大大咧咧的女生，说和宿舍同学的关系还不错。然后我提到她所在的几个同学都想要换宿舍的事情。张同学回答说："她们都要自考。如果换宿舍的话，仍然把我们分在一起啊。"看来，张同学还不知道室友要换宿舍的真正原因。

换宿舍是逃避问题的表现，并不能真正解决问题。不然她们几个之间的矛盾仍将会长期存在，而且对张同学精神上也将产生不好的影响，大学生正处在一个个人情感丰富的时期，大学经历将会给每个孩子产生长期而深远的印象，甚至影响一生。让她们和解才是解决问题的途径。于是，在接下来的几天中，我多次找到张同学的几个舍友，做她们的思想工作，同学之间存在误会有矛盾很正常，让她们互相宽容和理解，大家要珍惜在一起学习和生活的缘分。几个女孩都低下了头不说话。又单独找了程同学，程同学的态度较前两次已明显趋于平和。我教导她说，你们都是大学生了，有自己的想法，交男女朋友教师也不反对，不过一定要处理好和学习的关系，珍惜在学校学习的机会，再也没多谈她和张同学的事情。我知道，她已经明白了，而且会处理好感情与学习的关系，和同学的关系——包括和张同学的关系。又再次找了张同学，对她的班委工作进行了肯定，然后转折而委婉地提出了在以后的工作中要注意的一些问题，尤其是要和同学处理好关系。我将她们宿舍同学对她的意见进行了转达，希望她对一些缺点进行改正。张同学含泪重重地点了点头。我舒了一口气，如释重负，这帮孩子和好了！

张同学宿舍的几个同学又生活在了一起。在接下来的日子里，我经常关注她们宿舍的情况，常常找同学了解她们，也不时和她们谈话，了解她们的思想动态，学习情况，以此观察她们宿舍同学的关系状况。建议她们多参加一些学校、学院的活动，尤其是公寓和宿舍为团队的活动，让她们从活动中了解对方，加强交流，拉近距离。张同学也改变了以前对待同学的态度，耐心地给她们讲解问题。为此，张同学宿舍同学对张同学的看法有了明显的改观，忘记了宿舍成员之间以前有过矛盾。张同学也在帮助同学地过程中找到了自我，学年综合考评中名列班级前茅，获得了奖学金。所做的班级工作也受到了同学们的支持和肯定，被评为优秀班干部。宿舍的卫生成绩每次都在 80 分以上。由于参加的活动比较多，宿舍同学获得了不少奖项奖励。

四、案例分析及启示

大学是学生成长、成才的重要阶段，关注和引导学生情感发展的学生工作不容觑视。而学生每天有一半以上的时间在宿舍度过，寝室是学生进行校园学习、生活的第二大"阵地"。关注学生宿舍人际关系，利用好宿舍这一"阵地"，实现关注学生成长、成才。在学院宿舍开展"公寓文化节""文明宿舍评选"等活动是学生工作的行之有效的方法、途径。

这一案例使我深深地体会到，要做好高等院校的教育工作，与学生接触最多、了解学生最多的辅导员的工作为重中之重。辅导员只有在学生工作中仔细分析每一位学生的个案，用心去体贴、感化自己的学生，才能把高等院校的学生工作做好。用自己的爱心与耐心必能换来学生的认同。

五、案例总结及思考

大学生宿舍人际关系是大学生人际关系的重要组成部分。小小的宿舍是大学生最直接参与的人际交往场所，也是衡量大学生人际交往能力、心理健康和为人处世的一杆小标尺。那些处在未形成良好、合作、融洽的心理氛围的宿舍生活的大学生，常常显示出压抑、敏感、自我防卫及难于合作的特点：而在同伴关系融洽的宿舍生活的大学生，心态则以欢乐、注重学习和成就、乐于与人交往和帮助别人为主流。因此，高校辅导员应引导大学生人际关系健康发展，对大学生的人格完善、心理健康、学习生活和建设和谐校园具有重要而深远的意义。

人际关系是大学生面对的最苦恼、最难适应的问题。大学生寝室是学生最为集中，滞留时间最长的社区，是学生生活休息、思想交流、信息沟通、情感传递的主要场所，是大学生人际关系建构的重要阵地，但也是人际关系紧张的高危地带和主要矛盾的集散地。影响寝室人际关系的主要因素有性格、贫富差距、生活习惯的差异、宿舍卫生问题、缺乏沟通、不注重生活细节等。不同的因素也会对大学生寝室人际关系不和谐带来不同的表现，例如：妒忌、猜疑等不良心理造成的关系紧张、贫富差距产生的心理鸿沟和感情隔阂、个人不良生活习惯产生的关系不和、不合时宜的恋爱导致舍友感情疏远、过分亲密导致的狭隘"依赖型"人际交往矛盾、小团体主义破坏寝室人际关系。

作为辅导员，在今后的工作中，我将继续走近学生，融入学生，了解学生，发现问题，分析问题，采取正确适当的方法解决问题，教育引导学生建立健康和谐的人际关系。

大学生心理危机干预

（建筑工程学院 蔡鹤旺）

【摘要】大学生心理健康教育是高校辅导员的重要工作内容，实际工作中发现，原生家庭对大学生心理健康有着深远的影响，本文结合实际发生的案例，分析如何处理原生家庭引发的大学生心理危机。小李同学是一名大一新生，平时沉默寡言，经常独来独往，中职时就不爱跟同学相处。经沟通、交流，了解到该生从小父亲去世，母亲改嫁，小李由大娘等亲戚照顾，一定程度上缺乏家庭的关爱。

【关键词】原生家庭；心理危机干预；工作案例

一、处理处置过程

（一）主动约谈，了解情况，认真倾听

利用下班时间，办公室里单独与学生进行交流。为了排除小李的抵触情绪，取得他的信任，选择采取"迂回策略"。当他慢慢放下防备，初步建立起对我的信任后，再进入正题，去了解他的家庭背景、成长经历以及内心真正的想法。谈话期间，我也深刻感受到了他的难过与悲伤，在他讲话期间，我没有评论，没有打断，只是认真倾听，用点头，微笑、轻拍他的肩膀等肢体语言给予他尊重和理解。让他感受到教师关怀，以情感化，用耐心、诚心、爱心、细心和责任心缓解学生的伤心。

（二）联系家长，告知情况，用爱疏导

在了解小李的情况后，第一时间联系他的大娘希望通过家校合作共同制定切实可行的帮扶措施。沟通中，他的大娘表示由于工作等原因没有过多的精力去关心小李的心理状况。而小李的妈妈也没有咋管过小李，更多的是联系时的批评，导致关系比较淡薄，这也是造成小李心里缺乏关爱的原因之一。我建议家长们在平时多多关心小李的生活，经常与小李通电话或者开视频，时不时问问小李的生活起居，让他感受到爱是无处不在的，从而用爱去感化她。

（三）专业疏导，合理评估，积极处理

该生有次出现情绪失控的现象，经了解他在中专时期有过抑郁症，当时吃药以为治愈。第一时间送去就医，并按要求上报情况，同时联系并告知其家长小李的情况。后来家长带去医院进行专业检查评估，寻求专业的疏导。

二、工作成效

根据专业医院检查评估，学生心理问题比较严重，需要进一步治疗，经过于学生及家长反复沟通，都认识到的问题的危害性，学生也从想放弃学业，最后决定办理休

学，先治疗病情，后面符合康复、符合复学条件在回来继续读书。

三、经验与启示

（一）及时发现、多方共情是解决问题的关键

学生的问题如果不及时发现会越积越大，快速发现问题最有效的途径就是要主动走近学生，从学生中来到学生中去。多走多看多交流，发现问题后与学生的交流要循序渐进、由浅入深，从局部到全面，排除学生的陌生感，让学生体会到辅导员的关爱，从而打开心扉，与辅导员建立信任。在合适的时机，及时进行适当的正面安抚，运用共情技术理解学生的处境和认识，辅助解决问题。

（二）家校合作、共同关注是解决问题的基础

辅导员与学生相识的时间较短，难以全面了解学生情况，而且学生很多的心理问题也和成长环境有关，所以发现问题后必须与家长进行积极沟通。当发现原生家庭对大学生心理带来的问题时无须慌乱，一方面要及时安排班委和宿舍同学负责观察他的日常情况，有问题及时汇报、及时处理，避免情况恶化；另一方面在遇到难以处理的特殊情况时，要相信集体的力量，向有经验的辅导员、心理学专业教师、领导寻求帮助和指引。

因原生家庭的伤害造成的学生心理危机处理

（建筑工程学院　陈青美）

一、案例情况

2021 年 9 月新生刚入学不久，某天下午我接到了医务室校医的电话，她非常严肃地对我说我班小怡（化名）同学下午去医务室说水果刀不小心划伤了手腕去包扎伤口，但是细心的医生发现她手上还有一些非常规则的老伤痕，怀疑是自残，遂提醒我要密切关注这个学生。于是我找小怡谈心，了解到她当天确实是因为和母亲吵架，被母亲拉黑微信后情绪崩溃开始了自残行为。也进一步了解到她从三岁时父母离异，随后便开始了父母两边不定时的抚养生活。不久后，父母又各自组建了家庭，并生育了孩子，她感觉自己是多余的，为了得到父母的关注，她从初中开始就抽烟、喝酒、早恋，这些不但没能换来父母的关注，反而带给她的是一顿谩骂。再后来，她一言不合就自残自伤，和父母的关系也很恶劣，这样的情况持续了几年。小怡除了有心理问题外，还自由散漫，经常旷课，不爱学习，喜欢独来独往。

二、问题本质

本案例中的几个棘手问题：一是高度关注的学生个体：自由散漫的个性，自杀自

残的高危行为。二是急需处理的心理疾病：学校心理教师初步推定的人格分裂症。三是复杂的家庭环境与薄弱的社会支撑：此案例的本质是原生家庭导致的心理危机，需要通过家校沟通、专业治疗、社会支撑（朋辈关怀）共同应对。

三、具体措施

1. 确保学生生命安全

与医生通完电话了解了学生的基本情况后，我及时向学院领导进行了汇报，并与小怡本人多次进行了谈话，安抚了学生情绪，与小怡的好友进行了沟通并叮嘱其做好陪护。因小怡是一个人在其他班的寝室里，我专门去了她的寝室，并找她所在寝室的室长进行了交流，留了联系方式，小怡一有异常情况立即联系我。之后只要是生活教师查寝小怡不在寝室或者夜不归宿，她的寝室长都会联系我，让我第一时间了解她的情况。

2. 联系家长重视治疗

发现小怡自残的行为后，我通过各种方式才联系到了她的妈妈，她妈妈非常爱她，只是在表达爱意的时候方式不对，导致两人的关系非常僵硬。2021年10月新生心理普查时，小怡查出有自杀倾向，处置不当会产生严重的心理危机，因此，我立即和家长进行沟通。在与家长沟通之前我同小怡同学进行了深入的交流，一方面讲清楚心理问题治疗的必要性和紧迫性，安抚学生情绪，尽量避免出现学生情绪波动或情绪过激造成的其他伤害。在与家长沟通过程中，先向家长说明目前的情况和可能出现的后果，要求家长必须到校处理，家长第二天就到学校的心理中心，心理教师给家长进一步与家长进行深度沟通，要求家长到医院配合处理，去找专业的心理医生进行诊断和治疗。

3. 做好人文关怀，消除家长和学生疑虑

小怡父母由于事情繁忙，认为只要在物质上满足孩子的需求就是自己最大的付出，与子女的沟通交流方式简单粗暴。小怡作为子女，一方面要接受父母离异并重组家庭的客观事实，理解父母不能长时间陪伴自己的缘由，还应该把自己的重心放在学习和专业提升上来。学校心理咨询教师建议，学生本人在与家长交流过程中可以学会主导，正确表达自己的想法和情感，每天多交流半小时，让彼此有更多的了解，而不是等自己想要的爱得不到时，用自残自杀等行为来伤害自己，来博取父母的关注；学生家长也要改变沟通方式，主动与学生交流。

后来，小怡尝试和妈妈进行了沟通和交流，也开始重视自己的学习，把开学时落下的功课慢慢地补起来。让我意外的是，在第一学期期末考试中所有科目中她没有挂科，我立即截图表扬她，并把这个消息告诉她的妈妈，她妈妈很欣慰，至少小怡还没有放弃自己。

4. 做好在校学生心理健康知识全覆盖和心理咨询渠道全疏通

第一，对大一新生心理普查结果再分析再筛查，对重点对象进行一对一关注；第二，在班级开展心理健康知识普及，通过案例分享、活动体验增强学生心理健康知识；第三，通过微信公众号、QQ群、微信群等网络平台开展心理健康知识传播，组织学生参加"大学生心理健康月"作品创作；第四，畅通宿舍、班级、系部、学院四级心理

健康疏导与干预体系，畅通网络心理咨询与情绪疏导方式，构建线上与线下相结合的心理健康咨询与情绪疏导。

四、启示与反思

1.辅导员工作要更细致，深入学生心、深入家长心

本次心理危机事件能顺利解决的一个重要因素是学生对辅导员信任，无论是自残行为需要联系监护人时，还是心理异常结果的谈心谈话，小怡对我充满信任。一般来说，心理脆弱的学生更需要关心和关注，辅导员在平时工作中除了帮助学生解决事务性的困惑更需要走进学生的心理，与学生产生情感共鸣。学生工作要想顺利除了做好学生的思想工作，更需要加强同学生家长的联系，让家长和学校站在学生教育管理的统一战线而不是对立面。

2.转变传统考核方式

对于学生的考核或评价既要注重学生学业成绩、专业技能的培养，更要注重学生综合素质的培养，比如爱国守法、敬业诚信、心理健康。

学业困难学生育人案例

（建筑工程学院　蒋欣）

一、背景

张某来自贵州省的一个小村落，父母均为农民，家中不仅有长辈需要赡养，还需负担张某和其妹妹两个人上大学的费用，仅靠务农的收入是无法支撑整个家庭的支出，因此在张某很小的时候，他的父母便离开家乡，去外地打工，甚少陪伴在张某身边，张某由爷爷奶奶抚养长大。童年时期的张某便无法从父母身上获得足够的关爱，仅有的温暖或许只是上学的钱和电话里的寥寥几句问候，父母关系不和谐，使得张某对于情感也充满怀疑，他觉得自己的存在可能对这个世界、对身边的人无关紧要。张某于2021年9月进入本校学习，初入大学的他看上去有些内向、不善表达。大一上学期刚开始时，他状态良好，但从大一上学期后半期开始，便出现痴迷打网络游戏并多次缺课现象，大一上学期挂科课程较多。

二、过程

（一）早了解、早发现、早关怀

大一学生刚进校时，学校会对他们进行心理普测，筛选出可能存在问题隐患的学生进行重点关注，张某便在其列。拿到新生心理普测的数据后，我第一时间就找张某亲切交流，通过谈谈家乡习俗、兴趣爱好等拉近了彼此之间的距离，在第一时间建立

了良好的关系，这为我今后各项工作的开展都奠定了良好的基础。

起初的几次谈心，多数时间都是我在说，他默默地听，时不时会给我一些"嗯"或者点头作为回应。但是我能感觉到，学生是用心在听我说话，于是我也不强迫他，计划用"少量多次"的计策，慢慢打开他的心。在接下来的日常工作中，我经常通过网络、电话、寝室走访等方式，从各个渠道了解学生的动态，及时掌握他的学业、人际交往等情况，让学生觉得自己是被关注、被关怀的，避免学生出现更加极端的状况。

（二）紧密联系家长，双管齐下

张某的学业问题，很大程度上反映出原生家庭带来的问题。成长过程中缺乏父母关爱，让他产生自我怀疑，变得性格懦弱，面对困难缺乏坚定的信念。由于青少年时期未能从父母那里得到足够的信息与经验，也让他对未来的规划毫无头绪。从张某出现缺课挂科现象起，我就会经常与张某的母亲进行联系，和她介绍张某在学校的情况，也从张某的母亲那里获得更多的讯息，方便我进行接下来的思政工作。几次尝试后，张某的母亲表示，张某对待她的态度明显缓和了许多，他们能够多聊一些话题了，这说明学生封闭的内心，已经打开了缺口。

（三）成材先成人，帮助学生找回自己

面对不喜欢的专业、面对缺乏关爱的过去，张某始终没有办法提起信心开展接下来的学业，只有帮助学生找到了自己、确立了目标，并鼓励他为之奋斗，才能让他继续开启自己的人生旅程。在与张某多次交流的过程中，我始终都在潜移默化地引导他，要"未成材先成人"，作为子女，要感恩父母的辛劳与付出，并且有针对性地开始和张某谈论学业以及未来规划的相关事宜。张某完全打开心结后，我们畅谈了未来，他想要做一名摄影师，于是我利用SWOT分析法，一步一步帮助他看清自己、明确自己的目标，和他一起制订学习计划，做好时间规划，同时给他查询职业相关资料，实时调试自己的短期目标。目前学生状态越来越好，在大一下学期顺利完成自己该学期所有科目和自己的学期计划。

三、分析

因为生活经历及原生家庭不同，部分学生可能会出现缺乏亲情、缺乏沟通、缺乏心理疏导、缺乏良好习惯养成等问题，我们应主动与其沟通，加强心理引导，同时结合具体情况，根据学生需求制订专属方案，注重思想引导，激发学生潜力，帮助他们找到自己的闪光点，要注意"扬长避短"，激发积极因素，克服消极因素，才能更好地促进他们健康成长。

第一节 思政论文

高校辅导员管理育人的沟通技巧探索与实践

（智能制造与汽车学院 梁磊）

【摘要】随着社会不断地发展与进步，人民群众的生活水平也在逐渐提高，而在人民群众物质生活得到满足的同时，生活压力也随之增大，同时社会对人才的要求也越来越高。在这种情况下，我国高校大学生的心理问题正在趋于复杂化，高校辅导员是对大学生进行思想政治教育的骨干力量，是大学生的人生导师、学术导师、心灵的呵护者和就业指导者。因此，本文主要通过分析我国高校思政辅导员与大学生之间沟通中存在的主要问题，研究出高校思政辅导员的沟通技巧和方法的重要性，就目前辅导员和大学生的沟通中存的问题和原因进行分析，希望能够对高校思政辅导员与大学生之间的沟通有所帮助。

【关键词】高校思政辅导员；高校大学生；沟通艺术；对策

一、问题的提出

1. 从一定程度上看，高校辅导员是一个涵盖面和工作内容都比较广泛的职业

首先，需要从安全、生活、情感、个性发展、心理状况等几个角度，实施评估与管理。其次，高校辅导员还需要做好每一个教学管理工作，协调改革科目的教师做好相关考核工作。之后，高校辅导员还可以对每一个学生的综合能力实施分析，在整体的把握基础上，针对每一个学生的学习与表现情况，进行一个客观和真实的评价。最后，在校园日常的竞赛与活动当中，高校辅导员还需要展现引导者和激励者的身份，帮助学生在丰富多彩的校园当中，统筹规划，加大基础建设。帮助学生开展丰富多彩的大学校园文化生活，向着良师益友的方向实施延伸。但随着现代化的不断延伸，辅导员

的工作内容也开始不断提升，传统理念下的教育方式已经不能满足现代化的发展。同时辅导员的工作重心是人，人与人之间最重要的就是沟通，必须要通过沟通建立人与人之间的桥梁，所以沟通的技巧与方式就成为目前形势下，需要探究的重点。

2. 很多高校思政辅导员的角色定位不清晰

现阶段，有很多高校辅导员在与学生进行沟通之前没有对自己的角色定位有一个清晰的认识，这就会在沟通的过程中产生一些问题。高校思政辅导员在沟通中应该扮演一个引导者的角色，但是有些思政辅导员认为自己的人生阅历要更为丰富一些，所以就想要把自己的人生经验和思想观念强行灌输给学生，而没有考虑学生是否愿意接受，同时也忽略了学生内心的想法。这种沟通做法从实际意义上来看并不算一种真正的沟通，而只是思政辅导员单方面的输出。高校思政辅导员的这种角色定位是不合理的。除此之外，还有一些辅导员年龄与学生的年龄较为相仿，就可以拉近与学生之间的距离，甚至每天在课程结束后还与学生一起去游玩。高校思政辅导员的这种做法虽然可以和学生成为好朋友，但是在一定程度上也失去了在学生面前的威信，这样即便思政辅导员真心想要和学生进行沟通，给予学生一些真诚的劝告与教诲，学生也不会将这些劝告与教诲铭记于心。高校思政辅导员试图与学生做朋友，从而消除距离感的角色定位也是不太合理的。

二、高校辅导员管理育人工作的挑战

从现代化的视角看，高校辅导员首先需要认识到自己需要承担的责任，需要分析这之间的密切联系。也就是说，需要在立足本职工作的基础上，保持职业能力和职业素养能力。新的历史时期，给高校辅导员工作带来了困境，主要的问题可以概括为以下的几点。第一点，在新的发展形势下，传统理念下的单一管理方式已经不能满足现代化的发展需求，需要在创新的基础上，提升辅导员的历史任务，加大了工作的复杂性。第二点，随着大学生源的不断扩张，生源的数量和质量呈现了多元化的发展趋势，高校辅导员工作也需要在因材施教和分类的基础上，统筹发展，向着科学的方向实施延伸。第三点，目前形势下的保障机制不够完善，辅导员工作很难得到有效的开展，需要在健全的基础上，提高保障机制建设。第四点，需要在考核和育人的双重基础上实施延伸，现代化形式之下辅导员工作存在很强的滞后性，同时也存在一定的紧迫性。第五点，辅导员队伍建设不到位，影响了核心竞争力的发展与能力的升华。第六点，在网络化和西方思潮的影响下，不少学生的心理素质出现了变化，较强的叛逆心理，阻碍了辅导员与学生之间的交流性。

同时在新形势下，高校辅导员的思想紧紧跟着时代走也显得重要，辅导员要在复杂多变的国内外形势和意识形态斗争中，用先进的思想和理念武装自己的头脑，从而更好地指导学生，化解问题和矛盾、解答疑惑，更好地开展各类工作。思想是行动的前提，脱离时代的思想，在实际工作中非但起不了好的效果，还有可能成为"陈芝麻烂谷子"的形而上学。伴随着日益多样的国内教育形式，作为一个教育工作者，辅导员要时刻保持清醒的头脑，自身的政治路线和价值取向直接影响着对学生的引导。思政辅导员在某一方面来说也是时事政治的"导向员"，我们要不断的吸纳前进的政治能量，时刻武装自己的头脑。在面对知识丰富、思想活跃的青年学生时，一些口头上的"老说辞"形式上的"老套路"，难免有些"跟不上形势"，只有不断地思想进步，在面对问题、处理工作时才会得心应手，体现出时代教育的最强音。

三．高校思政辅导员可运用的沟通技巧

（一）耐心倾听

所谓沟通，前提条件就是沟通的对象必须是双方两人同时存在的，并且在这个过程中需要彼此互相聆听、互相倾诉，只有这样才能算得上是有效沟通。那么高效思政辅导员在与学生展开沟通交流的时候，首先需要学会倾听学生内心的想法，并且在倾听的过程中要有足够的耐心。通过倾听可以了解学生的生活情况和学习情况，了解到学生在学校生活期间有没有遇到什么困难或者是否有一些心事等。另外，高校思政辅导员要想全面掌握耐心倾听的沟通艺术，还需要具备一定的倾听技巧，比如在倾听的时候要向学生展示出自己的真心，要体现出自己很愿意去倾听学生讲述自己的故事，并且表示对学生所讲的内容是很感兴趣的，这样就可以获取学生的信任，让学生可以勇敢地与思政辅导员进行沟通和交流。另外，耐心倾听的沟通艺术还包括在倾听的时候要注意与学生有一定的互动，首先学生在讲述的时候，思政辅导员要学会边听边观察学生的面部表情和情绪的波动起伏，并且要能捕捉到学生讲述的重点内容和隐藏在学生内心深处的想法。其次，对于学生所讲述的内容，思政辅导员要给予及时的回应，让学生感受到思政辅导员是在认真倾听的，这样就做到了与学生的沟通互动。如果学生已经对思政辅导员产生了信任感，这时候思政辅导员就可以恰当地为学生提供一些帮助，比如思政辅导员可以结合自己的观点和经验为学生答疑解惑，或者提供一些实用性较强的方法。

（二）掌握语言表达技巧

在沟通的时候除了要耐心、认真地倾听别人的想法，学会通过用适当的语言来表达自己的看法也是同等重要的，通常情况下，当一个人拥有较好的语言表达技巧，就会让对方更有倾听和交流的欲望。那么对于高校思政辅导员来说，丰富自己的沟通艺术还需要掌握语言表达技巧。在实际生活中，我们都更喜欢与语言表达幽默的人去沟通和交流，因为这种幽默的语言表达会给人提供一种很放松的沟通氛围，并且不会有陌生的感觉。所以高校思政辅导员也可以学习幽默的语言表达方式，在沟通的时候尽量让自己的语言变得更加风趣一些，以此来放松学生的心情，消除学生的紧张与不安，当学生感受到思政辅导员的风趣幽默之后，就更能够勇敢地做出回应，能够敞开心扉，于不知不觉中拉近辅导员与学生之间的距离。另外，高校思政辅导员除了要在语言表达上幽默一点，学会使用一些礼貌用语也是非常重要的。在学生面前，思政辅导员不应该只是高高在上的教师，更应该让学生感受到辅导员是非常重视他们的，思政辅导员需要多使用一些礼貌用语，以此来表达对学生的重视，让学生感受到思政辅导员的关爱。另外，礼貌用语还可以表达思政辅导员对学生的尊重，从而得到来自学生的尊重。在互相信任、互相尊重的基础上，再来展开沟通就会非常容易。

（三）采用非语言表达的方式

在沟通艺术中采用非语言表达的方式也是很重要的，非语言表达就是指不通过语言的方式来进行沟通。在沟通双方进行沟通的过程中，可以用自己的肢体动作来表达自己内心的想法，或者是与沟通对象进行眼神的交流，通过眼神来传达一些信息。那么高校思政辅导员在与学生沟通的时候，可以在倾听的时候点点头表示对学生的认可；还可以在学生情绪不好时，拍一拍学生的肩膀来安慰学生；当学生讲述一些令人骄傲的事情时，可以为学生竖起大拇指表示对学生的肯定与称赞；在学生讲述到伤心的事情时，可以投以心疼和关心的眼神等。在这个过程中，高校思政辅导员需要把握好肢体语言和眼神表达的平衡度，如果肢体语言过于频繁，会让学生感觉到不适；如果眼神表达过多的话，也会引起学生的疑惑，这两种结果都是不太好的。所以，高校思政辅导员在运用非语言表达的沟通艺术时，要掌握好其中的平衡度，与学生保持最恰当的距离，既不能让学生感觉到不舒适，也不能让学生感觉到很陌生。

四、总结

随着社会的进步，高校辅导员需要在育人的基础上，明确自身工作的重要性。在现代化的新局势之下辅导员不仅需要进一步牢固思想，树立正确的价值观，凝聚向心力，细化管理和优化服务。高校辅导员更应该在激励、关怀和帮扶机制的基础上，明确新时期学生管理工作新任务，创新管理途径和方法，为大学生的全面发展奠定良好的基础。完成大学生思想政治教育的主要任务，为社会培养"德才兼备"的高素质人才，践行"育才梦"，推动中国梦实现的磅礴力量。

【参考文献】

[1] 刘锦.新时代高职院校辅导员队伍建设的新内涵与新路径［J］.学校党建与思想教育，2019（24）：10-12.

[2] 朱元锋.高职院校辅导员利用红色文化进行思想政治教育的途径——以黄冈职业技术学院为例［J］.西部素质教育，2019（23）：42-43.

[3] 王天耀.加强新形势下高校辅导员工作教书育人、管理育人、服务育人有机统一研究［J］.知识经济，2018（04）：171-172.

[4] 黄志刚.浅析高校辅导员与"90后"大学生的沟通艺术［J］.华人时刊旬刊，2013，000（012）：253.

[5] 郑微.高校思政辅导员的沟通艺术［J］.文学教育（中），2013（08）：68.

[6] 司俊男.高校思政辅导员的沟通艺术微探［J］.明日风尚，2016（20）：250+260.

[7] 乔羽.高校思政辅导员的沟通艺术探寻［J］.散文百家（新语文活页），2016（10）：128-129.

当代大学生耻感缺失的原因及培养对策研究

（财经管理学院　杨洁）

【摘要】在市场经济不断发展和经济全球化不断推进的当下，大学生群体中出现了耻感缺失的现象，部分大学生对于善与恶、美与丑、荣与耻的界限认识模糊，表现为重利轻义、奢侈浪费、责任意识淡化、漠视规则等。基于对大学生耻感现状的探析发现造成大学生耻感现状的原因是由社会、学校、家庭、个人等多方面因素共同导致。本文在分析当代大学生耻感教育缺失原因的基础上，梳理出大学生耻感意识培养的可行性对策。

【关键词】大学生；耻感缺失；培养对策

当今中国发生了前所未有的转型和变迁，随着经济全球化的深入发展，部分旧的价值观念被遗弃，新的价值观念又没有完全建立起来，同时又面临着西方价值体系的强大冲击，道德领域里出现了一定程度的混乱和失控。在这种情况下，耻感缺失成为当代人的一个社会问题，影响着大学生的耻感培养，耻感对于一个人而言，是非常重要的道德情感，重视大学生的耻感教育，有意识培养大学生的耻感意识，对于民族的振兴、社会的稳定具有重大的现实意义。

一、耻感、耻感教育的内涵

（一）耻感的内涵

耻感，是一种羞耻的感觉，是一种积极的道德情感。《辞海》里是指对自己所犯的错误感到羞耻，这集中体现了中国传统伦理思想。《德育百科全书》中将"羞耻感"解释为："是个人对自己不良思想行为和恶劣品质深刻认识后的悔恨或愤怒的心理感受，是个人道德自我意识的表现。"在本文研究中，耻感的内涵界定主要立足于道德层面，认为耻感是在基于个体自身能够对何为耻、何为荣具有明确的认知和准确把握的基础上，在面对个体或他人行为与社会主流价值标准和道德观念发生冲突时，能够产生羞愧的负向情感体验。同时，这种自我否定的情感体验能够对个体自我道德行为产生约束力。

（二）耻感教育的内涵

耻感是一个人判断是非善恶的重要标准，只有明确了什么是可耻的，才会用道德标准去约束个人的言行。个体耻感的产生并不是与生俱来，是需要后天的教育才能形成，在当代大学生的成长过程中，由于受到社会各种因素的影响，形成了一套可能与社会普遍认同的道德标准不相吻合的道德体系，当两者发生冲突时，大学生是否有耻感可能更倾向于依据个体心中的自主道德体系，因而，对大学生进行系统全面的耻感教育，需要在大学生个体所形成的自主道德体系与社会上普遍认同的道德标准达成共识。本文认为在思想政治教育视角下的耻感教育可以理解为：教育者依据本阶级社会的道德规范、价值标准，对受教育进行有组织、有计划、有目的道德教化过程，从而使受教育者能够在耻感培育的过程中，提高道德认知，内化社会道德规范，并实现内化与外化相统一，实现知耻与求荣相统一的价值诉求。

二、大学生耻感缺失的原因

当今大学生生活在一个物质条件得到极大满足的时代，信息化的高速发展使生活发生着日新月异的变化，部分大学生在这样的成长环境下，出现了耻感缺失的现象，荣辱不分、以耻为荣、知耻不自责的问题越发突显，令人担忧。分析大学生耻感状况存在问题的原因也一定是在多方面因素共同影响下造成的，其中既包括外部环境的影响如（社会、学校、家庭），也包括大学生自身的原因。

（一）社会转型的不利影响

在中国社会的转型期，市场经济发挥着主导作用，极大地调动了社会成员的生产积极性，解放了社会生产力，整个社会获得了前所未有的进步，但市场经济自发性、盲目性的特点，刺激着市场经济参与者欲望的无限膨胀，市场领域的功利性开始侵蚀人们的心灵，进而冲击了中国社会的传统价值观念，引起了人们思想道德观念和价值观念的变化。在巨大的物质利益的诱惑下，有些人抛弃了道德理想、道德信念，而见利忘义、唯利是图，直接将社会主导价值导向了"金钱至上"的价值观上，使人们追逐金钱而轻视社会荣誉。市场经济下，金钱至上等各种不正之风开始在校园蔓延，导致部分大学生开始追逐个人主义、享乐主义、拜金主义，对大学生的道德产生了极其消极的影响。这些歪风邪气渗透到大学生的思想意识中，造成了部分大学生荣辱不分、耻感淡化、缺失现象的出现。

（二）学校道德教育的不利影响

在市场经济为主导的经济模式下，学校受到外部社会价值导向的影响，教育侧重点上偏重科学知识的传授，而忽视了大学生道德品质的养成。大学生是否有耻感意识需要通过道德教育去培养，这个培养过程具有持久性、全程性的特点，需要教师言传身教，潜移默化地去影响学生，但实际教学中更多是对道德理论的生硬说教，过多地进行正面教育，过于追求使用英雄人物、道德楷模来树立道德模范的形象，使道德教育变得"高大上"，这无疑使得学生觉得自己与楷模之间相距甚远而感到触不可及，道德教育达不到切实成效，只是停留在理论层面。

（三）家庭道德教育的失误

父母是孩子的第一任教师，家庭是个体成长的重要环境，也是道德发展、形成的最初发生地。心理学研究发现，家庭对大学生道德品质的形成所产生的影响是深远的，父母的言传身教对子女具有潜移默化的影响，父母的社会道德取向、道德评价标准会对子女产生直接的影响。当前由于市场经济的逐利性倾向，家庭教育也逐渐变得功利化，部分家长在家庭教育中过于偏重孩子智育，而降低了对子女德育发展的关注，道德教育开始在一些家庭中渐渐被挤压到边缘地带，孩子在这样的环境下成长，没有得到一个完整正确的道德教育，在离开父母进入大学，开始独立面对自己的生活时，部分大学生出现了缺乏社会责任感、使命感，缺乏担当意识，甚至出现了"有才无德"的现象。

（四）大学生道德认知存在问题

受市场经济的利益驱动及西方思潮和价值多元化的影响，大学生道德认知模糊、道德情感冷漠、道德意志弱化，导致大学生无法准确判断自我的道德行为，道德情感的冷漠化倾向造成部分大学生将自己置于道德之外，以"局外人"的身份自处，在面对道德失范现象时表现出漠不关心的态度，道德意志力弱化，当道德意志作用弱化的时候，耻作为道德的底线，自然也会意外频发。大学生对有违社会公德和传统道德的缺耻行为丧失了辨别和判断能力，萌生出追名逐利、背信弃义、贪图享乐的价值取向，最终导致大学生耻感淡化、道德失范问题的出现。

三、大学生耻感教育的培养对策

大学生耻感意识的缺失是多方面的，因此，对大学生进行耻感教育不是学校或家庭某一方面的单打独斗，而是社会、学校、家庭多方面协调教育的结果，要形成以学校教育为主，以家庭教育为辅，同时要以社会环境为引导，但也必须要重视学生的主观能动性，发挥学生自我教育、自我成长的能力。

（一）加强社会耻感文化的建设

当前我国正处于多元价值冲突的社会转型期，西方文化的强势渗透使部分大学生在价值观上出现了困惑与迷茫，进而在道德认知上出现模糊和混乱。因此，要实现对大学生的耻感教育，必须要加强社会核心价值观对道德建设的引领作用，营造良好的社会文化氛围，大学生才能在潜移默化的社会大环境下，不断提高自己的道德认知和耻感意识。加强社会耻感文化的建设，要提高社会主义核心价值观认同，实现核心价值观的内化和外行。在全社会各行业要进行系统的意识形态宣传和科学理论宣讲，牢牢把握正确的舆论导向，坚持弘扬主旋律，积极宣传社会正能量，引导广大人民群众自主参与进来，把社会主义核心价值观融入人民生活中，不断巩固壮大积极健康向上的主流思想舆论。针对当代大学生耻感教育中出现的知行分离的情况，需要核心价值融入日常实践，通过广泛开展社会公益活动，促使大学生在参与公益活动中促进自我价值的实现。

（二）发挥高校在耻感教育中的主导作用

学校是对学生进行道德观教育的重要场所，强化大学生耻感意识首先应该充分发挥学校在道德建设中的主导作用。学校在开展大学生耻感教育的过程中，需要在坚持社会主义核心价值观的基础上，充分借鉴传统耻文化及西方耻感思想的内容，丰富高校耻感教育理论，系统化、专业化进行耻感教育，通过灵活运用教学方法并积极开展丰富多彩的校园活动，使高校形成良好的道德文化氛围，以提高高校耻感教育的实效性。面对当前大学生在诚信观、义利观、生活观、法纪观念中表现出来的耻感不足的现状，高校应将强化大学生的理想信念纳入大学生耻感教育中，把核心价值倡导的富强、民主、文明、和谐；自由、平等、公正、法治；爱国、敬业、诚信、友善融入理想信念教育中，帮助大学生建立价值信仰，并强化大学生道德责任意识和道德使命感，引导大学生树立社会主义荣辱观，进而形成正确的道德认知，提高大学生的耻感意识。

（三）发挥家庭教育的育人功能

家庭是每个人接受道德教育的第一场所，一个人是否受到了良好的家庭教育在很大程度上决定一个人的道德品质。与学校教育相比，家庭教育虽然没有学校教育更加系统、专业、有计划、有组织，但家庭教育更具有渗透力和亲和力，家庭成员是个体成长过程中相处时间最长的群体，家人的日常生活习惯和思维观念互相影响着彼此，在大学生耻感意识的培养上，要发挥家庭教育的育人功能，关键要转变父母的教育观念，家长要在孩子中间树立正向积极的道德模范榜样，并在长期的共同生活中潜移默化地影响孩子，帮助他们形成正确的耻感。

（四）加强大学生的个人道德修养

大学生耻感意识的提高以道德认知为前提，道德认知是社会成员通过道德教育，并在道德实践中不断积累起来的对社会规范的了解、熟知和掌握的程度，社会、学校、家庭都是大学生道德认知形成的必要环境，但除了环境的客观影响，大学生自身也要进行自我教育和成长，只有当大学生自己在接受教育之后，形成自我的合乎当今道德规范的道德认知时，才能够更好地进行道德选择，产生羞耻感，做出合乎道德规范的行为选择，进而在实践中提高耻感意识，大学生只有通过对道德知识的不断学习，才能够提升自我对于是非、善恶、荣耻的辨别能力，才能以社会认同的道德标准来衡量自我的言行。

【参考文献】

[1] 台秀珍.耻感文化的内涵及大学生耻感意识的培养［J］.学校党建与思想教育，2009（9）：325.

[2] 李阿特，杨梅，王世伟.大学生羞耻心现状分析［J］.成都师范学院学报，2013（1）：29.

[3] 石生铁.大学生耻感教育研究［D］.福州：辽宁工业大学，2014.

[4] 覃海芳.当代大学生耻感教育研究［D］.桂林：广西师范大学，2018.

[5] 王媛媛.羞耻心培育研究［D］.武汉：华中科技大学，2006.

浅析互联网时代背景下高校辅导员工作的思路和方法

【信息工程学院（新华三芯云产业学院）　曾运坤】

【摘要】现如今，在网络日益普及的大社会里，大学生辅导员在进行具体管理工作中，应注意思路和方法的变化和创新，根据当前辅导员队伍的情况和现状，开辟辅导员服务的途径，进行大学生的培养、指导和帮助服务，有助于大学生成才。本文将重点针对在互联网时代背景下高校辅导员服务的具体思路和方式进行具体的调研和探索，并借助网络手段和方法的合理运用，以进一步改善大学生辅导员服务的质量，从而提高服务大学生的效率和能力。

【关键词】互联网时代；辅导员；工作方法

高等教育在培养、管理和教育大学生活动中，高等学校辅导员承担着重要功能和作用。高等学校辅导员是教育和培养学生的中坚力量和直接推动者，其教育水平、服务素质和学术水平直接关系到大学生的成才和发展。鉴于此，高校辅导员在对大学生开展的全面管理工作过程中，一定要注意对自我管理方法的改变和思路的转变，进一步地解放思维、与时并进，主动地利用网络信息技术和理论方法，来实现管理手段的多元化、多样化，注重对网上资源的发现和运用，同时利用互联网等新兴传媒的传播手段来补充信息和丰富教学内容，以促进辅导员更好地把握大学生的真实活动情况和知识动态，便于辅导员对大学生活动的有效性管理，从而增强了管理工作实效性和科学性。

一、网络时代下高等学校辅导员工作思路研究的必要性研究

近些年来，在互联网科技不断发达的大环境下，大学辅导员若单纯地使用传统、片面的管理制度和模式，教育和管理工作的成效也不理想。面对日益发达的网络时代，高等学校辅导员注重网络信息技术和手段的合理与科学的运用，可以更好地优化高等学校辅导员管理工作思想、创新管理路径和教学方式，对提高管理水平和教学效益十分有益。以下对网络时代下高等学校辅导工作思想革新的意义做出简单的剖析和论述。

（一）有利于管理思路的转变与革新

在网络技术多元化蓬勃发展的今天，高等院校辅导员根据网络发展战略与管理模式，并把网络技术全面、合理科学地运用于对大学生的管理之中，可以促进高等院校辅导员更好地推陈新颖、与时并进，从而更好地利用合理、科学的工作思路，来对大学生进行更加人性化、全方位化地管理，也有助于高等院校辅导员们更进一步地突破传统观念、落后教育理念和管理思想的限制和束缚，进一步优化学生实践工作思路，从而提高管理工作效率和效果。

（二）有利于管理方式的多元化创新

在高等院校的学生管理中，辅导员作为直接管理人员和参与者，对于大学生的日常行为、学习情况和生活状况，他们必须清晰、认识和把握，如此才可以采取最具有针对性和有效的管理方法，来对大学生实施全方位管理。但当前，不少大学辅导员在管理学生上，单纯地采取了传统、简单的模式，其管理方法没有新意和创新，对管理工作的效果也并不显著，不利于其管理水平和效果的提高。但通过利用网络信息技术的手段，渗透到对大学生的管理工作中，通过丰富教育大学生的方法和途径，如利用微信、QQ 群等新手段，对大学生进行信息化管理，就可以增强大学辅导员的创新能力和管理水平。

（三）促进师生内部人际关系的融洽

在一般的教育模式下，学校辅导员在管理大学生过程中，主要是利用学校布置任务和学生经常召开班会的实际情况来对他们加以了解，因此学校辅导员既不可能亲力亲为地关注每一个学生的情况，更不可能充分掌握每位学生的真实状况和学业情况，这对促进他们身心健康成长十分不利。而随着在网络时代下，微信、QQ 群等社交手段的日益流行和完善，辅导员在掌握学生真实状况之后，就不必再采取与过去学生见面的形式，而是能够采用微信、视频或者其他的媒介形式，来与大学生们直接展开沟通和互动，而这些沟通手段已经代替了过去的打电话、短信、见面等交流的传统手段，而且利用微信、QQ 群等手段，辅导员也能够掌握学生的真实状况，及时上报有关情况，以便于更有针对性地处理大学生在社会发展和思想教育活动中的实际情况和问题。而随着微信等手段的广泛应用，大学生和辅导员之间的距离差距也将逐步缩短，对辅导员工作的有效进行十分有益。

二、互联网时代发展下，大学辅导员工作思路创新的状况

在网络时代不断演变和延伸的大前提下，大学辅导员教育在创新工作思路发展方面，其优点和缺陷都是必然存在的。以下将就当前网络时代下高等学校学生辅导员在工作思路中的实践的问题进行研究。

（一）网络时代下的机遇

当前，互联网信息技术快速发展以蔓延至经济社会的方方面面，并逐步完全影响了人们的生产和日常生活。高校辅导员进行相关管理工作时，利用网络信息技术可以更好地改变传统的模式和思路，运用没有空间和时间约束的网络信息技术，其传递信息更为迅速和方便。但大学辅导员传统模式下，其管理制度和工作方法大多为面对面交流，在沟通过程中可能会触及许多问题，难免损害自尊心甚至触动心灵防线，那么很容易引发大学辅导员和学生间的冲突。而利用网络技术手段和模式，通过网络互动平台和路径的有效搭建和扩展，有利于辅导员对学生进行一对一的个性化指导，有利于构建辅导员和学生间的融洽人际关系，还可以促进工作效率的更好提高。

（二）网络时代下的挑战

目前，网络时代的出现，的的确确为我们的生活和教育提供了很大的方便，不过必须强调的是，网络思想的模式还会为学校辅导员的管理工作增添许多不良影响。在网络上，传播一些负面性、不良信息会对大学生的心理健康产生极大的干扰，不良的思想也会干扰其价值观与人生观的正常形成，若不能及时地对他们进行适当的指导和督促，那么反而会增加学校辅导员的日常管理工作困难与工作负担，对提高学校辅导管理效率也是十分不利的。

三、在互联网时代背景下大学辅导员工作思路创新的方略研究

在当前互联网科技不断发展的大环境下，大学辅导员一定要注重思路的变革与创新，注重大学教育工作管理模式的丰富与优化，并结合当前中国大学生教育管理工作状况和局限，全面了解大学辅导员在网络时代下开展教育管理工作的新机会和挑战，

并把握网络时代给大学辅导员思路革新所带来的相关红利，以推动大学辅导员思路的更好创新。下面剖析和研究网络时代下的高等学校辅导员工作思路新的方式和对策。

（一）重视工作思路与理念的转变与革新

在对大学生的培育和管理上，高校辅导员的责任尤其重大。在信息化、互联网的新时代下，大学辅导员在教学思路与管理理念上必须要改变，不能再用一成不变的思想与方法去教导与管理大学生了，要做大学生成长成才的人生导师和健康生活的知心朋友，公开、公平、公正地面对每一位学生。同时，大学辅导员也要进一步坚持并秉承学校"以人为本"的教学宗旨与思想，真心实意地去帮助和关怀每一位大学生，并整合网络中积极且优质的教学资源，充分地运用这些网络资源对学生加以优化教学，要学会更好地利用网络信息技术来辅助与开展学校教学与管理，从而促使大学辅导员的思路和理念变得更加先进、科学，具有现代时代感。与此同时，随着互联网科技的不断发展，大学辅导员在进行管理时，也一定要创新自己的管理理念和思想，并根据当前大学生实际发展状况，不断与时俱进、变革和创新，拓展管理思维和途径，为大学辅导员工作效率和管理水平的提高，打下了扎实的思维基础。

（二）强化管理方式的多元化创新

高等学校辅导员在对大学生进行管理工作中，不但要注意对他们日常生活、学业的管理工作，同时更要注意对他们的心理健康管理工作，做好他们思政教育。如果过于注重传统模式的运用，其管理模式和教学的成效会很不理想。而在网络发展迅速的时代里，注重管理和教学渠道的丰富和拓展，进一步发掘和利用网络上宝贵的资源，提高学校管理模式的针对性和科学性。同时要想更好地对大学生实施教育和管理，辅导员还可以利用辅导猫、易班、微信、公众号、QQ、微博、微网络平台等方法和途径，持续地向大学生传递和输出更主动、准确的价值观和思政教育意识，进而推动学校教学能力和行政管理工作效能的更好提升。另外，辅导员们也能够利用微信、微信群来布置一些课外活动，以便增加与大学生间的交流和联系，缩短了辅导员们与大学生之间的距离，使辅导员们可以比较深刻而全面地认识和把握大学生的现实情况和心理健康状况，也能够设置一些网络调研问题来对大学生的心理健康状况、身体健康状况和日常生活中的困难问题等展开调查研究，以便实施针对性的管理工作，进而大大提高了管理水平和经济效益。

（三）重视网络道德教育工作的有效开展

学校辅导员在利用互联网手段来进行教学相关操作中，学生应多掌握和了解网络操作技巧，会灵活运用网络平台来进行教学手段和方法，并指导他们学会合理识别优劣网络的正误概念，从而引导他们正视互联网，合理、正确地利用网络。与此同时，辅导员还能够利用网络中良好的一面来对学生进行网络道德教育，把互联网上大量的思政资源充实到教学和工作过程中，这既可以充分调动他们学习的主动性，也可以引发他们的求知欲，有利于对他们实现价值观念和生命理想的帮助和引领，进行学生的全面教育和培养服务，有助于他们实现更好、更全面的成长。

四、结语

综上所述，在互联网不断发展的大环境下，大学生辅导员的培养方式一定要实现全方位改革，管理制度一定要不断加以革新，根据当前大学生成长和发展的现实需要和个性化特点，进一步进行针对性的教育和培养方式，正确、有效地利用网络资源和其他培训方式，拓展其教育渠道、完善教育和培养的实践模式，进一步增强大学生辅导员教育和培养的实效和能力。

【参考文献】

[1] 陈炀.试析网络时代背景下高校辅导员工作的思路［J］.科技风，2021（18）：99-100.

[2] 邢爽.试析高校辅导员如何利用网络媒体开展大学生思想政治教育工作［J］.亚太教育，2016（07）：211.

[3] 贾小佳.高校思政辅导员在网络时代的角色定位及工作思路分析［J］.佳木斯职业学院学报，2018（04）：192.

[4] 李小梅.网络背景下高校辅导员如何做好思想政治教育工作探究［J］.新教育时代电子杂志（学生版），2019（44）：226，228.

第二节　育人案例

杜绝旷课，校正人生坐标

（建筑工程学院　吴岭）

【摘要】李某，学院某专业大一学生，自主单招学生，高中时为体育特长生，大一上学期挂科两门，大一下学期前10周旷课36节，达到记过处分后仍未改变学习状态，继续下去甚至会面临着被留级或者退学的危险。通过对学生的了解和帮助，让他回归正确的成长方向。

【关键词】学习；引导；关爱；成长

一、问题关键点

（1）如何帮助李某认识学习的重要性，平衡学业与兼职的关系。

（2）如何引导李某树立正确的发展方向，科学规划大学生活，回归正确的成长轨道。

二、解决思路和实施办法

（1）主动约谈，多方调查，确立信任。辅导员第一次以走访男生宿舍的轻松方式，顺便走到该生所在宿舍。逐一关心宿舍每个成员近况后，通过"顺其自然"的方式与李某交谈，建立互信，询问其爱好等。第二次分别与班委、李某室友和好朋友谈话，侧面了解李某旷课原因。第三次寻找适当的机会与该生聊天，通过前期建立的情感基础和侧面了解的信息，李某才说出了他的情况。母亲做生意失败负债40万，祸不单行祖母做手术急需十几万，家中已经入不敷出，李某需要自己赚取生活费，同时有帮助家庭偿还债务的想法。因为兼职过多和工作性质特殊，所以经常晚上工作到很晚，白天就没有时间和精力去上课。

（2）观察细节，安抚情绪，改变认知。在耐心倾听李某家庭变故的过程中，去察觉李某陈述时语气、面色和神态所发生的变化，及时进行适当的情绪安抚。采用鼓励教育的方法在李某想通过自己的努力为家庭偿还债务的勇气和担当给予肯定。采用摆事实、列数据的方法，将如今打工维持的薪资水平和学好专业课毕业后的收入水平做对比，鼓励他要有长远眼光，珍惜大学时间，不辜负父母和教师的期望。为他申请了学院的勤工助学岗位，并且鼓励该生申请下学年的国家助学金，通过多种方式的帮助学生能够按时完成各种功课，旷课的情况基本没有了。

（3）耐心疏导，真诚帮助，积极辅导。结合李某家庭境遇、性格特点等多方面因素，了解和掌握李某因兼职导致学业受挫问题的形成过程，并对问题成因进行分析提炼、梳理辨别，同时要在此基础上及时运用合理、有效的方法进行耐心疏导，用真诚和爱心给予李某温馨的关怀和体贴，引导李某调适心态、端正学习态度，回到正常的大学生生活轨道上来。同时，李某是自主招生学生和体育特长生，学习基础本来就比班上同学差，加上家庭因素情绪波动大，所以学业落后。辅导员鼓励他不要灰心，慢慢积累，踏实前进，同时联系专业课教师和班委，定期给予李某学业辅导。

（4）积极关注，制订规划，提供平台。班级内，给李某更多机会，去举办的各种活动及比赛，帮助李某充分挖掘自身潜力，建立良好的同学关系，培养班级责任感。

三、经验与启示

（1）不能简单采用单一的处分方式封堵旷课问题。同样是旷课，每个人的原因会不同。对于旷课学生，如果仅按章办事给予处分，而不调查原因、不关怀帮助，只会引起学生的反感、对抗。处分绝不是解决旷课问题的唯一手段，关注、关心、关爱才是真正的解决方法。

（2）掌握心理咨询技巧，要用爱心、耐心和诚心与学生相处，努力成为学生的知心朋友。要尊重学生、平等对话，并给予他们帮助和更多的参与机会，让他们从内心里发现你是在帮他，促使他们内心转化，从思想上认识到自己的错误。

正确处理寝室矛盾 营造温暖校园氛围

（财经管理学院 杨洁）

寝室是大学生生活和学习的主要场所，也是同学们联系最密切、交流最频繁的地点，学生的日常生活、交流娱乐等都是在寝室里度过，寝室氛围对每个寝室成员都很重要，一个良好的寝室环境可以引导大学生树立正确的价值观，养成健康的生活习惯，更有利于学生建立和谐的人际关系，促进全面发展。

一、实施背景

该寝室为 6 人间，学生为大一新生，6 位同学中其中 4 位同学 A、B、C、D 性格文静，学习成绩好，关系亲密，日常学习生活经常在一起，另外 2 位同学 E、F 性格外向，为闺蜜关系。平时寝室分为两个小团体进行活动，但彼此之间还能保持和平相处的关系。某日，A 同学在未告知其他同学的情况下将公用柜子上了一把小锁，E 和 F 同学由此产生猜测，认为 A 同学一定是不想让她们使用柜子里面的东西，故意把柜子锁上，生气之下便与 A 同学争吵了起来，同时 E 和 F 同学发现 A、B、C、D4 个人建立了微信群，因而断定 4 位舍友一定在群里讨论并谩骂她俩，进而越发生气，之后在日常寝室生活中对 4 位舍友进行言语攻击，或通过摔门等动作发泄不满情绪，持续几天后，A 同学写了"遗书"，并发给寝室好友，好友立刻将情况汇报给心理教师和辅导员。

二、案例分析

本案例是一起典型的宿舍矛盾纠纷问题。宿舍是大学生生活学习的重要场所，同学们来自五湖四海，有着不同的性格特征和生活习惯，难免会因为一些小问题产生摩擦，而女生宿舍更是宿舍矛盾最为频发的场所。女性一般心思较为细腻，产生问题后又不能像男性般开诚布公，更多的是埋藏在心里不说出来，久而久之极易演变成冷暴力或在内部形成小派别，轻者矛盾一直隐藏不会产生明显的对立，而严重者则会演变成公然的对立，严重影响宿舍的和谐生活。

在本案例中，A 同学只是认为公用柜子中放置了自己较为贵重的物品，因而将柜子锁上，但是由于没有及时跟寝室同学解释原因，导致室友进行了怀疑和猜测，性格不一致加重了寝室矛盾的发生，同时，A 同学中学时由于家庭关系不和谐等原因，出现过抑郁症状，加之我刚接手该班级，还未完全和同学之间建立信任，寝室同学没有第一时间跟我反映问题，致使寝室矛盾不断升级，最终导致两个团体对立，A 同学产生抑郁情绪。

三、主要做法

在本案例的解决过程中，首先，要在平息学生的情绪基础上，对事情始末进行详细了解；其次，分别对寝室同学进行矛盾调解；最后，也是本案例最关键的地方，是将所有宿舍成员集合在一起，面对面进行调解。案例处理过程中有几个要点需要重点把握：

一是杜绝偏听一面之词，要在全面了解问题的基础上再去介入解决。无论是对于本案例中的哪个宿舍成员，我都不能仅凭单方面的说辞就下定谁对谁错的结论，全面了解问题是处理问题的最基本要求。如果不全面了解事情始末，只是为了单方面平息事情，可能在工作中会以调换宿舍作为该案例的结局，但这样的处理方式，极易引发二次宿舍矛盾。A同学的性格能否和新调入的宿舍成员契合，新宿舍是否会排斥外来新加入成员这些都是未知数，而盲目调换则极有可能引发新的问题，导致新的宿舍矛盾。

二是如何安抚学生的情绪。在本案例中，学生在找到我的时候情绪都非常激动，都各自站在自己的立场上，一味表达对方的错误。在这里，一定要保持清醒的头脑，客观地分析，坚持自己的工作原则和工作思路，让同学先尽情来表达内心的情绪，待大家情绪平复的时候，再来分析问题，进行沟通，从而解决问题。

三是如何召开最后的"圆桌会议"。宿舍矛盾调解的最后，一定是要把宿舍全体成员召集在一起进行当面调解。单独对矛盾双方进行说教调解，往往还会产生后续矛盾，并不能从根源上解决问题。在本案例中，我在前面单独了解问题的基础上，最后将全体宿舍成员集合在一起当面调解才是本案例的最后一步，学生有任何问题都要当面提出来，坚决杜绝学生当面答应背后反悔的事情。

四、经验总结

通过该案例，我们可以获得如下启示：

一是宿舍应当成为辅导员工作的重要阵地。高校辅导员一定要经常走进学生宿舍，深入到学生的生活中去，了解学生在宿舍里的生活学习状况，发现宿舍存在的问题，做到学生经常在哪里，辅导员就应该经常去哪里。在学生宿舍里，辅导员可以更好地拉近和学生之间的距离，可以第一时间发现宿舍的安全隐患，可以觉察出宿舍存在的矛盾和问题，只有深入到宿舍第一线，才可以了解学生最直观的问题所在。

二是能够妥善协调好寝室矛盾，有利于每位同学的身心健康。在这次寝室矛盾中，经过辅导员的介入调解，以及彼此面对面的沟通，双方得以消除心中的猜测和误会，A同学在矛盾顺利调解后，情绪好转，在大二学年还得到了二等奖学金，近半年的时间里，校园生活正常进行，6名同学相处融洽，互相帮助，寝室关系和谐。对于大学生而言，寝室发生矛盾很正常，让学生直面矛盾，坦诚剖析自身问题，矛盾的解决能够使学生学会换位思考问题，对他人多一些包容和理解，有助于学生成长。

三是在处理宿舍矛盾时，调换宿舍是最后最坏的办法，而非最先最优的办法。调换宿舍虽然能够当即解决当前宿舍的矛盾，但对于新调换的宿舍，则意味着潜在矛盾的产生。一旦新调换的宿舍再产生矛盾，辅导员则又要考虑继续调换宿舍来解决矛盾，如此该问题将长久困扰辅导员的工作。为此，在处理宿舍矛盾时，调解是辅导员首要也是最重要的处理方式，这其中要注意调解技巧和方式，要形成自己特有的调解思路和办法，尽量将宿舍矛盾在本宿舍内化解。

积极引导留级学生重置人生规划

【摘要】高校作为学生学习知识的最高殿堂，承担着为社会主义建设培养接班人的重任。然而，在目前的高校中存在着部分学生因为缺乏学习兴趣、没有正确的学习方法等原因放弃学业，最终不得不面临降级的情况。如何引导留级学生重置人生规划，做好学风建设，就成了当下高校辅导员的重要工作之一。

一、案例简介

小健同学是智能制造与汽车学院机械制造与自动化专业2019级的一名学生，因大一入学后不适应大学生活，期末考试多门考试不及格，导致小健信心受挫。辅导员跟家长沟通后，家长对学生的情况十分担心，并对小健同学进行了严厉的责备，结果小健非但没有改变，反而更加厌学。大二学年旷课情况越发严重，并与家长产生过多次争执，最终留级至2020级学习。

二、案例分析

经分析，小健同学出现这些问题的主要原因如下所述。

（一）对大学生活无清晰规划

对自己的未来发展没有明确的规划，属于走一步看一步的类型，对于专业前景不了解，对专业内容不感兴趣。

（二）家庭期望高

小健的父母都是国家公职人员，从小到大都对其寄予厚望，希望他能够成绩优异，并且能够同样的进入国家单位上班，成长路上每一步都给他安排妥当，关心无微不至，给其过大的压力，造成学生的叛逆心理严重。

（三）学生遇事抗压能力差

遇到学不会的课程只想通过逃课来解决，在出现挂科情况以后，没有积极地调整心态应对，反而是破罐子破摔，甚至出现缺考的情况。

三、解决思路及方法

（一）建立家校联系，了解学生成长经历

小健同学降级以后，辅导员立即与其父母取得联系，了解学生具体情况。通过与家长沟通发现，该生从小性格比较内向，不爱与人交谈，加之家庭条件较好，父母对其期望较大，希望他可以进入国家单位稳定工作，久而久之学生的抵触情绪越来越高。进入大学以后，由于对所学专业不喜欢，故开始缺课、旷课，学习成绩直线下降，出现多门考试挂科的现象，父母对此十分担忧，并在小健回家时多次表示出责备和埋怨，家庭关系进一步恶化。

（二）倾听学生声音，建立师生信任关系

跟小健首次交谈不宜过多提及学业问题，主要表达对学生的关心，目的是使其消除陌生感，建立起良好的信任关系。后面观察到小健朋友圈每天都会分享一些音乐相关的动态，便以此为切入点再次找机会进行交流，使其彻底打开心扉。通过交谈了解到小健是一名音乐爱好者，吉他弹得很好，平时业余时间还会在外面兼职授课，辅导员对其兴趣爱好表达了肯定，并邀请他在班会上进行表演，以拉近跟新班同学的关系，同学们对他纷纷表达了赞许，这使得小健增加了班级认同感，也彻底消除了跟辅导员之间的戒备心。

（三）制定人生规划，确立目标重建自信

跟小健建立信任关系后，便多次在不同场合，如教室、辅导员办公室、寝室与小健进行交谈，交谈的内容涵盖了学业、生活、家庭、人际关系等方面，主要引导其主动提出自己的困难和困惑。通过交谈发现小健现阶段主要存在的问题是对专业前景不了解，对专业内容不感兴趣，同时存在学习懒惰、自制力差的情况。针对小健存在的问题，邀请专业课教师为他进行全方位的专业介绍，引导鼓励他积极参加学校各类专业讲座、博览馆展览等活动，通过线上渠道分享专业相关视频，使其更加了解专业发展前景并建立起兴趣。同时以学院职业生涯规划课程为基础，指导学生制订每周学习计划，并结合个人兴趣，帮助其树立短期和中长期目标，明确学习动机，重塑学习动力。

（四）善用身边力量，多维有效开展工作

再次跟小健父母联系，告知学生目前的情况，并建议父母对其多进行鼓励，多一些关心与赞许，少一些责备。动员班委干部们借助串寝的名义关注小健状况，了解他的生活状态，交流同学感情，主动为其提供帮助。鼓励班上与小健有同样兴趣爱好的同学与其多交流沟通，主动与小健开展约弹琴、约图书馆等活动，充实课余生活。

四、经验与启示

（一）春风化雨，真心对待学生

学校中学生接触最多的辅导员教师，要时刻把学生放在第一位，做他们成长过程中的指引者。在日常工作中要有细心、耐心和责任心，要努力成为学生的知心朋友，让学生感受到充分的尊重、关心与爱护。

（二）因材施教，充分理解学生

跟学生谈心谈话时，要尽量站在学生的角度思考问题，可以借助网络平台多渠道地掌握学生的思想动态，比如 QQ、微信和微博。要尊重他们的兴趣爱好，并以此为契机来拉近跟他们的距离，这样有助于我们开展工作。

（三）多方协作，全面帮助学生

在处理问题的时候，不要主观否定学生的一切，而是引导学生认识到自己的问题，然后帮助其思考解决问题的方法，这样有利于促进他们的成长。同时也要联合家庭、同学等力量，充分发挥家校联动、朋辈帮扶的作用。

大学生宿舍矛盾调解案例

（信息工程学院　何琼）

一、案例简介

2021 年 11 月 23 日 13：40 左右，男生三舍 B 区 554 寝室室长给我打电话，说是之前寝室同学陈某和刘某打了架，两人没有受伤，但希望我能给寝室调解一下。室长描述两位同学打架原因是因中午陈某想睡觉，刘某在寝室弹吉他，两人一言不合就动手了。

陈某性格外向，大大咧咧，平时主动和教师交流；刘某性格内向沉默，不善交流。因此，得知情况后我先找到陈某了解情况。陈某自述在寝室和刘某一直都不合，当天中午自己在寝室准备午休，但刘某要弹吉他，他主动给刘某说了不要弹，让他换个地方，但对方不听。自己火气上来就出手打了对方一拳，后来双方就打起来了。陈某还讲了寝室内发生的其他事情，我就先了解的情况对学生进行了沟通和教育。随后我又单独找到刘某了解情况，刘某表示自己没有受伤，不需要去医院。叙述打架原因和陈某基本一致，也谈了自己的感受和想法。最后我找到男生三舍 B 区 554 寝室全体成员，以此次肢体冲突为契机开了个寝室会，让寝室每位同学都对寝室相处和出现的问题发表了自己的看法，陈某和刘某也当着寝室同学的面相互道歉，同时做出承诺在寝室的行为不影响他人。让同学们加强寝室是一个小家庭的意识，需要家庭成员相互沟通、协调，对不适应的予以包容理解，对不恰当的行为予以指出并改正，引以为戒。

二、案例分析与措施

大学生宿舍矛盾一直以来是高校学生在校生活的主要问题，外在客观因素入学前分配学生宿舍，学生只有选择寝室床位的权限，室友之间都是陌生人，宿舍冲突不可避免，同学之间缺少有效的沟通交流，生活习惯的不同，从而催生矛盾。在矛盾萌芽时，大多数人选择忍耐，等忍耐到了一定程度再爆发，最终难以调和。

辅导员作为同学之间的调和剂：从多方面了解事情的根本情况。其次让陈某、刘某两位同学自述出整个事情，为两位同学做思想工作，对其进行开导。陈某、刘某两位同学都有各自错误的地方，及时提出指正，减少对她们的影响，挽回情谊。与其他舍友开座谈会，讨论处理宿舍人际交往矛盾冲突的具体办法，激励加强沟通，引导学会"换位思考"、学会调节负面情绪、学会包容，不断提高自我管理能力。案例处理的宗旨在与引导学生发挥主观能动性，学会与人相处，自主解决矛盾。学生的矛盾纠纷，重点在于帮忙分子问题症结，然后从旁知道，引导学生自行化解矛盾。

三、思考与启示

（1）兼听则明，偏听则暗。宿舍成员各自在思想、性格、习惯上出现摩擦司空见惯。但宿舍矛盾的暴发往往是日积月累的产物，牵扯琐碎事情较多，因此当学生反映问题时，辅导员不能仅听一家之言就武断判定孰是孰非，而要注重公平公道，倾听多方的声音，全面掌握当事人的根本情况和真实想法，再综合多方面信息，全面分析矛盾源头，力争从源头上引导学生化解矛盾。

（2）客观评价，辅导员应当做到宽容而不纵容，力争在处理事情的过程中让学生从心理层面意识到自己的错误，进而"自治"，杜绝类似事件再次发生。

（3）闻道有先后，术业有专攻"00后"学生是高校学生的中坚力量，也是网络原住民，其生长环境的客观性使很多学生的问题更具隐蔽性，辅导员应及时甄别学生存在的问题，提前做好干涉和预警。因此，辅导员应不断完善自我，加强专业知识的学习，提高专业水平，掌握学生常见问题的筛查和解决办法。此外，应加强相关班委的培训，让其充当辅导员的左膀右臂，及时反映同学的问题，获得最新动态信息。

（4）家校联动，共克困难对于社会而言，每一个大学生只是几千万分之一，但对于一个家庭而言却寄托着百分之百的希望。因此，每位学生在外求学都会牵动家长的心。在大学学习期间，学生出现问题的本源与家庭教育密切相关。因此，家庭力量对于高校危机干涉工作至关重要。但凡波及学生的事情都不能掉以轻心，辅导员除了用心对待学生的每一件事，还应加强与家长的沟通，争取家长的充沛配合，形成以学校为根底、家长为辅助、学生为自治的三方合力的解决问题模式。

记一次与醉酒女生的谈心谈话

（建筑工程学院　伍菊）

一、案例描述

6月17日晚11点，值班教师打电话说我班H同学醉酒厉害，室友下来扶着回寝室的，打电话通知班委前去查看，回复说她睡着了无大碍；第二天值班，QQ留言让她酒醒后来办公室找我。

6月18上午9点多，H来办公室，因为是周末，办公室没有其他师生。我让她跟我面对面坐着，耐心询问她喝酒的原因，是不是心里有什么事情想不开。H说她最近感觉人生很迷茫，爷爷生病心情不好，对个人学业和未来就业上的压力很大，于是手机上点了外卖（酒的来历），一个人在学校找了一个角落，喝了大概3瓶多的啤酒。

二、问题本质

学生醉酒是校园中常见的违纪行为，《学生违纪处分规定》中也明确了对于酗酒者的不同情况给予的处分等级。严禁学生在校学习生活期间饮酒是学校管理的基本要求。本次案例特殊之处在于，这名女生属于平时遵规守纪的模范学生，她喝醉酒的行为表明学生在情感、生活或者学习方面遇到了挫折或问题。表面上看是一个违纪问题，本质上是一个心理问题。

三、具体措施

（1）通过谈心谈话了解学生醉酒背后的真实原因。

（2）根据学生的情况，进行有针对性的引导，谈话要点如下：

第一，人生有很多不如意的地方，我们要学会区分哪些是自己能控制的，于是拼尽全力；哪些是自己无能为力的，要学会放弃而不是焦虑。前者如好好学习，提升成绩和能力；后者如家人生病、父母离异。我们不能选择人生的剧本，但是可以选择勇敢地走下去。

第二，强调醉酒的危害。一是可能有生命危险，网上醉酒呕吐物窒息而死的新闻很多。学校曾经有个男生，在冬日醉酒后独自躺倒在小汽车车尾背后，幸好被保安巡查时用手电筒发现，否则后果不堪设想；二是伤害身体健康，班上曾有个男生失恋醉酒后胃出血，送医院输液救治，喝了一个星期稀饭；三是醉酒后举止失态，令人尴尬，曾有个男生醉酒后大小便失禁，室友要去医院附近给他买内裤；四是影响麻烦身边人，某寝室节假日聚餐喝酒，一男生在上厕所的途中晕倒，同伴赶紧送医，家长连夜开车赶往医院，一行人折腾到第二天早上4点多才被家长开车送回学校。H昨晚的醉酒虽然尚未失态，但也让室友和教师担心。

第三，喝酒并不能解决实际的问题。询问她醉酒的感觉是否好受，她摇头；醒来后问题是否还存在，她点头。宽慰她难过的时候首先自我调节，找身边的亲人和朋友纾解。选择相信身边的人，散心、唠嗑、吃东西、唱歌、跑步等都是宣泄方式，而喝酒是最愚蠢的。

谈话最后，让H先回去好好吃早饭，想清楚后，写一份书面说明给我。

（3）家校联系。

H离开后，电话联系了H的父亲，告知他H醉酒的行为以及原因，询问父女之间的交流方式和交流频率，希望家长能多跟孩子进行感情交流，感知她日常生活中的情绪变化，真实表达作为父亲的关心和爱护。

（4）朋辈互助。

QQ 联系 H 的室友（谈话里 H 说比较聊得来的那个），希望她平时多开导一下 H。

四、启示与反思

（一）尊重学生主体地位

辅导员要放下架子，以平等的心态和人性化的方式与谈心对象进行交流，用真心实意、推心置腹的交流沟通，倾听学生的真实想法，建立师生之间的信任关系。

（二）谈心谈话的重点首先是要解决思想认识

要找准学生片面认识背后的不合理原因，具体分析学生的观点和认识，引导学生用辩证的、联系的、发展的眼光看问题。有理有据地进行开导，列举身边的真实案例，说明醉酒的危害性，让学生能够意识到自己行为的错误。

（三）谈心谈话要围绕解决学生的实际问题

谈问题的关键是要学会寻找问题、剖析问题、协同解决问题。帮助学生分析事情的过程，运用身边的案例、帮助学生全面看问题。

（四）聚合资源协同解决问题

在解决学生的思想问题之后，要思考如何聚合资源解决学生的困惑困难。从学生的家人、身边的同学入手，形成育人合力。

第一节　思政论文

大学辅导员在学生就业指导中的角色

（财经商贸学院　魏靖舒）

【摘要】当前，大学生在就业时主要会遇到以下几个方面的问题：对自身缺乏科学的认知，对于职业规划缺乏可行的实施计划，自身缺乏过硬的职业技能以及经验不足。在这个时候，大学辅导员在学生就业指导方面的作用和角色就十分凸显。大学辅导员既是帮助学生客观评估自身能力的评价者，也是指导学生科学规划职业路径的指导者，更是学生在面对就业压力时的心理疏解者。要想更好发挥大学辅导员在学生就业指导当中的角色和作用，辅导员主要做好以下三方面的工作：第一，帮助学生科学认知自我，做好职业规划。第二，分阶段注定学生提升就业竞争能力。第三，重视平时和学生沟通和交流，在适当的时候和你推荐人才。

【关键词】大学辅导员；就业指导；角色

一、大学生就业指导方面的问题

（一）缺乏科学的自我认知

虽然我国现在实行素质教育，但是面对高考这样影响人一生的考试时，很多学生、家长以及教师实行的都是应试教育的学习方法。为了考试而学习，是很多高中生的常态，因此，在高考之后，报考志愿的时候很多学生不知道自己真正适合的专业方向是哪些。带着这样的迷茫和困惑进入大学之后，很多学生不知道自己的兴趣点在哪里，也不知道自己的能力适合哪个行业的工作，所以他们对于自己未来的职业规划有一些茫然。这都说明，相当一部分大学生缺乏科学的自我认知，以至于影响了自己的未来就业发展方向。

（二）缺乏可行的职业规划

很多大学生认为，大学校园是一个父母鞭长莫及、不能够管辖的自由之地，所以就在象牙塔里尽情地释放自己。虽然需要一定的课余休闲活动来调剂生活，但是很多大学生沉溺于这些娱乐活动，而没有给自己制订一个可行的职业规划。他们既缺乏对与自身能力的认知，也缺乏对于心仪行业的认知，再加上一部分辅导员和学生的沟通不够紧密，没有及时给予学生科学的职业指导，所以很多大学生缺乏可行的职业规划。

（三）缺乏过硬的职业技能和较多的经验

大学本来应该是提升能力，培养本领的训练场，但是很多同学没有意识到这一点，浪费了大把时光。当需要真正走向社会，投入职场的时候，才发现自己缺乏市场所需要的过硬的职业技能以及宝贵的职业经验。这一点既是学生自己的疏忽和惰怠造成的，也从另一个方面反映了学校特别是辅导员对于学生职业技能培养的重要性。

二、大学辅导员在学生就业指导中的角色以及意义

（一）帮助学生客观评估自身能力评价者

大学辅导员对于大学生来说，不光是学习和生活当中的助手，其实也是辅导学生就业指导的客观能力评价者。因为大学辅导员和大学生在生活与工作中接触的时间较长，活动较多，所以辅导员对于学生的状况会更加了解，了解的情况就包括大学生自身的能力水平和专业水平。因为很多高校辅导员年纪较轻，和大学校园里的青年学生几乎没有代沟，所以和大学生沟通比较频繁，能够从多方面去评价学生的自身能力，从而为学生之后的毕业指导提供能力方面的客观解读。

（二）指导学生科学规划职业路径的指导者

大学辅导员相较于青年大学生来说，社会与工作经验比较丰富，再加上二者之间的沟通比较顺利，所以大学辅导员可以成为指导学生科学规划自身职业路径的指导者和引路人。大学辅导员也是经历过大学的人，他们可以利用自身的成长路径和职业经验给予青年学生一定的参考，从而帮助大学生利用他人的优秀经验来规划自己的职业路径。

（三）疏解学生就业压力的心理疏解者

在全球的经济低迷的情况下，我国不少民营企业也面临着破产倒闭的危险，在招工用人上面临着很多困难和挑战。在这种情况下，我国的就业市场对于即将毕业的大学生来说是不利的。再加上现在大学生选择自己喜爱工作的概率越来越小，这也从侧面说明了当前大学生存在着不少的心理问题与较大的心理压力。辅导员作为与学生沟通最为密切的高校从业者，有责任也有义务去疏导学生面临就业时的心理压力。

三、如何发挥大学辅导员在学生就业指导中的角色作用

（一）帮助学生科学自我认知，做好职业规划

帮助大学生建立科学的自我认知是助力其良好就业的重要前提，因此，大学辅导员应当在潜移默化当中引导学生对于自身的能力水平、性格特点以及专业优势有一个清晰科学的认识。具体来说，大学辅导员可以和专业的就业指导教师学习科学的就业

指导方法，然后将其应用在与同学们平时的交流和沟通当中去，引导学生自觉认识自己的能力，为将来的就业提供科学的认知准备。

（二）分阶段助力学生提升就业竞争能力

大学生的成长具有阶段性，想要助力学生提升自己的就业竞争能力，大学辅导员应该分阶段进行帮助。

在刚刚升入大学之际，辅导员可以用引路人的姿态去给青年大学生介绍当下的市场就业环境以及所在专业的行业动向，这样可以让初入校园的大学生对于自己专业所在行业有一个客观和初步的认识，也有助于他们对于自己未来的职业规划做出初步判断。

在大一的后半学期到大二这个阶段，大学辅导员可以在班会以及开会等场合给学生渗透一些就业观念，比如在就业时可以"先就业，后择业"，也要鼓励学生多参加学校的校园活动，在实践当中探索自己的特长和本领，可以给一些已有行业目标的同学给予专业一些职业方面的具体指导。

进入毕业之前的这一年，大学辅导员要鼓励学生积极去找实习工作，让学生在工作实践中锻炼自己的能力，并且摸索未来的职业方向。如果一部分同学在找实习工作时碰壁，大学辅导员可以借助学校的平台优势，给同学们推一些与学校就业部门合作的企业。这样既可以让更多的同学找到适合的实习工作，也可以在某种程度上保障学生的实习合法权益。

在毕业这一年，辅导员可以积极地与校招的公司进行沟通交流，充分了解这些公司的性质与优势。在此基础上，辅导员也要对于这些公司的资质以及信用进行初步的筛查，可以进一步保护本校学生的合法权益。在学生就业的过程中，如果在签合同的时候有所疑问，或者与签约公司有一些纠纷，大学辅导员应当积极主动地帮助学生进行调解和解决问题，让大学成为学生步入校园之前的一道强力保障。

（三）加强与学生的交流，合理推荐人才

大学辅导员和学生的交往比较密切，所以对于学生的自身特点和专业特长比较了解，在这种背景之下，辅导员能够比较全面地掌握学生个人情况。有的学校会和一部分企业在毕业季的时候达成合作，大学辅导员结合一部分学生的特长优势，在毕业校招的时候向一部分企业推荐学校内的优秀人才。这样既给学生提供了适合施展拳脚的平台，又给企业招揽了优秀的人才，是一举两得。

当然，合理推荐人才的前提是辅导员对于学生有真正的了解和认识，这要求高校辅导员在平时的工作中要重视和学生的沟通与交流，不能够敷衍了事，也不能应付学生的请教和交流。良好的沟通和交流需要大学辅导员在尽职尽责的基础上，多多学习与青年学生沟通交往的技巧，必要时也要学习一定的心理知识。

【参考文献】

[1] 张玲.论大学生就业指导与思想政治教育的切合点［J］.西昌学院学报（社会科学版），2012，24（02）：116-119.

[2] 秦文佳.辅导员在大学生就业过程中的角色与调整［J］.思想理论教育，2010（03）：71-76.

[3] 陈希.浅论新时期辅导员如何做好大学生就业指导工作 [J] .中国对外贸易（英文版），2011（24）：287+290.

高职院校汽车制造专业学生就业现状分析——基于成都工业职业技术学院

（智能制造与汽车学院　杨冬）

【摘要】随着我国汽车工业和汽车技术的快速发展与进步，汽车制造行业对高素质应用型人才的需求日益增加。本文以成都工业职业技术学院为例，对汽车制造与装配技术专业学生进行调查，分析了该专业学生的就业意愿和就业情况，探讨了汽车制造与装配技术专业学生的就业对策，为进一步思考问题的解决提供参考依据，促进高职汽车专业学生就业。

【关键词】汽车制造；高职院校；就业

根据国际汽车制造汽车制造商协会统计披露的数据显示，2012-2021 年，全球和中国的汽车产量均呈波动态势，在 2019 年以前全球和中国汽车产量走势基本相同，但在 2020 年全球汽车产量较大下滑的时候，中国的汽车产量维持与 2019 年差距较小的水平。2021 年，全球汽车产量回升至 8000 万辆以上，中国汽车产量亦回升至 2600 万辆以上，中国已成为汽车整车制造第一大国。与产业的蓬勃发展相适应，必将需要大量与汽车制造专业有关的高素质高技能型人才。

一、汽车制造与装配技术专业学生就业现状

目前我国汽车制造人才普遍匮乏，只有少数院校开办了汽车制造相关方向专业，且大部分院校都是近几年才设的，且都已高职院校为主。就四川地区高职院校已开设的汽车制造与装配技术专业（以下简称汽车制造）而言，每年在校学生不到上千人，每年毕业的汽车制造专业学生则更少，人才培养远远落后于市场需求。针对汽车制造专业人才需求现状，对在校学生进行了抽样调查。其中只有 10.2% 的学生对于汽车制造完全不知道，80% 的学生表示了解一些，但不全面，其余学生表示充分了解该专业。

伴随我国经济的快速发展，汽车制造已成为汽车行业非常重要的支柱型产业，但是汽车制造专业学生的培养和目前市场需求却存在很多矛盾之处，毕业生仍然存在着"就业难，难就业""专业不对口，就业质量差""工作环境差、工作时间长"等现状。我们抽取了成都工业职业技术学院汽车制造专业近 3 年 300 名学生现状进行调查。结果显示，只有 30.5% 的学生愿意继续从事汽车制造行业或相近工作；20.7% 的学生表示会参加专升本，延迟就业；30.3% 的学生想从事其他行业；8.2% 的学生想资助创业；还有 10.3% 的学生还没有任何想法。汽车制造专业的学生很大一部分表示对就业

的岗位群和将来的发展表示迷茫。

由此可见，学生对汽车制造行业的发展情况了解普遍不够，就业方向迷茫，行业自身也存在比较严重的人才流失现象。汽车制造专业学生就业现状为就业对口率不高，就业稳定性较差，就业质量普遍较低。

二、影响汽车制造专业学生就业选择的因素

1、专业了解不全面，学生定位不清晰

据统计大多数学生在报考汽车制造专业时，对该专业的认识不足或是存在偏差；一部分同学表示是随便填报，一部分是在家长或者朋友的建议下报考；还有学生对"汽车制造"停在脏乱差的工厂的认知，但对行业发展又缺乏与时俱进的认识。

目前的大学生，大部分都是 2000 年后出生，从小在家娇生惯养，吃不了苦，在就业时又把工作岗位和薪酬待遇定位得过高。有单位进校招聘，光看名称觉得不是自己理想的单位，就不去面试，直接把自己拒之门外。初次步入职场的学生，又惧怕脏活、体力活；到真正毕业之后，还愿意并继续从事汽车行业的人则少之又少。这是该专业学生就业情况不容乐观的最大原因。

2、课程体系不完善，实训设施投入少

目前，我国许多高职院校没有统一的课程体系。在课程设置上，大多是本科院校的形式或借鉴本科院校的形式目前，汽车制造专业课程仍以传统的汽车专业为基础，尚在探索中。因此，汽车制造的专业课程体系必然存在许多问题。另一方面，由于汽车制造与装配技术专业对于实训设施的要求较高，很少有院校能够投入资金进行实训设施的建设，也不可能涵盖所有的工艺设备，因此对于汽车制造与装配专业学生的实训只能在企业进行 [3]。

3、行业发展新趋势、校企衔接不通畅

汽车制造行业是一个综合性产业，它集劳动密集型、资本密集型和技术密集型几方面为一体。汽车制造专业人才匹配传统行业的制造岗位群，就业主要面向是汽车整车和汽车零部件制造企业。

本文对几家对口典型的整车制造企业进行了调查，主要企业有上汽大众、一起大众、吉利汽车等，发现存一些问题。对部分企业来说，高职院校课程体系中对学生岗位能力的培养，与企业对学生的实际能力需求存在较大差异。另外，考虑到运营成本，为相应减少毕业生的二次培训投入，他们更愿意使用在校临时实习生，这使得汽车制造毕业生就业难度加大，就业渠道多方面限制。有的企业只注重经济效益，不注重人才的培养和储备。他们只注重眼前利益，工资待遇不合理。人力资源管理不科学，奖惩机制不健全。企业的行为和管理方式不能引起毕业生的共鸣，导致企业未能留住专业人才。

三、高职院校汽车制造专业学生就业对策

1、加强职业指导，提高学生综合素质

从新生入学开始，学校就可以开设职业指导课程，贯穿整个大学课程体系，帮助

学生对自己的职业有一个清晰的认识。通过专业教师的指导和熏陶，学校可以培养学生的职业荣誉感。它还可以邀请一些行业专业人士和毕业生回校开展讲座，帮助学生了解行业的现状和未来趋势，增强学习的自信心，提高自信的自我认识和准确定位。

辅导员积极做好相应的就业指导和思想教育工作，鼓励学生多参加面试，先就业后择业，不要抱着对工资待遇的错误期望。在初期，鼓励他们注重学习社会经验和知识，调整好心态。汽车制造学生要抓住学校的学习机会，不断提高理论知识基础和实践能力，充分利用学校提供的良好平台，充分充电，提高综合素质，使自己成为社会需要的复合型技术人才，更好地适应新兴产业的快速发展。

2、建设师资队伍建设，完善专业教学体系

高素质的教师决定着教育的未来，高校要加快引进高学历、高技能人才，改变目前教师队伍结构单一的现状。学校可以通过鼓励教师外出培训进修等方式，努力建设一支思想优秀、专职结合的高素质教师队伍。高素质的教师决定着教育的未来，高校要加快引进高学历、高技能人才，改变目前教师队伍结构单一的现状。

高职院校学生在校学习时间只有 2 年多，却要接受近 30 门课程的学习，课程设置尤为重要。在制订人才培养方案时，结合岗位需要，根据企业人事标准，制订课程内容，增强课程内容的灵活性，增加培训课程的教学环节，培养学生分析问题、解决问题的实践能力。

3、深化校企合作，提高学生就业质量

基于对汽车制造专业高技能人才的需求，学校除了人才培养方案和课程教学体系外，还应紧跟社会产业发展步伐，邀请行业领军人物入校，进一步深化校企融合；共同探讨和设置专业岗位群所要求的能力，不断完善人才培养方案，与校企联合在学校建设实训基地，从而为培养汽车工业类学生，提供更多提高实践能力的机会。共同选拔，确保学生就业稳定；共同培养，确保提升学生就业能力；共同考核，确保人才培养质量；共保就业，确保学生就业质量。同时，要消除用人单位对毕业生的一些偏见，避免限制，多方面调整就业方向。

四、结束语

汽车制造行业已经作为国家重点投资和发展的产业，取得了一定的成绩，但是与世界汽车工业先进国家相比还有很大的差距，其中对汽车制造高素质人才的要求需求越来越旺盛，存在着汽车制造专业学生不愿意进入该行业的矛盾，这成为我国提高竞争力的一大阻碍。只有从学校、家庭、企业、行业多方入手，采取各种专业措施，才能从根本上解决汽车制造专业学生的从业意愿和就业状况。

【参考文献】

[1] 许宇.高职高专汽车专业学生就业问题及对策分析［J］.就业与保障，2021（13）：56-57.

[2] 严芸.高职院校新能源汽车专业毕业生就业现状分析——基于无锡某高职院校［J］.汽车与驾驶维修（维修版），2020（03）：60-62.

[3] 马晓婧，颉方正．基于高职院校产教融合、校企合作机制下汽车专业学生的就业探究［J］．汽车维护与修理，2021（12）：61-62.

校企融合背景下高职辅导员就业工作提升途径探究

（新华三芯云产业学院　罗梦婷）

【摘要】就业是民生之本、安国之策。在校企合作背景下，学校可利用企业资源，定期组织学生到企业开展专业认知实践活动，鼓励学生尽早做好个人职业生涯规划。高职院校学生从一跨入大学校门就与辅导员紧密联系在一起，因此，辅导员在开展就业指导工作时具有自身独特优势。就业工作作为辅导员工作的重点，在校企合作的背景下，高职辅导员开展就业指导工作面临新的挑战与机遇。本文主要探究在校企融合的背景下，高职辅导员开展就业工作的提升途径包括三个方面：一是配合项目化教学改革方式，转变学生就业思维；二是联合企业教师，开展就业"1+1+1"工作；三是以学生实习实训为契机，做好就业心理辅导工作。

【关键词】校企融合；高职辅导员；就业

百年大计，教育为本。李克强总理在全国教育大会上强调："大力办好职业院校，坚持面向市场、服务发展、促进就业的办学方向，推进产教融合、校企合作，培养更多高技能人才。"校企融合是高职院校提升办学水平的有效途径之一，在专业建设、师资培训、就业推动等方面能实现职业院校办学质量的提升。与此同时，校企融合也给高职辅导员工作带来了极大的机遇和挑战。就业是民生之本、安国之策。随着高等教育普及化、高职扩招稳步进行，提升高职学生就业能力、做好高职学生就业工作，成了辅导员的重点工作。因此，依托校企合作机遇，高职辅导员做好学生就业工作有其现实性和可能性。

一、校企合作背景下学生就业情况分析

就业是民生之本、安国之策。2022年5月1日起，新修订的《中华人民共和国职业教育法》正式实施，新职业教育法突出就业导向，进一步明确职业教育面向市场、服务发展、促进就业的办学方向，职业教育应当与促进就业创业、推动发展方式转变和产业结构调整等整体部署、统筹实施。校合合作背景下，利用企业资源，定期组织学生到企业开展专业认知实践活动，鼓励学生尽早做好个人职业生涯规划。人才培养过程中，根据企业用人需要，围绕信息产业链，定制化培养技能型人才，提高学生专业能力，为地方经济发展输送源源不断地技能人才，充分发挥企业的重要功能，解决学生就业出口问题，校企共推高质量就业。

成都工业职业技术学院新华三芯云产业学院即是职业教育改革中深化产教融合、

推进校企合作的一个缩影。为加快发展现代职业教育，坚持产教融合、校企合作，培养服务成都经济发展、深耕信息产业领域的技能人才，在四川省政府的主导下，成都工业职业技术学院与紫光股份旗下新华三集团共建全国首个具有混合所有制特征的产业学院——新华三芯云产业学院（以下简称"芯云学院"），从 2021 年新华三芯云产业学院成立至今，2021 年、2022 年两年学院学生就业率均达到 95% 以上。

二、高职辅导员开展学生就业工作的必要性和现实性

高职院校学生从一跨入大学校门就与辅导员紧密联系在一起，以成都工业职业技术学院新华三芯云产业学院为例，从开学班会到顶岗实习，从寝室生活到学风建设与管理，高职辅导员无疑是不可缺少的重要角色，这就使得学生很容易对辅导员产生亲切感与信任感，愿意将个人关于就业的内心想法与辅导员进行分享，因此，辅导员在开展就业指导工作时具有自身独特优势。

（一）工作职责决定了高职辅导员开展就业指导工作的必要性

2017 年，教育部第 43 号令《普通高等学校辅导员队伍建设规定》中指出，辅导员工作职责涉及心理健康教育、思想理论教育、学风建设、积极开展就业创业指导等多个内容，由此决定了辅导员在开展大学生就业指导工作上具有不可推卸的责任。相对本科生来说，高职院校学生学习主动性更差、个人职业规划不明确、求职综合素质不高，这无疑会成为高职毕业生在求职阶段以及未来职业道路发展上的羁绊。将高职学生就业指导服务融入辅导员日常工作当中，实现全方位育人，有其现实性与必要性。

1. 学业规划与就业相结合

鼓励学生认真对待学习任务，通过专业上的成长为今后就业提供竞争优势，满足用人单位人才招聘要求，在走向工作岗位之后，也能继续保持认真负责、踏实肯干的态度，为公司发展贡献出个人力量。辅导员要通过日常班级管理工作，加强学风建设，营造积极向上的班级学习氛围，鉴于部分高职学生缺乏学习热情、学习主动性不强，辅导员更应在学业上督促学生做好学业规划，将学业规划与未来职业选择结合起来，利用三年在校时间，不断打磨个人专业技能，提升求职竞争力。

2. 顶岗实习与心理咨询

辅导员日常工作职责包括对学生开展谈心谈话与心理辅导，因此将高职毕业生顶岗实习心理咨询纳入辅导员日常工作，帮助学生以饱满的热情、积极向上的做事态度，面对工作中所遇到的难题，帮助学生顺利走上工作岗位。

3. 就业指导与信息服务

以成都工业职业技术学院新华三芯云产业学院为例，大部分辅导员均有担任《职业发展与就业指导》课程的教学任务，利用就业指导教学课程，系统化培养学生就业能力，树立正确的就业观念。另外，辅导员可依托学校就业信息官网、校园人才双选会以及教育部推出的"24365 校园招聘服务"，为学生做好就业服务。

（二）工作性质决定了高职辅导员开展就业指导工作的现实性

高职辅导员在日常工作中需要跟学校各部门、任课教师、顶岗实习单位以及家长保持沟通联系，随时交流学生校内校外生活及学习情况，且从一进入大学校门到毕业

离校，辅导员所带班级基本不会发生变动，具有稳定性，正是这样的工作性质决定了高职辅导员开展就业指导工作的合理性。

大学三年时间，高职院校学生就与辅导员产生了密切的联系。以成都工业职业技术学院新华三芯云产业学院为例，开学初期，新生报到、开学班会、大学军训、班委竞选等都离不开辅导员的参与，大学期间，班风建设、心理健康教育、谈心谈话、党团建设、寝室生活等都有辅导员的身影活跃在其中，大学毕业阶段，校外顶岗实习、求职面试、就业信息推送、就业协议填写等也需要纳入就业指导工作中。因此工作性质决定了高职辅导员开展就业指导工作的现实性。

三、校企融合背景下高职辅导员就业工作提升途径分析

（一）配合项目化教学改革方式，转变学生就业思维

信息产业发展瞬息万变，传统授课内容和授课方式可能跟不上时代变化，以产业人才需求为导向，以新华三芯云产业学院为例，依托新华三企业项目资源，创新项目化教学方式，总学时理论教学占1/4、项目化实训占3/4，让学生在校期间就能接触到企业真实项目，理论联系实践，实现项目与课程深度融合，培养适应信息产业岗位需求的大国工匠。教学方式改革让学生能在学校接触到企业真实项目案例，提升个人就业能力，而辅导员也能在这个过程中，督促学生以企业人才需求为导向，积极转变个人就业思维，主动出击，在项目化教学过程中，构建个人职业核心竞争力。

（二）联合企业教师，开展就业"1+1+1"工作

校企合作背景下，企业方会有一定数量的员工参与到学校学生教育工作中，形成企业教师、学校教师、辅导员互融互促的新局面。以新华三芯云产业学院为例，开展就业"1+1+1"活动，即一名企业教师、一名辅导员、一个班级，共同做好学院就业工作，芯云产业学院统筹指派企业教师担任班级专业认知导师，从大学入校开始，及早帮助同学们了解所学专业，并以就业市场岗位需求和专业要求为导向，围绕电子信息行业发展、企业用人需求、个人技能提升等内容开展专题讲座。每个班级均配备一名辅导员教师，除了负责日常行政事务之外，辅导员还要与企业教师共同围绕班级学生就业情况开展帮扶工作，让同学们能在学校期间及早明晰个人职业规划，且有计划、有步骤实施学业计划，为今后就业做好充分准备。

（三）以学生实习实训为契机，做好就业心理辅导工作

心理辅导员工作是辅导员日常工作的重点之一，学生在面临实习时，很容易因为适应不了企业工作要求，而出现就业方面的心理问题。以新华三芯云产业学院为例，按照人才培养计划，大三上学期分院学生将会参加由学校和新华三全生态合作企业联合开展的"园中校"工学交替培养实训活动，大三下学期也会在新华三集团及合作企业进行长达半年的顶岗实习，届时辅导员也将参与到学生培养教育中，关心学生思想状况和实习表现，特别是注重学生心理辅导，帮助学生顺利通过实习实训，转换个人心态，以积极的学习态度主动融入企业工作环境，提高工作效率，适应企业工作节奏，以更高的标准严格要求自己，辅导员对学生实习实训期间的心理辅导工作将会让学生更顺利地完成从学生向职场工作者角色的转换。

【参考文献】

[1] 刘雁春.浅谈应用型高校"校企合作"模式下辅导员对就业指导工作的创新［J］.信息周刊，2019（08）：388.

[2] 唐安琪.校企合作模式下大学生就业指导工作策略探究［J］.长春师范大学学报，2019，38（09）：114-116.

高职学生评奖评优工作难点及建议

（建筑工程学院　伍菊）

【摘要】学生评奖评优是高校学生事务管理的重要组成部分，也是辅导员岗位职责中的重要内容。具体开展中存在着不容忽视的实际困难，比如事务性大于教育性、难以选出真正的榜样，未能有效发挥评奖评优工作的育人价值。本文拟从辅导员、学校、二级学院三个角度对高校评奖评优工作提出几点改进建议。

【关键词】评奖评优；学生管理；难点；对策

教育是国之大计、党之大计。习近平总书记在全国教育大会上发表重要讲话，强调"培养德智体美劳全面发展的社会主义建设者和接班人，加快推进教育现代化、建设教育强国、办好人民满意的教育"。大学生评奖评优意义重大，不仅仅关系学生荣誉和利益，更是关于价值取向和思想引领的问题。

一、评奖评优的内涵与意义

评奖评优作为辅导员岗位职责之一，是最常见的学生管理工作。辅导员组织协调好学生综合素质测评、各类先进集体、奖学金、先进个人等的奖励评选工作。

评奖评优是组织者按照既定的评奖规则对参与者进行公平选拔、教育引导从而完成评奖评优的育人实践。

评奖评优对于落实立德树人根本任务，加强和改进大学生思想政治教育，激励广大高校学生奋发向上具有重要作用。

评奖评优既是大学生深度参与校园生活实践、浸润大学文化的重要途径，同时也是高校选树典型、发挥榜样育人功能的有效媒介，是调动学生积极性的重要方式。

评奖评优能激励学生勤奋学习、锐意进取，扎实提高专业技能和职业发展能力，积极参加创新创意和劳动实践活动，推动文明和谐平安校园建设。

二、评奖评优面临的困境

（一）对于辅导员

辅导员作为评奖评优工作的组织者，按照既定的评奖规则对参与者进行公平选拔、教育引导，从而完成评奖评优的育人实践，但在实践中，却往往表现为应付了事，忽略了其中的育人价值。

（1）时间紧凑，过程烦琐，工作量巨大，使得辅导员把评奖评优工作定位在事务性工作，从而产生"为了评优而评优"的应付心态。校级评奖评优工作开展时间通常是每年的9~10月，与国家"奖助贷"等申报时间基本一致，这个阶段也是新生入学、老生返校，辅导员一学期当中工作最为繁忙的时候。校级评优的程序通常会经过个人总结、小组评议、班级提名、二级学院评审、学校最终确认等一系列流程。而学生因为对文件精神的理解不到位，缺乏对评奖评优的正确认识等原因，导致申请时间不及时、申报奖项与自身条件不符、申请填写不规范（很多同学不会总结"先进事迹"，也不明白如何提炼工作主要成果，甚至连获奖情况也填写随意、纰漏颇多）、证明材料提供不全等种种因素导致评奖评优工作重复返工。按照师生比不低于1:200的配置，辅导员带班多、学生多，巨大的工作量使得很多辅导员产生仅仅完成工作的应付心态，有的直接转发文件让学生自己申请，或者扔给班长等学生干部负责。

（2）评奖评优事关学生切身利益，关注度高，而文件要求往往只是方向性的，评奖评优量化标准缺乏或者模糊不清。评奖评优文件的评选资格、评选条件，通常分为两部分：一种是成绩绩点、有无挂科、有无处分、星级寝室等硬性指标；还有一类是思想政治、道德情操、担当奉献等柔性指标。为了减少学生的争议，秉着"多一事不如少一事"的心态，有些辅导员会将思想品德、综合素质、在校表现等柔性指标评价权让渡给学业成绩等硬性指标，评奖评优变成了"唯成绩论"或者"唯分数论"，这是典型的不作为现象，导致并不能选出真正意义上符合新时代发展需要的优秀青年榜样。

（二）对于学生

（1）获奖的学生。评奖评优中，所有的奖项都有比例限制，从3%到10%，每个班级只能有极少的同学获奖，并且由于奖项设置叠加情况严重，优异者往往一个人能申请四五个奖项。奖项分布过于集中，马太效应严重，往往是"少数人的狂欢，多数人的挫败"。优异者认为自己得奖理所当然，容易诱发精致利己主义现象。

（2）未获奖的学生。这部分同学大多认为评奖评优与我无关，漠不关心，表现为不会认真参与全员参与的评议环节、对获奖者没有认同感，甚至产生对立心态从而导致自暴自弃。

三、一些思考和建议

（1）辅导员要提高思想认识，重视评优评先的激励作用，在日常班级管理中对评优工作提前宣传（新生入学时）、充分引导，真正发挥其育人功能。辅导员应深刻认识到评奖评优工作所蕴含的育人价值，对各种奖项荣誉的评选旨意精准定位，并且有效地传递给学生。优秀不仅仅是成绩好，而是"德智体美劳"全面发展，杜绝"独善其身"的精致利己主义者。

（2）学校要建立科学的评价体系和便捷的信息化系统。习近平总书记在全国教育大会上强调培养德智体美劳全面发展的社会主义建设者和接班人这一才培养目标，学校应综合考虑社会实践、科技创新、志愿者服务活动等方面，将"党的教育方针"作为评奖评优的指导原则，以培养"有理想、有道德、有文化、有纪律"的"四有"青年、培养"德智体美劳"全面发展的人为目的，"硬性指标"设置科学，将"柔性指标"量化合理。根据《学生手册》、部门规章制度等过程考核办法，把评优文件中的"柔性指标"予以量化。学校通过信息化系统，全面收集各项基础数据，规范申请流程，提高工作效率，把"综合测评"的工作做在评奖评优工作的前面。

（3）二级学院要注重表彰和宣传，延伸评奖范式，挖掘育人潜能。评奖评优工作的根本目的不是评奖本身，而是希望通过评奖评优来表彰先进，激励后进，进而营造先进带动后进的育人局面。从这个角度来说，评奖评优不是终点，而是充分挖掘育人潜能的起点。二级学院要充分做好对优秀学生的宣传和表彰，重大活动上的表彰仪式典雅庄重，各班级内部的表彰灵活及时，采用线上与线下相结合的形式，从而在更大范围发挥育人功效。

【参考文献】

[1] 袁威.初论大学生评奖评优工作难点及其对策［J］.湖南工业职业技术学院学，2011，11（03）：102-103.

[2] 范许哲，李鹏.高校大学生评奖评优工作改进方法探析［J］.广西教育学院学报，2021（03）：197-201.

[3] 王闯.高校学生评优评奖与育人工作的实践与思考［J］.辽宁广播电视大学学报，2018（04）：101-102.

[4] 李济沅，翁亮，董萌苇.高校评奖评优育人工作的效应省思与理路优化［J］.黑龙江教育（高教研究与评估），2020（04）：64-66.

第二节 育人案例

服务育人——扶贫扶志 对话班级孤儿学生

（智能制造与汽车学院 覃琴）

【摘要】《普通高等学校辅导员队伍建设规定》中指出："辅导员是开展大学生

思想政治教育的骨干力量，是大学生日常思想政治教育和管理工作的组织者、实施者和指导者。辅导员应当努力成为大学生的人生导师和健康成长的知心朋友。"规定中关于辅导员的角色定位对辅导员的工作提出了严格要求也指出了方向，作为大学生辅导员，我们不仅要管理班级、处理日常事务，更应该关注学生的行为和心理动态，及时了解情况以便为学生提出适时、适当的帮助和辅导。尤其是对于班级中有特殊困难的或存在特殊情况的学生，对于他们的关注更能彰显辅导员工作的以人为本和人文关怀，更能走近学生，让他们感受阳光和温暖。

做好自己班级贫困生扶助工作，从给予学生帮助、教会学生"自立"等方面入手，及时给予学生精神和经济的双重支持。本案中就是笔者 200 多名在籍学生中的一名特殊贫困学生：智能制造与汽车学院智能网联汽车服务技术专业智车 2102 班小 Z 同学，一个来自特殊的家庭孤儿贫困学生。

【关键词】服务育人；贫困扶助

导语

我国学者杨贤江提出"全人生指导"教育思想，是指对青年进行全面关心、教育和引导，即不仅关心他们的文化知识学习，同时对他们生活中各种实际问题给予正确的指点和疏导，所以在高校中不仅仅要教育贫困生知识，更要关注贫困生性格和行为上的问题，重视学生接受救助的后期教育。随着经济发展，国家的救助覆盖范围扩大，我国教育救助政策实现了所有学段覆盖、公办与民办覆盖、家庭经济困难学生全覆盖，救助变为一种在校积极上进的奖励措施。因此，关注贫困生和高校教育救助政策，探究其实施过程中公平与利益如何能达到相对平衡，不仅保障了真正贫困同学接受救助，更加促进学校教育救助工作的持续开展。

背景描述

小 Z 同学是一名来自四川省达州市渠县卷硐乡陡梯村的一名普通孩子，但是在 21 级全体新生开学前期的线上交流中我发现了这位同学的不寻常之处。在班级群里，在问到哪些同学家庭经济困难需要申请本年度国家助学金的问题后，小 Z 同学发给了我一张截图：孤儿证。于是，我开始打算更多地关注这样的特殊群体学生，希望在开学正式报到前，争取通过线上交流取得他的信任，了解更多情况，特别是他本人在高中阶段的学业方面、人际交往方面、自信心方面、集体里组织协调能力方面，真正做到在开学后，更精准、更有指向性、针对性帮扶这样的特殊贫困学生，让他在大学这个重要人生阶段，树立正确的世界观、人生观、价值观接受并能悦纳身边的帮扶并积极转化为主观行动，顺利完成自己三年的学业。

一、案例概括

上海师范大学张民选教授指出："贫困生问题不仅是一个单纯的经济问题，而是一个综合性问题，如果不能得到及时的帮助，可能会对贫困生的价值观、心理素质、生活信念、综合素质等方面产生深远影响。"对于这样一位特殊学生，在对他了解不多的情况下，我很难开展辅导员的帮扶工作，于是分阶段来观察小 Z 同学。

1. 来校报到后的线下了解与关注

报到当天，我一直在等待小 Z 同学的到来，希望能从线下面对面的交流中真正开始了解这个特殊的孩子。因为前期的线上交流并不是我想象中那么顺畅。首先是比较敏感的话题不能通过简单的线上文字交流完成，比如：你父母怎么离开你的？其次，小 Z 同学经常 QQ 在线，但是基本很难及时回答我的问题，聊天不会很顺利。都是过了几个小时一个简单的"嗯"之类的敷衍的答复，甚至没有回复。终于等到了小 Z 同学来报到，没发现很多特别的不同之处，外表和谈吐，在简单的报到交资料交谈过程中和其他同学无异样。

2. 到校一个月后的详细了解

通过一个月的观察，还有来自班级辅导员小助理、班长、室友的多处综合信息反馈。大致一个月后笔者对小 Z 有了初步的了解。小 Z 出生后不久父亲去世，母亲从此也选择离开了家庭，从此没有再联系过。小 Z 从小由奶奶抚养（爷爷也因病去世），后来奶奶改嫁，小 Z 由奶奶和继爷爷一起生活，由于两位老人作为小 Z 监护人已经年迈，小 Z 姑姑偶尔会"管"一下小 Z。来校后，小 Z 也尝试班委竞选，特别前期军训期间做班级信息收集，小 Z 同学主动承担收集班上男生信息的工作，没有电脑还借同学电脑，利用休息时间完成信息收集。但是后来对于这些事慢慢地失去了主动性，走访同寝室同学，发现小 Z 沉迷于网络游戏不能自拔。

3. 在班级稳定下来的日常表现

开学最初的积极劲头很快被网络游戏吞噬后，小 Z 同学开始表现出消极的一面，首先最明显是对待学业的态度消极怠慢，每天的早自习基本都迟到，有时甚至早自习旷课，也有科任教师和学生干部反馈上正课时也会经常迟到。最直观的消极外貌体现在男生头发过长且不按时清洁头发，整个头发给人感觉每天油腻很不精神；对待班级集体事情也不上心，经常每周一次的"青年大学习"都需要团支书当面提醒他打开公众号学习；在人际沟通方面，基本平时一人独来独往，即便是同寝室的同学交流也不多、也没加入学校二级学院任何学生组织或兴趣小组……

二、案例分析

通过对小 Z 的来校后前期综合表现，笔者开始设想通过辅导员的常用谈心谈话的方式作为切入点，以帮助这样的特殊学生参与到正常的大学日常学习生活中去，并最终能在三年后顺利走向工作岗位，实现自我脱贫。

1. 保守试探性谈话

这是我 11 年班主任辅导员生涯中第一次遇到大学生孤儿，起初不知道用什么方式线下接近他，进而可以帮助他，无法想象一位如此年轻的少年从小没有了父母的关爱照顾，又跟随继爷爷家庭是如何成长起来的，内心到底经历什么样的打击，该是多么的痛苦。与此同时我也十分担心我介入的时间不合时宜，方法过于生硬会反而是他自尊心受伤。在助学金申请过程中提交孤儿证过程中，我们有过一次比较"正式"的

第一次谈心谈话。这次交流与沟通中，我采取了比较谨慎保守的谈话方式，尽量不去触碰他内心的痛楚，来展开了对话。主要是聊了一些大学新生适应的基本状况，比如觉得学校食堂、宿舍怎样啊？整个对话基本处于"我问他答"模式中，并且基本全程低头没有过多的言语，更少的眼神交流。本次谈话时间并不长，对于这样特殊群体的学生，我深知并不是一次两次谈话就能达到预期目标，最后主要是以激励为主，让他在学校愉快学习，同时表示了我是希望与他交流和愿意从生活、学习上帮助他的想法。

2.具体事件针对性谈话

理论上小Z同学能用于支配到娱乐的钱应该不是班上最多的，但是在班级QQ里我点开小Z的QQ头像，发现小Z还是QQ的长期充值会员。在学校的一个专业里，这样的充值QQ会员的学生不超过3名。让我产生了怀疑，小Z是否"伪贫困"学生。为了真实了解小Z的生活费来源，我主动联系了小Z的奶奶，希望能通过和其奶奶的交流中得到小Z生活费的具体金额。但是，电话拨通后，发现奶奶因年迈听力下降无法正常沟通，最后放弃了。随后又联系上小Z提供的另一个家长联系方式，接通了是小Z姑姑电话：了解到小Z大学阶段生活费来源其实挺稳定，都来自各类补贴，当地政府对于孤儿大学生补助每月1200元，以作为基本的生活费，由小Z自行保管和开支。再加上学校按照国家助学金评选政策，持孤儿证的小Z同学经过班级助学金民主评议小组审评评定为特别困难档贫困大学生，每月也有300元补助。这是小Z的稳定的生活费来源。

但是小Z居然还是不够花，开学不到一个月，小Z在QQ上联系我，要借钱600元，用于支付班费垫付的书本费和军训服装费。当时考虑到他的孤儿特殊身份，我几乎没问原因就同意了，并一起约定了归还时间：即小Z下个月领到当地政府补助之后归还。但是，小Z却爽约了。我也没提醒，直到约定时间又过了一个月，小Z仍然不提还钱的事情。我给他留言侧面提醒他，他也不回复。针对这样的情况，我打算和小Z开展一次长时间的谈心谈话。

在一次长时间谈话中，我详细地了解到小Z一些内心想法。内心其实还存在着一丝想通过读书改变自己命运的念头。他需要更多支持和鼓励，让他看到前途和光亮。此次谈话后，小Z有了一些变化，开始早自习不迟到，上课不迟到旷课了，但是好景不长，差不多维持了一周后又无法自律，陷入网游的世界不能自拔。于是，在明确得知他还有想通过读书改变命运的念头，又无法自律后，我打算针对性给他"下一剂猛药"，抓住小Z早自习迟到的一个机会，我把小Z郑重地请到会议室谈话：主要以将来如何就业为主题，开始认真直面分析他的自身状况、家庭状况、家乡就业状况、成都目前就业状态，促使他内心真正正确看待贫困事实，在生活和学习中用积极的态度面对，不能仅仅依靠各类帮助生活，要靠自己的劳动获得报酬，自立自强解决将来的就业和经济问题（一旦毕业，大学生本专科国家助学金和当地政府对孤儿大学生的补助将停发）。应当多读书，掌握更多的本专业知识和技能，与同学们建立良好人际关系，积极参加集体活动和各类社会实践活动来为将来自己的就业谋生做积极准备，掌握社会上经济发展对人才的需要，为毕业后就业做充分准备。

在约3～5月的几次对话后，特别是最后一剂猛药，小Z在放假前有了一个"明

"显"的变化，从"头"改变，到理发店理了寸头，不再是又长又油腻的头发，而且期末考试后，小 Z 居然满面春风积极加入了搬桌椅的志愿者活动中。

三、延伸思考

贫困大学生问题是高校中的一项重要工作，学校的一系列经济补助措施保证了教育救助政策的顺利实施，在帮助贫困大学生顺利完成学业方面发挥了重要作用。但是，人文关怀式一对一帮扶，以及整体校园文化的建设对特殊群体贫困学生的帮扶工作也起到了不可小觑的作用。虽然效果是缓慢且不明显的，但是能在特殊群体学生改变一点都是一次巨大的进步，我们不能以其他同学的进步步伐来丈量特殊同学的进步效率。随着经济、社会、高等职业教育的发展，仍然有新问题出现，贫困大学生教育救助政策仍需要去探索和研究，不断加大救助工作的力度，保障贫困大学生脱贫，树立自立自强的风貌，真正做到扶贫扶志、成长成才。

真正做到像习近平总书记在党的十九大报告中指出：努力让每个孩子都享有公平而有质量的教育，显示出缩小教育差距，从以前"有学上"到现在"上好学"。

全员育人，以赛促学

（新华三芯云产业学院　蓝淇超）

【摘要】残疾大学生是学生中的特殊群体，在成长过程中，心灵往往会受到创伤。如何帮助残疾人大学生重拾信心，找到清晰的职业发展路径，是政府、学校、家庭和社会共同的责任。参加各类竞赛，尤其是职业生涯规划大赛可以锻炼残疾大学生的意志品质，重塑他们的信心。新华三芯云产业学院 C 同学正是全员育人、以赛促学的受益者。

【关键词】全员育人；以赛出学

一、实施背景

C 同学系我校产品艺术设计专业学生。2008 年，四川汶川发生特大地震。当时年仅七岁的 C 同学在操场上被一颗飞石击中头部，致使他脑干受损，在医院里整整昏迷了一个月零 7 天。与 C 同学同类的病例拥有高达 95% 的死亡率，就算活下来的 5%，也会变成植物人，后来，他虽然勉强恢复了行动能力，但是智力和语言能力与同龄人有着明显差距，自信心严重不足，在成长的过程中一直缺乏重塑信心的信念，对未来的发展方向非常迷茫。

二、主要做法

（一）天道酬勤助力摆脱迷茫

2022 年 2 月，学校发布四川省"第二届点亮生涯"大学生职业生涯规划大赛校内选拔赛通知。C 同学看到通知后，向辅导员表达了参赛意愿，不少教师和同学担心他拿不到好的成绩会打击他的自信心，都建议他不要参赛，但是最后 C 同学还是坚持报名参赛了。C 同学参赛之初，对自己的兴趣爱好都说不出来，更别说自己的优缺点和对未来职业发展的规划了。于是，辅导员张教师耐心给他讲解了如何撰写职业生涯规划书，帮助他了解职业生涯规划的基础知识。指导教师蓝教师帮助他了解了比赛的规则和如何报名参赛等事项。C 同学每天课余时间都泡在图书馆和自习室，全力备战。也许是天道酬勤，也许是他的勇气让上天想给这个九死一生的孩子一点补偿，C 同学是学校唯一报名残疾大学生赛道的同学，他顺利进入了校赛。

（二）多方关注助力重拾信心

学校就业指导中心聘请了职业指导专家为进入校赛的同学进行培训，就业指导中心邹教师和培训专家都很佩服 C 同学的勇气，对他格外关照。指导教师蓝教师也在培训专家的帮助下，对 C 同学的成长经历进行挖掘，我们发现 C 同学的成长经历十分曲折，身上也有很多闪光点。C 同学也在第一阶段的培训中迅速成长，发现了自己的绘画特长，成为一名服装设计师。在校赛中荣获三等奖，受到了专家评委的一致好评，明显可以感觉到 C 同学自愿参加校赛后，自信心明显增强。

（三）全员育人助力崭露头角

校赛过后，C 同学代表学校参加残疾人赛道的省赛，就业指导中心聘请高级别专家和指导教师一起帮助 C 同学备赛；C 同学妈妈配合指导教师提供成长资料；新华三芯云学院领导发动全院师生连续五天为 C 同学投了 40886 票；五彩基金秘书长、艺术家张骏积极协调协会教师帮助 C 同学提升绘画技能。在学校、家庭和社会公益组织的共同努力下，C 同学自信心得到极大提升，在与来自四川农业大学、四川师范大学等高校的同学同台竞技中展现了极佳的状态，以复赛第四名的成绩进入决赛。决赛的备赛过程中，教师、家长、专家和社会爱心人士仍然不遗余力地帮助 C 同学，C 同学不负众望，获得了四川省"第二届点亮生涯"大学生职业生涯规划大赛残疾大学生赛道三等奖。

三、成果成效

（1）7 月 27 日光明日报专题报道了《C 同学：我就要活出个样来》。

（2）C 同学获得了成都工业职业技术学院"第二届点亮生涯"大学生职业生涯规划大赛三等奖，四川省"第二届点亮生涯"大学生职业生涯规划大赛残疾大学生赛道三等奖。

（3）此次比赛的备赛周期长达 3 个月，C 同学重拾信心，鉴定了意志。

（4）通过比赛，C 同学了解了自己的优缺点，找到了自己的职业发展方向，为他今后的就业创业奠定了基础。

（5）此次比赛的成功，为全员育人，以赛促学，帮助残疾大学生等特殊群体重塑信心，规划职业发展路径提供了参考。

四、经验总结

（1）要重视残疾大学生、孤儿、低保、烈士子女、特殊供养和建档立卡等特殊群体大学生的自信培养和职业发展规划。

（2）要发挥政府、学校、家庭和社会组织育人功能，让各方形成育人合力，共同为特殊群体学生教育发力。

（3）要形成以赛促学机制，比赛成绩能给予学生极大的获得感，能极大提升学生自信心；同时，备赛的过程中，也能锻炼学生意志品质。

就业指导案例分析

（轨道交通学院　尹明芬）

【摘要】随着我国进入新的发展阶段，产业升级和经济结构调整不断加快，各行各业对技术技能人才的需求越来越紧迫，职业教育重要地位和作用越来越凸显。据教育部2020年的教育统计数据显示，全国共有普通高等院校2688所，其中本科1265所，高职（专科）1423所，从2020年的统计数据来看，高职（专科）院校的数量已经超过普通本科院校的数量，高职（专科）院校的毕业生人数也与普通本科院校的毕业生人数不相上下，在我国高等教育未来的发展中，高等职业教育将会发挥越来越重要的作用。2020年政府工作报告指出，保障就业和民生，要加大宏观政策实施力度，着力稳企业，保就业。2021年全国高校毕业生人数909万，同比增加35万，再创历史新高。严峻复杂的国际形势、艰巨繁重的国内改革发展稳定任务，使得我国毕业生就业工作更加困难。就业困境中，就业服务尤为重要，如何从困境中破局，发展和完善大学生就业服务体系，为毕业生提供更好地指导和服务，高质量完成好就业这一首要民生项目，成了摆在各院校的头等课题。

【关键词】就业；五年高职；就业指导

一、案例定性分析

小徐是一名2021届五年一贯制毕业女生（班级学习委员、成绩排名专业第一、国家励志奖学金获得者、四川省优秀毕业生、成都郊县户口、单亲家庭、母亲保险公司上班），2022年年底参加了中国铁路成都局集团有限公司的面试，但未被录取。2023年年初仓促签下一份专业不对口的工作，自己并不满意。眼看开学和春招又遥遥无期，尚未返校的她毕业与就业双重压力下出现了苦恼、焦虑的心态。

此案例反映的是高校应届毕业生就业指导帮扶问题。

二、问题关键点

（1）如何帮助小徐解决实际问题，进行心理疏导和就业引导，缓解目前焦虑，主动破解就业难题。

（2）如何针对小徐进行思政教育，做到就业帮扶和学生管理的融合共进。

三、解决思路和实施办法

（1）了解学生切实所需，工作有温度。高校毕业生就业工作需要我们辅导员更加关注毕业生的就业现状和心理动态，及时为毕业生提供全面周到的服务。利用网络、电话等形式，进一步了解学生目前的情况进行心理疏导，缓解不良情绪。首先，理解并认同小徐目前的迷茫，肯定他前期寻找保底工作的行为，正向鼓励并引导小徐学会放松心态，结合当前形势需要调整就业期望，继续修改并投递简历，勇敢地迈出新的一步。

（2）全程钉钉在线空中指导，评价重深度。面对招聘形式的变化，加强对学生线上求职的技能指导，邀请对口企业 HR 在线答疑、组织历届优秀学子分享经验、进行在线网申、视频面试、网签协议等方面的培训，增强毕业生对无接触在线招聘方式的适应。引导小徐正确认识自己的专业优势，总结前期求职经历，了解心仪岗位的岗位职责和任职要求，鼓励小徐重新评估优劣势，找出自己与岗位的差距，及时调整职业价值观，从职业发展的角度再次确认求职方向，并制订中短期求职计划。

（3）资讯发布分类引导，推送讲精度。除了在就业网站、钉钉群及时发布最新就业信息外，结合前期摸排的学生意向，在海量的信息中筛选出适合学生所学专业、匹配其现有综合能力的有效招聘信息，并第一时间进行发布，并有针对性地通知学生个人。结合小徐的专业背景和地域要求，点对点推送交通运输行业的招聘公告，信息精准有效，每一次她都认真点开招聘链接，按要求积极准备并及时向我反馈后续进展。

（4）生涯规划贯穿始终，协同拓广度。调动专业力量，发挥校企资源的优势，做到信息共享，共同帮扶；协同家长力量，与家长保持对话交流，帮助家长认识当前形势，在给学生推送 BRT 时，在上班时间遇到了阻力，因担心孩子安全，家长觉得上班时间不合理（早班 6 点上班，晚班深夜 12 点下班），所以不赞成。借助大运会，与家长和学生短信电话沟通，让家长了解 BRT 站务员岗位的企业优势：岗位的基本情况，包括工作内容、福利待遇、工作环境、单位发展前景、岗位晋升空间、并结合孩子自身条件、多方位地进行考虑。家长逐渐了解并利用好此次机会。

最终，小徐同学毕业后顺利入职成都公交集团运兴巴士有限公司，在不平凡的一年里化危机为转机，给求职之旅画下了一个圆满的句号。像小徐这样，五年一贯制学生如何在就业困境中找到最适合自己的岗位，需要从自身条件和职业发展前景进行综合分析比较，最后的选择才是理智而又合理的。

四、经验与启示

（1）就业服务不是一蹴而就的，需要不断的跟踪、引导、推荐、鼓励等举措。就业是人生所面临的一个重大转折，心智尚不成熟的五年高职学生，在就业中承受着较大的心理压力与冲突，加上熟悉的、传统的求职场景和模式发生了重大变化，极容易产生就业危机心理。所以求职阶段情绪波动的风险点排查尤为重要，关注重点帮扶群体，对建档立卡贫困家庭、就业困难家庭等特殊毕业生采取人文关怀和心理疏导必不可少，及时发现问题，完善多层次、全方位的就业心理危机预防与干预工作体系为毕业生顺利就业、平稳离校提供保障。

（2）要在择业教育上做好文章，引导学生客观看待形势变化，全面看待职业发展，合理调整就业期望。"稳就业"不仅在于扩大毕业生的就业数量，还在于提高就业指导和服务的质量。要深入贯彻落实习近平总书记重要讲话和重要指示批示精神，全面落实党中央、国务院决策部署，坚持以服务学生成长发展为中心，全力推进学生就业，实现大学毕业生能尽早就业、优质就业、充分就业。就业是民生之本，要精准分析大学生的发展需求，科学进行高校毕业生就业帮扶工作。

第一节　思政论文

三全育人视域下高等职业院校资助育人模式探索

（成都工业职业技术学院　范婷）

【摘要】中共中央、国务院《关于加强和改进新形势下高校思想政治工作的意见》提出坚持全员全过程全方位育人。目前高校资助工作普遍存在资助对象不够精准、育人模式单一，育人过程片面等问题，本文结合职业教育实际提出了以资助工作为载体，融合心理健康教育、劳动教育、职业教育的资助育人模式。

【关键词】三全育人；高等职业院校；资助育人

习近平总书记在二十大报告中指出："我们要办好人民满意的教育，全面贯彻党的教育方针，落实立德树人的根本任务，培养德智体美劳全面发展的社会主义建设者和接班人，加快建设教育体系，发展素质教育，促进教育公平。"高校资助工作是保证家庭经济困难学生享受平等教育机会的重要举措，是共同富裕，全面脱贫的重要体现，是实现教育立德树人目标的重要手段。梳理高等院校资助工作开展现状发现目前资助工作存在一些问题，本文结合职业教育实际，以三全育人为引领，探索了高等职业院校资助育人模式。

一、高校资助工作存在问题

1. 贫困生认定不够精准

高校资助包含奖、助、减、补、勤等，这些资助工作开展的基础是贫困生认定。目前贫困认定主要依据是学生提供的《家庭经济困难申请表》，申请资料的真实性、准确性无法确保，在这基础上增加的家庭房屋、车辆、父母社保缴存基数一定程度上弥补了这个问题，但数据不具有动态性、全面性。

2.资助育人的阶段性

目前资助育人工作开展还不成体系,育人工作主要还是由辅导员承担,辅导员行政工作杂,育人精力有限,局限于资助工作的落实,育人不具有连续性和延展性。

3.资助育人模式的单一性

对家庭经济困难学生,除了经济上的帮扶外,还要全面调查了解学生做好"扶贫必扶志"。当前高校开展资助育人集中在以宣传画、宣传视频等形式的诚信教育,忽略了贫困学生的心理健康、职业规划等。

二、三全育人视域下资助育人模式探索

1.加强顶层设计,建设高校学生大数据平台

省学生资助中心统筹,建设高校学生大数据平台,给予高校资助中心一定权限,全面了解学生家庭经济情况,动态监督学生受助资金的花费情况,力争做到应助才助、该助必助,确保资助工作公平、公正开展,从而达到立德树人的育人目的。

2.家校联系,携手共育

通过微信群、QQ群,假期走访等构建家校联系通道,全面有针对性了解学生家庭实际情况,向家长宣传资助政策,讲解诚信的重要性,把家长列入资助育人体系。

3.关注心理,健康成才

动态关注家庭经济困难学生的心理健康状况,了解其是否有原发心理问题,定期谈心谈话,注意关注资助评选过程中学生心理变化,制订切实可行的心理关注计划及干预措施,及时消除学生的攀比心理、自卑心理,培养学生积极向上心态。鼓励、引导家庭经济困难学生竞选班委、参加社团、协会及时针对其取得的成绩给予正向肯定。

4.发展专业,开创未来

全员参与,领导、专业教师、辅导员全员参与,对困难学生结对帮扶。引导学生发展技能,加入专业技能协会,参加各级别的技能比赛,为以后就业打下坚实基础,切实做到扶贫和扶志相结合。

三、结束语

高等职业技术院校应结合职业教育、技能培养的特点,全面宣传资助政策、精确识别资助对象,不断创新育人模式,切实做资助育人工作,促进贫困大学生的全面发展,办好人民满意的教育,培养德智体美劳全面发展的社会主义建设者和接班人。

【参考文献】

[1] 张舒一,孙蕾.高校资助育人创新模式探究——以"思政+资助"育人体系为例[J].人才资源开发,2022(19):21-23.

[2] 孔璞,杨丽,徐皓,郭妍,包永青."三全育人"背景下高校资助育人工作思考[J].四川水利,2022,43(04):170-173.

[3] 令狐蓉,谭丽琼.基于大数据推进高校资助育人精准化的策略研究——以"三全育人"为视角[J].林区教学,2022(08):42-45.

[4] 代文杰，王韵杰，马佳云，张玥，施浩然. 心理资本在高校资助育人中的重要性及应用［J］. 办公室业务，2022（16）：84-86.

[5] 肖丽，肖蓉. 新时代立德树人视域下高校学生资助育人工作创新路径研究［J］. 湖南社会科学，2022（05）：14-21.

高校资助工作中大学生诚信缺失现象与对策研究

（装备制造学院　　张夏霖）

【摘要】随着国家对高校贫困生资助力度的加大，大学生中不诚信现象日益凸显，出现了伪造贫困证明材料、滥用资助资金、助学贷款到期不还等各种诚信缺失现象。造成大学生诚信缺失的原因，既有社会层面的，也有学校层面的。针对这些情况，高校在贫困生资助工作中应该加强学生的诚信教育，并通过建立贫困生档案、完善贫困生的赏罚机制等策略教会学生诚信做人。

【关键词】高校；贫困生；资助；诚信

近年来，我国高校家庭经济困难学生资助工作受到各界的重视，并建立了"奖、助、贷、补、免"等多种形式的资助体系。在资助过程中，大部分大学生都能诚信，但随着资助金额和人数的增加，高校大学生中"虚开贫困证明、评选作弊、夸大困难程度、贷款违约"等诚信缺失现象却层出不穷，如何采取有效措施加强贫困生的诚信教育，保障贫困生资助能够良性地发展，是本文探讨的问题。

一、高校资助工作中贫困生诚信缺失的表现

1. 家庭经济困难证明材料失真

目前，证明贫困学生家庭经济情况的主要方式是通过学生提供当地民村（或居民）委员会以及民政部门加盖公章的《家庭情况调查表》《家庭困难证明》材料。而当地委员会、民政部门负责开具的"贫困证明"，则存在"虚假证明"。学生在申请材料填写内容上胡编乱造，而当地委员会和民政部门碍于情面在表上签名盖章确认学生困难，其只是行使了权力，并没有承担相应的责任，对贫困资格审查不严，致使证明程序如同虚设。

2. 评议过程中弄虚作假，拉帮结派

在高校的贫困生认定工作中除了参考贫困证明材料，班级内同学的综合评议也是重要评价指标。班级内同学综合评议这一环节的本意是希望通过班级同学的观察反映出参评学生真实的生活情况。虽是采用民主评议的方式，看似公平客观，但在实际操作过程中出现碍于同学情面不发表真实看法，或是学生私下拉票、弄虚作假的情况。这些做法的出现不但为贫困生认定工作增加了难度，同时也不利于班级的团结和稳定。

3.助学贷款的违约现象

助学贷款的违约现象十分严重。助学贷款是我国高校资助体系的重要组成部分。1999年引入推广至今，已经让不少的学生从中收益，但从近几年学生还款的情况来看，很多申请助学贷款的学生对还款并不重视，违约还款的现象十分严重，甚至已经影响到一些学生的个人信用。学生贷款违约不仅影响到学生个人信用，还严重影响到高校与银行的信任合作。

4.勤工助学中的消极懈怠

为了帮助家庭经济困难学生减轻经济负担，各大高校都在校内设置了一些勤工助学的岗位。然而，部分学生只是为了获取报酬，根本就没有对自己所要承担的责任和义务提起足够的重视，往往利用一系列理由来敷衍工作，还常常做出与教师教导理念相背离的行为，对于其他努力认真工作的勤工助学学生他拒绝与人配合，经常和别的勤工助学的同学发生争执，工作任务的完成效果并极其不理想。

二、高校资助工作中贫困生诚信缺失的原因分析

1.社会环境的不良影响

随着我国社会经济突飞猛进的发展，人们的思想也逐渐发生改变，利益对人们有了更大的诱惑。高校学生的思想方式、价值观念等都逐渐向多元化方向发展。如果人们诚实守信却获取不到应得的利益，而那些做出不诚信行为的人却能够获得利益，那么恪守诚信人的心理就会产生一种不平衡，长此以往，恪守诚信心理很可能被不诚信的风气所腐蚀，最终形成错误的认知。大学生最容易受到外部环境的影响，其心理极易受到这种不正之风的侵蚀，在这种不正之风的影响下，部分学生会将不诚信作为获取利益的一种重要手段。像原来很平常的一些事件往往结果变得不正常。

2.学校诚信教育的忽视

中学阶段主要追求升学率，而大学则强调专业素养，强调知识面，强调成才就业，忽视了对学生健全人格的培养，即便在思想道德教育方面，也是只管知不管行，只重视知识教育，缺少情感教育，不符合道德行为养成的规律，这势必将影响学生诚信品格的养成。在高校的贫困生资助工作中，学校往往只关注对贫困生经济上的帮扶，而忽视对其思想上的帮扶。由于各种原因，高校的贫困生资助工作大多只做到了合理的分配和发放贫困补助，而后续的学生感恩教育和诚信教育却较少问津。这在一定程度上使得高校的作用本末倒置，只强调经济资助而忽视了其教育功能。经济资助只是手段，资助的最终目的是促进学生成长成才。

3.评价监督体系的不健全

诚信行为的培养不能仅仅依靠思想政治教育途径，合理的监督和惩罚机制也是促进贫困大学生诚实守信必要手段。少数学生之所以敢恶意拖欠国家助学贷款、骗取贫困生资助金，没有严厉的惩罚措施是重要原因之一。对于享受资助的在校贫困大学生，教师、同学的监督尚能起到一定作用，对于毕业离校的学生，社会监督几乎不存在。目前，受到电子商务等影响，部分学生的消费具有一定的隐蔽性，辅导员教师和同学监督越来越困难。况且高校即使发现少数学生的不诚信行为，往往多做"批评教育"

工作，充其量也就是纪律处分，几乎没有更为严格的处罚。严重缺失惩戒机制，使得少数学生在弄虚作假方面有恃无恐。

三、高校资助体系下加强学生诚信教育的对策

1.加强贫困生诚信教育

学校不能等同于社会的其他福利机构，学校承载的主要职责是教育，因此学校在开展资助工作的同时仍然应该将其教育功能放在首位。在高校加强诚信教育，首先要将诚信教育作为思想政治教育课程中的重要内容。高校思想政治理论课是学生加强思想修养、养成良好行为习惯的重要平台，在思想政治课中通过理论和真实案例的学习探讨，让学生积极思考，深入理解诚信在社会生活中的重要性。在高校加强诚信教育要充分利用学生活动的平台。高校的学生活动是学生思想政治教育的重要平台。在学生活动中围绕诚信主题，设计和开展形式多样、学生喜闻乐见的活动，让学生通过实践和朋辈间的影响，在体验中学会诚实做人、诚信做事。

2.完善资助工作制度建设

在高校资助工作开展过程中，应结合自身实际情况成立贫困生的认定工作机构，并且严格按要求执行，做到公平、公开、公正。评定小组为班级初审、系级复审、院级审核。其中，由主管辅导员、班主任、班长、团支部书记、贫困生库代表和非贫困生代表等组成班级评定小组。在认定工作中，评定小组需要根据学生提交的申请证明材料、家庭经济现况、学生日常生活消费水平、在校表现以及个人品质等因素进行评定。

3.建立完善贫困生档案

建立贫困生档案是对贫困生认定工作的巩固和升华。内容不能仅限于贫困生认定的基本材料，它要求在贫困生认定的基础上，将贫困生在校期间的学习、生活、社会实践活动情况，如缴费、考勤、考试、勤工俭学等进行统一管理。完善的贫困生档案建立后，在贫困生的数据库里看到的将是一个全方位、立体的贫困生综合情况，这将使得高校的资助工作不再是"比谁更困难"，而是纳入更多指标来综合评价经济困难学生。贫困生档案的建立将使得高校之于贫困生不再是单纯金钱授予者的角色，而是真正成为贫困生的管理者和教育者。将贫困生资助这一工作升华为教育的手段，激励学生学会自强、自立、诚信和感恩。

总而言之，高校贫困生诚信缺失行为，不仅有损大学生形象，也使得真正贫困的学生得不到帮助，同时也违背了我国资助政策的目的。高校需要加强教育引导，完善制度和措施建设，保障资助政策目标的顺利实现。

【参考文献】

[1] 乔梅英.大学生诚信缺失的现状及对策［J］.河南科技学院学报，2011（06）：75-77.

[2] 薛小虎，吴丹.对高校贫困生助学贷款中诚信缺失的研究［J］.赤子（上中旬），2014（20）：79.

[3] 刘守勇.大学生的诚信缺失与重建［J］.平顶山学院学报，2008（04）：115-

117+123.

[4] 邓琳.大学生诚信缺失成因及诚信教育的途径[J].和田师范专科学校学报，2010，29（05）：40-41.

[5] 于东峰.大学生诚信缺失的主要表现及其对策思考[J].安阳师范学院学报，2006（04）：27-28.

[6] 黄晓利，黄文.大学生诚信缺失的原因分析与重塑[J].重庆交通大学学报（社会科学版），2008，8（06）：100-102.

[7] 刘海邦.大学生诚信缺失问题与教育对策[J].辽宁教育行政学院学报，2019，36（06）：32-35.

高职院校辅导员国家助学金评定工作中的探索实践

（轨道交通学院　马莉）

【摘要】近年来，随着社会主义经济不断发展，国家助学金评选比例不断扩大。然而由于一些主客观因素造成贫困生递交材料不规范甚至造假问题，给贫困生认定以及国家助学金资助工作带来一定困难，这些出现的问题值得我们思考。贫困生认定工作是高职院校开展国家助学金评定工作的前提，其准确性直接影响到学生是否能享受到国家对贫困生的资助。当下贫困生精准资助工作针对不同地区不同学生的实际情况，运用科学有效的方法对资助对象实行精准识别、精准资助、精准管理的学生资助工作方式，是探索建立精准学生资助工作的新思路、新思维，可以在很大程度上抵消该问题的负面影响，并有助于将新生资助困政策落实做好。

【关键词】国家助学金；精准资助；评定工作；辅导员

一、对国家助学金的认识

国家助学金是党和政府为帮助高等职业学院家庭经济困难学生顺利完成学业而设立的专项资金，体现了党和政府对家庭经济困难学生的关怀。教育部在《2018年中国学生资助发展报告》中详细阐述了学生资助体系的建设情况以及下一步的工作考虑。在脱贫攻坚这条道路上，习近平总书记也曾在全国教育大会上强调要"打好教育脱贫攻坚战"，更好地把学生资助工作抓实抓细抓好，为打赢教育脱贫攻坚战做出贡献。2019年，财政部、教育部、人力资源和社会保障部、退役军人事务部、中央军委国防动员部联合发布《学生资助资金管理办法》，以规范和加强学生资助资金管理，提高资金使用效益，确保资助工作顺利开展。同时在2019年国家奖助学金资助标准确立，进一步明确指出普通高校国家奖学金、国家励志奖学金、服兵役高等学校学生国家教育资助、国家助学贷款奖补资金由中央财政承担。中央高校的学业奖学金、国家助学金、基层就业学费补偿国家助学贷款代偿资金由中央财政承担。这对于切实解决我国高校家庭经济困难学生的就学问题发挥了重要作用，然而，在实施过程中遇到的问题及实际情况的复杂性，值得我们对助学金的评定与发放进行深入思考。

二、当前国家助学金评定工作的困境

为配合国家自助政策，根据《普通本科高校、高等职业学校国家助学金管理暂行办法》，各高校纷纷制定适合本校的国家助学金评定办法。以成都工业职业技术学院为例，我院评定助学金流程首先为学生申请，班级小组评定，院会公示。然而由于一些主客观因素导致在国家助学金的评定中存着一定的问题。结合多年在高职院校的工作经验，对现阶段国家助学金评选过程中出现的问题做出了以下总结主要体现在以下方面。

（一）申请材料不真实且难以界定

家庭经济困难学生是指"学生本人及其家庭所能筹集到的资金，难以支付其在校学习期间的学习和生活基本费用的学生"，但这种界定缺乏具体客观的量化标准。在2016年教育部根据国务院督察组第三次大督查反馈意见并结合当前一些地方和高校学生资助工作中存在的问题，发布了教育部办公厅关于进一步加强和规范高校家庭经济困难学生认定工作的通知，明确提出两点要求：一是进一步提高思想认识，二是进一步完善认定办法、改进认定方式。目前各高职院校认定贫困生的主要依据是学生提交的家庭经济情况调查表和学生所在地相关机构开具的贫困证明。家庭经济情况状况是学生自己填写的，表上的信息不容易确定，会对今后的评选工作造成影响。对于学生提交的贫困材料没有相应的责任追究机制，所以这会造成有点学生为增加评选优势故意将家庭收入水平等相关情况虚假填写。同时，为凸显学生家庭经济困难程度的差异性，助学金普遍被划分为不同档次、不同金额，根据国家文件规定各高职学院将贫困学生分为三个档次：特殊困难、困难、一般困难三个等级，在评定的过程中主要结合日常表现和学习成绩来确定获取助学金评定的资格，这种方式很难界定贫困生的等级。由此引发国家助学金评定标准难以界定的问题。

（二）评定方式存在不足，易敷衍了事

现阶段高职院校有很多辅导员是通过班级学生投票或者班干部学生评议小组认定的方式来确定国家助学金名单的。班级民主评议是国家助学金评选过程中的关键环节，是评选公开公平公正的重要保证．可这种评定方式也存在一些隐患。一方面，由于评议方式缺乏具体的量化指标，主观随意性极大，这就容易导致在学生中助长歪风邪气，拉票现象严重，进而诱发班集体不和谐关系的产生。另一方面，一些申请助学金的贫困学生性格比较孤僻，一些内心自尊心又比较强，刻意隐瞒家庭状况，而这些非常容易被评定的人员所忽略，由此也会给评定工作带来不便。

（三）助学金资助缺乏相应监督机制，易使贫困生产生不良行为

当前对于获得国家助学金资助的贫困生，还缺乏相应的监督机制，导致部分学生没有将宝贵的助学金资源用在实处，而是为了满足虚荣心，买智能手机，手提电脑，名牌服饰等奢侈品，为了要面子去请同学朋友吃饭，进高档会所，旅游等行为，有的

学生甚至铤而走险，缺乏诚信意识去骗取国家助学金，并未意识到国家出台这样政策的初衷是什么。部分学生也会认为家里条件不好就应理所应当享受此项政策，因此缺失了感恩之心。以致个别学生久而久之存在旷课、早退等行为，最后考试的时候多门功课挂科，导致学生无法毕业。理想信念模糊，缺乏自立自强精神。

三、国家助学金评定新思路

针对上述问题，改革已经刻不容缓。结合我作为辅导员多年参与国家助学金评定工作的一线经验，提出几条科学合理且实用操作性强的具体实施办法

（一）严查审查材料，出台相应量化指标

为解决贫困生申请鉴别真伪难度较大且难以界定的问题，需要引入规范具体的量化指标。在设定评价指标时，不仅要考虑学生的家庭经济状况、学业成绩，还应多方了解申请者的品德表现以及生活节俭程度，并按照以上因素的重要程度给予相应的权重。同时，严查各地民政部门出具的家庭贫困认证材料是否真实合格，审查申报材料是否与家庭困难一致等。

（二）完善评议方式，制定评选实施规则

国家资助工作是一项神圣且严肃的工作，涉及家庭经济困难学生的切身利益。辅导员应该留心观察新生的生活状态，在评定过程中不搞一刀切和平均化，切实依据贫困生实情做出中立、客观的判断。同时制定一个"分步走"的评选方式：一是贫困生认定时将调查结果与申请材料不一致的弄虚作假现象清理出来。二是查看贫困生是否有受过违规违纪行为，对此类现象实行一票否决制度。三是在班级民主评议时引入高校内部互查、互评机制，可以使各院（系）在核查本单位国家助学金评议、发放工作完成进度，缩小国家助学金政策实施过程中的盲区。

（三）加强政策宣传和教育引导

做好学生的思想教育工作，通过国家资助和师生关怀的方式，引导帮助贫困学生身心健康成长。告诫获得国家助学金的同学要有诚信意识，怀着一颗感恩的心，好好学习，努力成才，正当地使用国家助学金，使学生明白国家助学金并不是解决经济困难的唯一途径，还可以靠自己努力获取国家奖学金、励志奖学金、学校的奖学金和勤工助学的方式来完成学业。营造积极健康向上的正能量环境，加强大学生对社会主义核 心价值观的自觉认同与践行，达到对主流价值观的内在高度认同。

四、小结

在国家脱贫攻坚的关键时期，精准资助和资助育人是高校资助工作中的重中之重。国家助学金的评定工作需要各方参与，构建一个资助学生成长成才的育人新体系，注重资助帮扶教育过程与结果同等重要，有效提升国家助学金制度在高校资助工作中的精准性和育人性，从根本上保证每一位家庭经济困难学生都能完成学业。

【参考文献】

[1] 秦福利.对我国现行大学生资助政策的审视和反思［J］.黑龙江高教研究，2018

（02）：71-75.

[2] 郑磊.高职院校国家助学金评定过程中存在的问题 [J].智库时代，2019（35）：84-85.

[3] 张玉敏.大一新生家庭经济困难认定工作的启示 [J].教育现代化，2019，6（12）：144-145，148.

[4] 江晓莉，陈禄扬，高校贫困生资助政策与可持续性研究 [J].黑龙江教育学院学报，2019，38（08）：148-150.

第二节　育人案例

资助育人工作案例分析

（轨道交通学院　陈攀）

【摘要】家庭经济困难学生是高校学生的一个特殊群体，他们在学习、生活、心理等方面面临巨大的压力，应该受到更多的关怀与教育。作为负责资助管理工作的辅导员，在帮助家庭经济困难学生获得经济资助的同时，更应注重资助工作的育人功能。以工作中的实际案例，分析资助育人的各项措施，引导学生树立正确的世界观、人生观和价值观，成长为德才兼备和全面发展的优秀人才。

【关键词】经济困难；关怀与教育；成长

一、案例简介

学生小艺来自农村，入学前，其母因癌症去世，花光了家中的所有积蓄。在读大二时，其父因患恶性纤维瘤截去右腿，失去劳动能力，家庭经济再次陷入困境。小艺同学入学时由于好面子，未申请国家助学金。小艺性格内向，不喜欢参与集体活动。在宿舍内很少与其他舍友沟通交流，主要是因为宿舍内的其他几位同学家境良好，生活富裕，谈话的话题及处事方式与其差距明显，格格不入。这造就了小艺独来独往的性格。小艺在宿舍的时间较少，白天除了上课，其他时间都在自习室学习。舍友经常在周末时间聚餐，小艺从不参加，舍友也不理解。小艺深知家庭的不易，努力学习专业知识，以期找到一个好工作，用知识改变命运，改变家庭的现状。

二、案例定性分析

本案例中，一方面，该生由于家庭的突发变故，导致经济上十分拮据，生活上的压力造就了其性格方面的缺陷。另一方面，该生意志力坚强，深知家庭生活的不易，有通过知识改变命运、改变家庭的现状的想法。了解具体情况后，我主要从生活和学习两个方面帮助其解决生活困难。

三、案例处理

首先，通过多种途径向该同学讲解国家对在校家庭经济困难大学生的一系列资助政策，指导小艺在生源地办理助学贷款、申请国家助学金，以帮助该生正常求学。与此同时，把小艺同学家庭突发变故的情况及时上报学院领导，针对小艺父亲突发疾病导致截肢，失去劳动能力，给予小艺 2000 元的临时困难补助。考虑到小艺日常学习资料及用具所需，在学院帮助该生申请了勤工助学岗位。通过以上途径，在经济上缓解了生活压力，让小艺能够安心地学习，顺利完成学业；在心理上通过勤工助学，让小艺看到了服务他人的价值，疏导了其孤僻的性格；在政策上让小艺充分感受到国家、学校和学院教师对她的关心和关爱。

四、解决思路和实施方法

（一）心理方面的帮扶

鼓励小艺正视生活坎坷，增强其克服困难、承受挫折的能力，培养其良好的心理品质和自立自强的品格。通过面谈、线上交流等方式与小艺进行定期的谈心谈话，了解小艺的思想、学习和人际关系等状况，并在心理上对其关怀、陪伴和激励，让她变得更加积极和健康。

（二）人际关系的教育

鉴于小艺自信和自尊心缺失，内心苦闷和孤单，故努力帮助小艺建立良好的人际关系，指导其人际交往的方法和技巧。同时，在班内营造相互信任和相互支持的交往环境，让小艺感受到了班集体的温暖。

（三）职业生涯规划的指导

小艺在最初对于毕业去向有些纠结、迷茫。首先，深入给小艺目前就业形势与对口单位的招聘要求，让小艺按照自身的状况做出选择。小艺最后决定好好提升专业能力，锻炼综合素质，希望自己在以后的工作岗位中有更好的发展空间，改变自己的命运，改变家庭的现状。

（四）加强朋辈帮扶

动员班长、团支书、舍长及小艺的好友与其多沟通交流，鼓励其多参与集体活动，让她尽快融入同学当中去，让其体会到大集体的温暖与关爱。

四、经验与启示

通过对小艺进行经济、心理、人际关系与就业指导等多方面的帮扶与引导，该生走出自卑的阴影，放下了思想包袱，变得开朗起来，能够以饱满的热情投入到学习和生活中。在班级和宿舍中能够与同学们和谐相处，并积极参与集体活动。在学院组织的志愿者活动中，更是积极主动报名，用自己的能力去帮助更多需要帮助的人。小艺学会了感恩与奉献，同时增长了自己的自信和才干。

通过本次案例，让本人深刻体会到，辅导员尤其是负责资助管理工作的教师，应密切关注家庭经济困难的每一个学生，及时了解学生的思想动态和日常行为，深入学生的宿舍和学习生活，熟悉每一个学生的特殊情况。在学生出现问题时，辅导员能够及时发现问题，有针对性地帮助他们解决经济上和精神上的困难，并尽早对异常动态进行有效的干预，做到全方位育人，使学生成长为德才兼备、全面发展的人才。

扶贫更扶志

（装备制造学院　谭林）

一、案例主题

党的十八大召开以来，通过一系列惠民政策切实加大了对农村学生的帮扶，让这些家庭看到了希望，在"脱贫"的路上迈开了坚实的步伐，高校扩招和大学生资助政策的实施使贫困大学生的比例逐年上升，身处贫困山区的他们要用这来之不易的机会去改变自己和家人的生活境遇，去实现自己的人生理想。可正处于人生成长的关键时期的她们，要面临学习、生活、升学、就业等一系列的人生重大课题。来自家庭、学校、社会等诸多的压力可能会使他们出现不同程度的心理问题，在从事学生思想政治教育的过程中，我们尝试着采用人性化心理疏导模式进行教育，该模式的基本要求就是要尊重人性，符合人性，积极主动地创造条件满足其在各方面的合理需要，全心全意为大学生身心健康的成长热心服务。对他们的心理疏导，需要教育工作者具备较好的分析、处理问题的能力。

高校贫困生资助工作应该掌握好贫困生认定的标准，注意处理好经济资助与精神帮扶力度不平衡等问题，"扶贫更扶志"才能真正发挥国家各项资助政策的育人功能。

二、案例背景

2018级新生报到的那天早上，有个新生来到我的面前，手上拿着好几张资料不断的询问我什么时候收这个资料。我这才注意到，该生衣着朴素，神态焦虑，手上拿着的资料是即将要评选的国家助学金申请表和贫困证明材料。

三、案例问题事件

看到这些后，以我当辅导员这么多年的经验来看，该生肯定属于家庭特贫困的。于是我忙问该生的家庭情况，从谈话中得知，该生来自四川省的一个贫困县，父亲在该生年幼时生病去世了，后来母亲也改嫁了，没有经历再照顾他。平时是他的大伯在提供他生活费。现在如愿考上了大学，但是学费一直是个问题，他很想以全新的姿态投入到学习和生活去，可是经济问题是很大的障碍，学费和生活费一直困扰着他。

我感觉，该生的心理压力特别大，一方面怕自己适应不了新的环境，另一方面，也是最现实的一个问题，那就是学费和生活费的问题。这样久而久之，该生变得沉默寡言，在班上很少和大家说话，很多活动都不敢参与。

四、解决问题的思路、方法及效果

针对该生这样的情况，我从以下几个方面做好他的工作：

（1）通过谈话帮助他正视现实。明白知识改变命运的信念，既然选择了大学生活，再怎么样也要把学业完成。首先是学费问题，据了解，当年的学费该生办理了国家助学贷款，积极帮助学生联系学校资助中心，及时处理了学费问题。

（2）把该生作为特困学生列入奖、贷、助、勤、减免5项资助体系考察范围内。指导他申请国家助学金的同时，给他讲解各类奖学金、助学金的评选要求并指导后续的申请工作。

（3）介绍了学校各部门的勤工助学岗位让他积极申请，利用课余时间完成工作不断提升自己、锻炼自己。

（4）通过定期的深度辅导帮助他树立正确的人生观、价值观。引导他正确处理个人、集体、国家之间的关系，学会自我接纳，面对生活中的挫折和困难，引导他以乐观、坚强的态度正视困难，并通过自己的努力改变命运，不能一味地在物质生活方面跟别的同学比较。

（5）引导其学会相处。为使该生不至于因家庭情况产生自卑心理，也使该生能尽快融入大学这个大家庭中，我特地嘱咐班长、寝室室长经常找他聊天，一起谈人生、谈理想，享受生活和学习的乐趣，为其创造一个和谐、互助、互谅、团结向上的氛围。

（6）引导他清楚地认识到，与高中相比，大学的学习和生活方式发生了巨大的变化，需要他提高自我管理的意识，增强自我管理的能力，对自己的大学生涯进行必要、及时的管理和规划。

（7）定期与该生家长建立良好的沟通，希望家长能多关心、关注孩子的成长与发展。

在我们共同的关注和努力下，该生性格变得乐观开朗了很多，对学习和生活充满了信心，成绩上也取得了很好的表现，在大一结束综合素质测评中，该生表现良好，学习成绩也无挂科现象。

五、案例分析与启示

自卑和贫困是一对孪生兄弟，每个贫困的家庭，孩子都存在一定程度的自卑心理。贫困，也是一把双刃剑，引导好了，贫困可以成为孩子无穷的财富。在面对因家庭贫困而产生自卑心理的学生，作为思想政治工作者，我们要采取正确合适的方法，帮助他们确立自己正确的世界观、人生观，价值观。辅导员要引导学生从意识上加强思想政治理论学习的必然性和紧迫性，提高自己的政治素养，改造好内心世界，在社会发展中找准自己的坐标和定位。

爱是春雨，能滋生万物；爱是星辰，能照亮黑夜；爱是暖阳，能温暖人心。对于贫困生群体，我们这些思想政治工作者一定要用爱心、耐心做好他们的思想工作，不能让这类学生产生自卑心理。教育工作者要懂得用爱去感化他们，不让同辈群体带给他们的压力，要给贫困生创造一个平等的氛围。大学生思想政治教育工作者，应该把对贫困生的思想工作作为一项硬任务来抓，要把它放到应有的重要位置。作为高校学生工作者，在学生资助工作方面，我们要将资助工作融入学生成长成才的全过程，不仅要解决学生的经济困难，更要关心学生自身能力的锻炼、发展，扶贫更要扶志，才能实现立德树人的根本任务，实现助人育人的目标。

助人更育人

（建筑工程学院　魏玉兰）

《礼记大学》有云："古之欲明明德于天下者，先治其国；欲治其国者，先齐其家；欲齐其家者，先修其身。"，资助工作是辅导院带班中的常规工作之一，作为高校育人战线中的一员，我们要善于借助各方力量，更好立德树人。

一、案例基本情况

1. 背景描述

2019年新生入学后，新生资助工作在学院安排下有序进行，但部分受助家庭经济困难学生，存在学习困难、挂科现象严重的情况，其中A同学尤为突出。

为更好地了解学生家庭经济情况，要求每位同学在填写资助申请表的时候，尽量提供相关佐证材料。由于是新生，大部分同学存在填表随意，佐证材料提供不充分的情况。

2. A同学家庭基本情况

农村家庭，父亲持有残疾人证，且患有精神病，且不定期发作；母亲在家务农，偶尔做些零工；弟弟正读小学。属于收入低，支出较多的家庭，享受当地低保。家中叔父为县城公职人员，平时对家庭照料较多，对A同学照顾也较多，但叔侄二人沟通较少，学生性格稍显内向。

3. A同学个人发展轨迹描述

接受大学教育前，A同学一直在当地中小学就读，为高考生源。高考后，被我校录取为建筑装饰工程技术专业2019级学生，但处于家庭经济状况考虑，A同学选择在入学前应征入伍，但后来由于入伍部队不理想，经多方考虑后，决定继续学业。

4. A同学入学以来学习、人际交往等在校综合表现描述（SWOT分析）

S：（1）A同学入学以来积极分院参加五四合唱比赛并获得荣誉；

（2）严格遵守校级校规，对教师有礼貌，与同学关系融洽，个人习惯良好。

W：（1）由于学生报道较晚，自己单独和其他专业混寝；

対消息不关注，许多重要事项的通知没有及时接受、处理；

学生反馈部分课程听不懂，两学期累计挂科现象严重（6门，其中必修4门）。

O：（1）经过军队集训，纪律意识较高，爱国意识较强；

（2）个人意志不坚定，容易受同伴群体的影响。

T：（1）办公软件操作技能几乎为0；

（2）个人意志不坚定，容易受同伴群体的影响。

二、案例分析

综合分析所收集的资料、进行整理，在本案例中，A同学主观学习意识不强，基础薄弱，且受班上个别调皮学生影响是导致个人挂科较多的根本原因。

三、解决方案

（1）首先以尊重、平等、真诚、共情、积极关注的态度与当事同学建立起良好的关系，营造温暖、安全的氛围，开展谈心谈话工作。站在学生个人发展的角度指出学生优点、缺点、面临机会和未来挑战。

（2）同时深入班级和寝室，尽量以不着痕迹的方式，引导班上学习基础较好的同学主动与该同学交流、沟通，主动询问、帮助该同学的学习困惑。同时，在19级第一学期寝室调整的时候，将他调入整体学习氛围较好、家庭经济情况普通的寝室，发动关心他的热心班委、室友等进行共同帮助。在日常生活中，鼓励她们进行同辈间的谈心，分享自己的成长及为人处事的方式，来开阔同学思考的视角。

（3）向A同学讲解学校资助政策：家庭经济困难可以申请学校、国家帮助。阐明国家资助政策背后的重大意义：帮助更多家庭经济困难学生顺利完成学业，改变个人命运，改善家庭经济状况，将来为国家、为社会、为人民服务，实现良性循环。鼓励该同学积极参加班级活动、好好学习，争取荣誉及奖学金。

（4）及时推送补考信息，并集合课程分享个人学习心得体会，鼓励学生主动与教师联系，主动寻求班级成绩排名靠前学生帮助，查漏补缺。

四、经验与启示

（1）教师、班助、班委对经济困难学生要多加关注，用尊重、真诚的态度，营造温暖、安全的氛围，让他们遇到困难，能想到来找同学、教师寻求帮助。

（2）对新生入学适应时遇到的各种困难需要多做预案，平时多加提醒，发动班助和班委关心关注班级学生情况，在状态的初发状态，及时提供帮助。主动、提前，才能用最低成本换来最好成效。

（3）平时多积累知识，特别是心理学方面的知识，来辅助做好思想政治教育工作，普及增加学生的心理健康知识，提高情绪调节能力，提高学生的人际交往能力，为营造良好的氛围共同努力。对于学生普遍性的问题，针对性地召开主题班会，引导同学们进行讨论交流，引发大家思考，从而对行为产生影响。尽量是预防为主，通过采取有效的干预措施和适当的策略，防微杜渐。

第一节　思政论文

混合所有制实体产业学院党的建设路径研究——以新华三芯云产业学院为例

（新华三芯云产业学院　蓝淇超）

【摘要】党的十八大之后，职业教育改革不断向纵深发展，国家多项政策鼓励发展混合所有制产业学院，新华三芯云产业学院应运而生。然而，新生的混合所有制产业学院却面临着诸多发展难题，而党的建设是其中的首要问题。新华三芯云产业学院以习近平总书记关于高校党的建设工作重要论述为指导，发挥双主体办学优势，积极融入成都东进战略规划和成渝双城经济圈建设，培养了大批信息产业领域德艺双馨的大国工匠。在党的建设中，加强党的领导，创新管理模式；增进校企互动，建设特色支部；坚持党建引领，优化育人机制。坚持和加强了党对新华三芯云产业学院的全面领导。

【关键词】新华三芯云产业学院；混合所有制；党的建设

改革开放以来，我国职业教育蓬勃发展，为我国各行各业培养了许多栋梁之材。党的十八大之后，党和国家更加重视职业教育的发展，职业教育的改革也不断向纵深发展。2019年1月，"职教20条"指出："鼓励发展股份制、混合所有制等职业院校。"2021年4月，教育部与四川省人民政府联合印发《关于推进成都公园城市示范区职业教育融合创新发展的意见》（以下简称"成都融合创新发展"）中着重指出："鼓励在蓉大型国有企业、大型民营企业、行业领军企业、产业园区与职业院校共建产业学院（二级学院）。"同年10月，中共中央办公厅、国务院办公厅印发《关于推动现代职业教育高质量发展的意见》特别强调："推动校企共建共管产业学院、企业学院，延伸职业学校办学空间。"2021年6月17日，在四川省和浙江省主导下，由成都工业职业技术学院与紫光股份旗下新华三集团共建的全国首个混合所有制实体产业学院——新华三芯云产业学院应运而生。混合所有制实体产业学院是一个新兴事物，它的发展面临着诸多问题，而如何加强混合所有制学院中党的建设关系到办学方向的问题，是亟须解决的首要问题。

一、混合所有制实体产业学院党的建设现状及特征

成都工业职业技术学院是第一家入驻东部新区淮州国际职教城的高校，新华三芯云产业学院是第一个扛起成都工业职业技术学院东进大旗的二级学院，新华三芯云产业学院党总支目前有党支部 2 个，党员 28 人，其中预备党员 2 人。近年来，新华三芯云产业学院以习近平总书记关于高校党的建设工作重要论述为指导，坚持和加强党的全面领导，发挥双主体办学优势，积极融入成都东进战略规划和成渝双城经济圈建设，培养了大批信息产业领域德艺双馨的"大国工匠"，在学校"建双高冲本科"发挥着排头兵的作用，逐步培育出"东进先锋"党建工作品牌。新华三芯云产业学院党总支已经让鲜红的党旗高高飘扬在成都东部新区上空。然而，新华三芯云产业学院在完善党对学院的领导制度体系、加强校企共建基层党组织、以党建引领业务发展等方面还需要进一步努力。

新华三芯云产业学院党建的主要特征体现在一个"新"字上。第一是党建工作要在新办学模式下引领正确的办学方向。新华三芯云产业学院由成都市淮州新城管委会提供办学场地、校舍和公共生活保障，新华三集团投入管理和企业导师团队、实验实训设备、就业和培训资源，学校投入经费、专业师资等。如何保证党对学院的领导，保持社会主义办学方向是重中之重。第二是党建工作要在新环境中找到落脚点。新华三芯云产业学院新的办学地点在成都市淮州国际职教城，离开了办学多年的天府新区，入党积极分子、发展对象、预备党员和党员的培养将会对接到新的社区、新的教育实践基地，需要积极融入东部新区的新环境中。第三是党建工作要在新教学机制中发挥引领作用。新华三芯云产业学院从 2022 届开始，施行项目制教学，将引入企业导师上课，引入企业真实项目作为上课内容。在此过程中应对坚持党管人才，要严格管控师资选拔，严格审核教学内容等。

二、混合所有制实体产业学院党的建设的必要性

从宏观层面来说，加强混合所有制学院中党的建设是由党的历史地位所决定的。中国过去一百多年的实践已经证明，中国共产党是中国革命、建设和改革领导核心，中国共产党的领导是中国特色社会主义最本质的特征，是中国特色社会主义制度最大的优势。正如习近平总书记所说的"众星捧月"，这里的"月"指的就是中国共产党，在国家治理体系的大棋局中，党中央是坐镇中军帐的"帅"。由此可见，中国的各项事业离不开党的领导，只有不断加强党的建设，不断提升党的领导能力，才能保障中国特色社会主义事业的发展。

从微观层面来看，新华三芯云产业学院自身的发展需要一个坚强的领导核心，而这个核心只能是党，这就需要不断加强党的建设。新华三芯云产业学院隶属于成都工

业职业技术学院，成都工业职业技术学院是公办大专院校，党对学校有绝对领导权，党对作为二级学院的新华三芯云产业学院也有绝对的领导权。新华三芯云产业学院只有在党的领导下，才能不断获取政府资源、壮大教师队伍、提升办学能力，打造"政企校"三方深度融合的协同育人共同体。

三、混合所有制实体产业学院党的建设路径

（一）加强党的领导，创新管理模式

"为谁培养人、培养什么人、怎样培养人"是教育的根本问题，新华三芯云产业学院在办学过程中始终坚持党的领导，坚持正确的办学方向。过去一年多的时间里，新华三芯云产业学院积极探索"党委领导、理事会决策、院长执行、监事会监督、教职工民主管理"的"共治"机制，初步形成了由学校党委选派党总支书记、副书记，分管党建、思想政治和学生管理工作，为校企高质量"共建、共治、共享"提供坚强的政治保障；由理事会作为芯云学院的管理与指导机构，对学院重大规划、管理制度、绩效分配等进行集体决策；由企业派驻院长在理事会领导下，全面主持行政工作，统筹专业建设、课程管理、实践运行、联合研发等工作开展和项目推进；由第三方专家组成监事会，监督理事会监督指议事、决策和执行情况；由教职工代表参与民主管理的全新管理机制。

（二）增进校企互动，建设特色支部

为提升党支部的组织力、凝聚力和战斗力，新华三芯云产业学院党总支学生党支部、教师党支部与新华三企业党支部组成支部联盟，形成"资源整合、优势互补、互相促进、共同提高"的党建新格局。通过共建党支部，进一步细化制订支部互联工作实施方案，围绕人才培养、科研创新、学科建设、师资队伍培训四大方面，三个支部互联共建、齐抓共管，充分发挥支部战斗堡垒作用。2022年3月25日，新华三芯云产业学院党总支与新华三技术有限公司营销体系第五党总支西南党支部在新华三公司开展了校企党建共建活动。2022年6月21日，新华三芯云产业学院党总支与新华三企业党员同志一同前往"学习强国"主题街区开展了党日活动。在校企双方党组织的共同努力下，学院成功申报了2022年度成都市基层党建工作创新项目。通过支部共建、学习共促、活动共联，校企双方党员就有了共同的家，为下一步校企特色党支部的建立奠定了基础。

（三）坚持党建引领，优化育人机制

在人才培养过程中，学院与新华三集团积极构建"管理共治、专业共办、平台共建、资源共享、技术共研、人才共育、课程共设、师资共用、教材共编"的育人机制。以党建引领教育教学改革，创新项目制教学方式。积极实施1+X证书制度试点，鼓励学生考取职业技能等级证书。此外，芯云学院利用企业资源，定期组织学生到企业开展专业认知实践活动，鼓励学生尽早做好个人职业生涯规划。人才培养过程中，根据企业用人需要，围绕信息产业链，定制化培养技能型人才。在毕业生就业过程中，新华三集团及全生态企业向芯云产业学院学生敞开怀抱，提供"种子计划（生态择优联合培养）""企业订单班培养"、就业招聘等多种方案，充分发挥企业的育人功能，

解决学生就业出口问题，探索党建引领下、校企协同育人新路子。新华三芯云学院党总支近期将开展"党员班级手牵手"活动，每个新生班级均配备一名新华三企业党员员工，作为班级的专业导师，负责对应班级的联系工作，充分发挥企业党员同志在引领学生专业技能学习上的积极作用，发挥党员先锋模范带头作用。

【参考文献】

[1] 习近平.推进党的建设新的伟大工程要一以贯之［J］.求是，2019（19）：4-15.

[2] 习近平.坚持和完善中国特色社会主义制度推进国家治理体系和治理能力现代化［J］.求是，2020（1）：4-13.

[3] 齐卫平.政协党的组织体系与党的领导制度建设——《关于加强新时代人民政协党的建设工作的若干意见》学习札记［J］.中国政协理论研究，2019（01）：46-49.

[4] 习近平.在中国共产党与世界政党高层对话会上的主旨讲话［N］.人民日报，2017-12-02（02）.

[5] 卢先福.党的建设始终是重要法宝［N］.经济日报，2017-07-01（007）.

[6] 中国共产党第十八届中央委员会第六次全体会议公报［EB/OL］.http：//cpc.people.com.cn/n1/2016/1027/c64094-28814120.html.

[7] 习近平出席全国组织工作会议并发表重要讲话［EB/OL］.https：//www.chinanews.com/gn/2018/07-04/8556689.shtml.

[8] 中国共产党第十九届中央委员会第四次全体会议公报［EB/OL］.http：//www.gov.cn/xinwen/2019-10/31/content_5447245.htm.

[9] 关于推动现代职业教育高质量发展的意见［EB/OL］.http：//www.moe.gov.cn/jyb_xxgk/moe_1777/moe_1778/202110/t20211012_571737.html.

新时代背景下，高校学生党员发挥先锋模范作用路径探析——以成都工业职业技术学院为例

（成都工业职业技术学院　李倩）

【摘要】本文通过新时代背景下成都工业职业技术学院大学生党员的使命担当面临的困难，以及学生党支部建设机制中的壁垒做出浅析和探究，总结出高校管理中如何发挥大学生党员先锋模范作用的一些策略和建议。其工作思路和模式可形成高校大学生党员管理的新方向、新格局，可复制于其他高校大学生党员管理之中，对我国大学生党员的培养贡献出一分力量。

【关键词】高校；学生党员；先锋模范

在各种危难关头和紧急任务中，听到最多的一句话是"我是党员我先上"，这是

中国共产党先锋模范作用的集中体现，一个党员就是一面旗帜，危急时刻站得出来、顶得上去，这是共产党员的本分，也是我们党的优良传统。高校不仅担任国家建设者的教育工作，更肩负着对青年党员的培养任务，成都工业职业技术学院每年培育出上百名大学生共产党员，如何培养好大学生党员，让他们提升自我能力和素养的同时发挥好先锋模范作用是我们的党建重点工作，尤其是学校在新时代背景下，怎么去发挥好大学生党员的引领作用是我们学校以及各类高校共同探索的话题。

一、高校学生党员先锋模范作用的内涵

在《中国共产党党章》中提道："中国共产党党员是中国工人阶级的有共产主义觉悟的先锋战士。中国共产党党员必须全心全意为人民服务，不惜牺牲个人的一切，为实现共产主义奋斗终生。"并在多个章节中都提到了"党员的先锋模范作用"，由此可见先锋模范作用的关键地位，学生党员应该认真学习先锋模范作用，时时刻刻通过先锋模范的骨干、带头和纽带三个作用，带动周边群体，在各个方面都发挥积极表率作用，创造良好氛围。

二、提升高校学生党员先锋模范作用发挥的现实意义

毛泽东编写的《中国共产党在民族战争中的地位》这篇文章中，首次出现了"先锋模范作用"这个词语，"共产党员应在民族战争中表现其高度的积极性，而这种积极性，应使之具体地表现于各个方面，即应在各方面起其先锋的模范的作用"。每个时期的党员先锋模范作用都具有鲜明的时代特征，其表现形式存在多样性：在革命战争时期，党员能够带领人民奋勇前行，"吃苦在先，享乐在后"是它的内核；在改革开放新时期，则更多的是要求党员和人民群众能够解放思想、实事求是、不拘泥于旧的思想，努力让我国的经济快速增长，建设美好未来；而在新时代背景下，先锋模范作用更多地体现在努力完成"建党一百年，建国一百年"奋斗目标的实现。虽然其内在含义一直随时间的推移而发生变化，但最根本的精髓要求从未改变。

习近平总书记曾强调，高校学生党员是经过慎重考虑后主动投身于中国共产党的，了解、认同和维护党的纲领，自觉遵守党章的青年学生，是大学生青年群体中思想觉悟最高的群体，是党组织中的最为特殊的一部分，是党员队伍中的生力军，更是新时代发展中不可缺少的一部分，学生党员应同全体党员一样，在各个方面发挥先锋模范作用。

三、新时代背景下学生党员发挥先锋模范作用存在的现状及问题分析

（一）学生党员先锋模范意识淡薄

通过研究成都工业职业技术学院内学生党员协助征集活动的相关数据，我们发现大部分学生党员自愿为同学服务的意识较为淡薄，产生这类现象的原因有以下两点：一是我们高职院校学制较短、生源质量参差不齐，导致在推优入党过程中，无法全方位长时段考查，学生党员在先锋模范作用上就表现出先天不足、后天无力的现象；二是学生整体思想政治素养和风险意识不强，当下，在主流文化与各类亚文化并行的社

会背景下，大部分高职院校学生存在精致的"利己主义"现象，部分学生入党动机存在功利性因素，缺乏帮助同学、服务同学的奉献意识和责任意识。

（二）学生党员先锋模范作用能动性较弱

从学生党员选拔机制来看，每年学校在选拔考核学生入党的各个流程中，都把学习成绩和担任学生干部或者竞赛获奖等作为选拔的一定硬性条件，而我们的同学又很难达到各方面都很突出同时又愿意思想行动向党组织靠拢的情况，导致我们最后推选出的党员同学要么是成绩优异但活动组织能力欠佳，要么是有组织能力但理论功底又不够的尴尬局面。总体会感觉在推动学生党员成为先锋模范作用过程中举步维艰。

（三）学生党员先锋模范作用考核评价制度亟待完善

除了依靠学生党员的自身意识，还需要完善我们的学生党员评价考核制度，目前成都工业职业技术学院对发展学生党员前有比较完善的考核评价手段，但在学生发展为党员后，只在"三会一课"上学习强调，组织生活或民主评议等监督引导的作用不明显。学生还是以普通大学生的身份来继续前行，没有把党员冲锋上前的责任牢记于心，外化于行，没有明确的奖惩制度去规范要求他们的行动。后期的鞭策不够，导致学生党员先锋模范作用下滑，没有长期稳定发挥。

（四）随着大环境变化，学生党员的先锋模范作用平台受限

过去学校着重引导党员学生在学习上、生活中树立良好榜样，在志愿服务活动或者实践中，积极发挥党员引领功能，树立党员先锋。而受环境影响，我们很多志愿者活动、校园活动、社会实践活动都无法开展，没有平台和载体，难以发挥党员学生的先锋模范作用。

四、新时代背景下高校大学生党员发挥先锋模范作用的途径与形式策略

（一）完善学生党员的选拔制度和考核评价机制

1. 集中精力抓好入党积极分子培训班的培训选拔工作

做好学员的选拔、教师的授课、学员的讨论活动、志愿服务等每一个环节，做好全程管理，成都工业职业技术学院每年有三分之一的学员顺利结业并成为党的理论知识的有力宣传者；严格入党程序，坚持"优中选优，成熟一个发展一个"的原则，广泛征求群众意见，以党员发展促思政教育，充分培养和发展好学生党员的服务能力和引领能力；下大力气培养学生党员"自主学习 自我教育 自我服务"能力，帮助他们树立全心全意为同学服务的精神，通过他们的示范引领作用，带领全院学生积极上进，努力学习。

2. 强化学生党员后期的考核评价机制

对学生党员的监督、评价机制包括两个层面，第一是党内的监督和评价，第二是群众监督和评价。通过二者的有机结合，形成群众与党组织共同参与的双向考核过程，建立学生党员思想汇报制度、学生党支部讲评制度、年终考核量化评优制度等，使高校对学生党员的管理有章可循，以评促建。比如成都工业职业技术学院依托现有综合素质评价系统，开发社会实践项目，定期组织开展丰富多彩的专业社会实践活动和专业志愿服务活动，提升学生党员的认识专业、认识社会、认识自身、团队合作、服务

社会的综合素质，增强学生的社会责任感。

（二）持续加强学生党员的思想政治教育

做好思政要更善于精准把握时代脉搏，紧贴时代精神，牢固掌握党的理论创新最新成果，因时而进、应时而动，以习近平新时代中国特色社会主义思想培根铸魂育人，增强思想政治工作的时代感。因势而新，因势而谋，不断创新思想政治工作的模式、途径、载体和方式方法，主动占领"新阵地"、掌握"新话语"、运用"新方法"，增强思想政治工作的感召力。

1.学生党员介绍人言传身教，做好学生党员成长路上的"引路人"

学生党员的介绍人做好引领和考核监督的作用，以身作则，言传身教，用党性和个人修养去引领学生党员，既要做好介绍入党工作，更要做好引领入党工作，成为学生党员成长路上的"引路人"。

2.分阶段、按版块，循序渐进地开展各类主题教育活动

思想政治的教育不能仅仅局限于相关理论的灌输，也不仅仅依靠思政教师或者辅导员的教育和指导，学校也应该根据培养目标和学生生活学习的实际需求开展各类主题教育活动。比如：在新生入学阶段，就要引导同学们的理想信念，爱党爱国爱校园，积极提交入党申请书，从思想和行动上励志成为一名共产党员而奋斗；二年级，以培养合格共产党员为主线，开展培养学生思想、党性、认识、技能等综合素养；三年级，以校内外活动实践为契机，加强学生的思想政治教育，将思想落地落实。

3.利用行动导向法，让学生党员成为思政教育的主动参与者

高校学生在进入大学之前，所接受的各种教育大多是"灌输式"的教育方式，在一定程度上造成了他们对教师说教方式的抵触情绪。如果我们继续沿用这种传统的教育方式，无疑会使学生对思想政治教育产生抵触情绪，将不利于思想政治教育工作的有效开展。因此，我们要积极改进创新教育方式，激发其学习兴趣。以成都工业职业技术学院为例，我们通过"大学生宣讲团"让学生讲党课，来向更多同学传达精神，还比如开展"红船精神"主题讨论活动，组织各种辩论赛，让学生党员通过活动前的准备，活动中的思想认可，活动后的感悟对我们要引导的精神得以深刻的体会，以此提高学生党员的思想认识。

4.利用实际活动和互联网平台，实行线上线下混合式思想教育

要将学生的思想政治教育在线上线下结合进行，例如，利用清明节组织学生党员到烈士陵园扫墓，听取革命先烈的故事，让大家切身感受为国捐躯的奉献精神，树立爱国主义情怀。利用重阳节，组织学生党员到敬老院开展关爱老人的志愿者活动，在劳动中体会奉献的意义。同时也要合理利用网络资源，来丰富学生党员的思想政治教育，开创思想政治教育的新方式，比如通过微博、微信群、班级QQ群实时分享时政新闻、国家大事，传播正能量，充分利用网络的翅膀，让学生党员的思想政治工作更及时、更贴近。

（三）构建大党建引领下的学生党员发展体系

在习近平新时代中国特色社会主义思想指引下，从马克思主义哲学实践观点出发，牢固把握培养社会主义建设者和接班人这一根本教育任务，推进大党建引领下的学生

党员思想建设。结合实际情况，着力解决好转变教育观念、制订相关法规、加大经费投入、完善教育制度、加强条件建设五个方面的问题，全面实施对学生党员的理论提升和思想建设工作，实现大党建引领下的"五位一体"学生党员育人机制。

比如成都工业职业技术学院携手一个市级红色教育基地、两个街道社区、一个村委会等数个社会单位与学校、企业多方协同育人。学校党委、党总支牢牢把握"培养社会主义建设者"这一大方向，着眼区域建设需要和学生个人、家庭、社会对人的基本要求，与企业一道协同育人制定方案。学院按时段组织相应的教学工作，实践安排，课外活动，以及学生综合素质评价体系。学校做好学生党员成长成才的教育主阵地，党建教育延伸至社区，在"校地互动、校地合作"的基础上，更加深入地构建"校地联盟"育人模式，提供校外社会实践基地，开展扎实的劳动教育、职业教育，常态化规范化践行协同育人机制，共建学生党员一体化培养模式。

（四）创新创建新时代背景下的学生党员先锋模范作用平台

在原有工作基础和平台上增设学生党员"四个一"，即"一党员一帮扶""一党员一团学""一党员一活动""一党员一岗位"。我们在做好个人学习工作的同时，还可以多形式多渠道为同学服务，为大家服务。成都工业职业技术学院的学生党员"四个一"从实行至今，发挥发展良好，每名学生党员依据自身特长都可以找到自己合适的帮扶对象、擅长的理论宣讲内容、能够开展的活动，以及在学校各项学生管理中承担的岗位，既加强锻炼了自身能力，也给周围同学树立了榜样，发挥出了党员的先锋模范作用，在新时代中飘扬鲜红的精神旗帜。

五、结束语

当代大学生，怀有理想主义，怀有一腔热血，尤其是学生党员，更是祖国建设的中坚力量，而很多学生党员还没有意识到自己的责任和担当，我们应该及时纠正引导，从思想到行动去指引他们，也发挥出他们学生群体的优势，协助学校发展，服务社会进步，从实践中得到成长，发挥党员先锋模范作用。

【参考文献】

[1] 赵雪."智慧党建"开创高校党建工作新局面［J］.智库时代，2020（06）：27-28.

[2] 张大卫.高校学生党员发挥先锋模范作用的途径探索——以西藏民族大学为例［J］.安康学院学报，2016，28（05）：125-128.

"三全育人"背景下，高职院校学生党员党史教育工作机制研究——以某制造类高职院校为例

（智能制造与汽车学院　魏曦）

【摘要】党员学习党史是党章规定的义务，党的历史是思想上最好的"营养剂"。本文以某制造类高职院校为例，研究目前高职院校学生党员党史教育工作机制存在的问题，分析建立全员全过程全方位的高职院校学生党员党史教育工作机制的必要性，尝试建立"多主体""多方位""多渠道"的高职院校学生党员党史教育工作机制。

【关键词】三全育人；高职院校；学生党员；党史教育；工作机制

党员学习党史是党章规定的义务，近年来历史虚无主义在我国悄然蔓延，它打着"理性"的幌子，通过各种隐蔽方式腐化人们的思想，消磨大学生党员的斗争意志，淡化其党性、弱化其精神。党的历史是思想上最好的"营养剂"。因此，在这种背景下加强对大学生党员党史教育的研究，找出当前大学生党史教育工作机制存在的不足，并有针对性提出积极地改进和完善保障措施尤为必要。2017年中共中央、国务院在《关于加强和改进新形势下高校思想政治工作的意见》提出坚持"三全育人"的要求，其中包括课程育人、科研育人、实践育人、文化育人、网络育人、心理育人、管理育人、服务育人、资助育人、组织育人"十大育人体系"。在此背景之下，本研究以某工业制造类高职院校（后简称"工校"）为例，尝试建立全员全过程全方位的高职院校学生党员党史教育工作机制，拓展新时期高校思政教育工作理论和实践。

一、建立全员全过程全方位的高职院校学生党员党史教育工作机制的必要性

建立全员全过程全方位的高职院校学生党员党史教育工作机制，有助于提高高职院校学生党员的政治觉悟，树立高职院校学生党员的理论自信，积累新时期党建经验，延伸和发展高校党建理论。全员参与的党员党史教育工作机制，有助于扩展教育主体，实现家校共育、校企共育、校地共育的良性循环；全过程的党史教育工作机制打破以往局限于某一时段的孤立的主题活动的限制，将党史教育熔铸到学生大学生涯的全过程，潜移默化培养出思想上具有红色基因的、具备一定专业水平的大国工匠；借助十大育人体系，将高职院校学生党员党史教育工作推向特色化、专业化的发展方向。

建立全员全过程全方位的高职院校学生党员党史教育工作机制，有助于坚定高职院校学生党员在当今利益冲突频繁、价值观多元化背景下，抵御历史虚无主义的冲击，勇于承担共产主义事业建设责任，直面新时代大学生党员的历史使命；有助于发挥党史教育内容优势，设计开发具有针对性的党史教育内容；有助于在高职院校中建设一直专

业性较强的党史教育队伍；有助于完善党史教育评价机制，推动党史教育长远发展。

二、以工校为例，目前高职院校学生党员党史教育工作机制存在的问题

（一）学生党员党史教育工作全员参与性不强

目前，学生党员党史教育工作属于学校党史教育常态化工作的一部分，主要工作机制是，学校党委成立领导小组，发布党史教育工作实施方案，各部门在工作方案统领下完成相关工作。在此过程中，全校上下确实都参与其中，做了大量的工作，但深挖全员参与实效，依然存在问题。按照"三全育人"工作要求，"十大育人体系"都有其特定的主要实施者，例如：课程育人的主要实施者是一线教师；实践育人主要实施者是党团组织、校内学生社团；资助育人目前主要和直接的主要实施者是辅导员；文化育人的主要实施者是由党委宣传部和媒体管理中心所主管网络、广播、官微和其他网络平台；心理育人的主要实施者是学生处主管的心理咨询中心；组织育人的主要实施者是高校的党团、社团和班级组织。同时要认识到，网络媒介信息的传播看似没有指定的主体，但不同网络信息发布平台或传播渠道的流量和影响力是有明显差别的。权威网站、公众人物、"网络大V"等拥有更大的网络影响力，他们就是网络育人的主要责任主体。习近平总书记指出的："随着互联网的快速发展，包括新媒体从业人员和网络'意见领袖'在内的网络人士大量涌现。在这两个群体中，有些经营网络、是'搭台'的，有些网上发声、是'唱戏'的，往往能左右互联网的议题，能量不可小觑。"学生党员党史教育主要通过党史教育工作。但各主体都存在参与性不足的问题。以教师为例，作为课堂育人的主要力量，长期以来，部分工校教师特别是机械类专业课教师，习惯于专业知识的传授，缺乏思想品德或价值观的教育。但按照党史教育的要求，教师既要传递专业技能，又要结合课程融入党史教育，从专业发展建设史的角度给学生实施党史教育。这对教师的党史理论素养、专业教学水平提出了更高的要求。

（二）学生党员党史教育工作全过程性不明显

针对学生党员的党史教育工作缺乏系统性、持续性。一些学生党员经过完成了入党程序，但对党的历史仍然一知半解，没有从党史中吸取营养，主动谋划将来的意识，理想不明确、目标不清晰。学校、辅导员也没有有意识地将党史教育内容融入新生入学教育、班风学风建设、心理健康工作、就业创业指导工作中，认为工作联系不大、理论整合有难度，忽视党史教育的全过程性。教育内容也停留在制定教材、资料文件学习上，党支部、辅导员、教师没有挖掘专业发展中的党史的理论自觉，导致学习内容与专业教育教学相关度不高，学生缺乏学习动力。教育形式停留在开会、读书、写读后感等传统的文字学习信息，忽略了党史教育的生动性和实践性，师生特别是教师，缺乏从党史中吸取经验，解决实际问题的能力。校外红色资源利用率不高，同时大部分时间学生党员都是与其他同学集体参观红色教育基地，个人探访革命遗迹、看望老红军、老革命的活动非常少见，红色资源的学习利用存在"一时热"的现象，上级不强调、教师不安排，学生党员便不会主动开展实践学习。

（三）学生党员党史教育工作全方位性不突出

学生党员党史教育工作仅局限于党史理论教育，全方位、多角度协同育人工作不足。与课程思政结合不紧密，缺乏对教学规律的研究与思考，一些课程，特别是专业课的思想性、理论性不足，国内外形势错综复杂，教师特别是专业教师要以透彻的学理分析说服人，以高超的教学艺术引导人十分有难度。与实践活动结合不明显，缺乏实践出真知的理论自觉，党员学生主动服务师生、强化专业知识主动服务行业的意识不足，各级党组织没有充分发动学生党员，在重大工作中做出应有的贡献。学生党员党史教育阵地数量不足，目前停留在校内的两个支部，没有充分发动政府、社区、企业、兄弟院校的育人作用，学生党员教育阵地建设明显不足。党建服务专业、服务行业发展的作用没有充分发挥，党建特色不明显。

三、"三全育人"背景下，高职院校学生党员党史教育工作机制建设

（一）强化"多主体"责任，健全高职院校学生党员党史教育协同工作机制

1.制定学生党史教育制度体系

包括：目标管理制度，针对学生党员拟定全年参学次数、撰写心得体会次数、专业成绩排名、思想汇报次数等学期发展目标；组织生活制度，党支部与学生党员所在班级、实习企业、实践社区协同落实组织生活制度；党员学期评议和公示制度，学生党员所在班级同学、任课教师、辅导员、培养联系人共同完成针对学生党员的学期评议；民主评议和奖惩制度，结合党内外群众意见对学生党员进行党内民主评议，实施奖惩；党员联系群众制度，学生党员要密切联系同学、教师、实习企业职工，走好群众路线；"党员责任区"制度：每名学生党员在特定时期，如新生报到时期、正常教学活动开展时期认领自己的责任区并做好相关工作。

2.充分挖掘党史教育各参与主体的作用

辅导员作为组织育人的主要实施者，在学生党员党史教育人才队伍的重要组成部分。结合学院实际，加强辅导员队伍建设，提升辅导员队伍党史教育工作水平。坚持副处以上干部兼职班主任制度，鼓励更多优秀的党内领导干部担任兼职班主任，通过主题班会、实践活动等方式，全面加强党员学生党史教育工作。充分利用微博、微信、校园网等现代教育工具，搭建家校交流沟通平台，推送党史教育动态。加强与公共媒体的合作，面向社会传播具有代表性的学生观点与社会事件等，展示学校党史教育工作，加大家校协同育人的影响力与感染力。探索家长参与党史教育的工作机制。深化校企协同，提高企业育人作用。

3.探索校企"双主体"育人机制，与企业党支部合作，探索将支部建立在产业链上，共同开发红色教育内容，挖掘产业发展过程中党史、校史等红色文化

共同制定人才培养目标、共同开发课程体系、共同开展教学科研，共同开发党史教育校本内容，实现企业对育人过程的全程参与。深化中高职院校联盟建设，与联盟院校党组织结对子，共同完成学生全过程党史教育工作。

（二）抓好"多方位"培养，拓展高职院校学生党员党史教育协同工作领域

1.开展"党史教育＋"系列活动

坚持德技并修，加强"德育＋党史教育"工作，持续抓好"红色经典诵读"活动，丰富"青阅·青声"线上平台，引导学生领悟红色精神，传承红色理想。丰富社团活动，开展"实践＋党史教育"活动，积极参加"相约幸福成都"大运会等志愿者活动，引导学生党员以多种方式投身城市建设。抓好技能培养，实施"技能＋党史教育"活动，扬高职院校学生的工匠精神，举办工匠文化节大型活动、专业文化节，营造"技能报国"风尚。对表国家、省级技能大赛赛项设置及竞赛标准，推进"比赛＋党史教育"活动，高质量举办校级技能大赛；积极承办省级技能比赛，将党史学习成效体现在各项比赛中。尝试"创新＋党史教育"活动，广泛培育创新创业项目团队，积极参加国家、省市各级创新创业竞赛和"互联网＋"创新创业大赛等有影响力的双创比赛，以优异的比赛成绩体现建党精神。弘扬劳模精神，构建"劳动＋党史教育"的活动体系，举办"公益劳动周"活动，建立《劳动教育评价标准》，把劳动教育纳入学生综合素质评价体系。申报建设"四川省劳动教育基地"，继承和发扬干事创业的建党精神。

2.充分利用新媒体平台开展党史教育活动

利用易班、蓉城先锋、今日校园等平台，开展党史专题报告会、主题党日演讲赛、学党史读书活动、红色歌曲大赛、党史党建知识竞赛、党史人物话剧展、革命故事我来讲等活动，让学生党员在活动中接受党史教育、在潜移默化中继承优良传统、在实际行动中践行初心使命。利用好校园宣传的电子幕墙、横幅标语、校报校刊、电视网络等载体，开辟专栏，推出专题，持续渲染党史学习教育的浓厚氛围。

3.组织学生党员参与党史资料编纂工作

身边的老党员、老教师、老干部、老军人，是我党百年光辉历史的亲历者，他们的人生阅历和感人事迹就是党史教育的鲜活教材。可在重大节日、特殊纪念日等日期，邀请这老党员、老教师向学生党员开展报告会和座谈会，让学生党员撰写访谈录和口述史，通过亲自整理史料，强化学生党员党史学习的参与感、成就感。每一个学校都有其独特的发展史、奋斗史，挖掘校史中的红色基因，用好校史"鲜活教材"，针对不同专业、不同生源开发更多贴近生活的、学生喜闻乐见的党史教育辅助读物，深化教学效果。

（三）发挥"多渠道"作用，加强高职院校学生党员党史教育协同工作能力

1.课程思政为抓手，做好学生党员党史教育活动

聘请马克思主义理论专业知名教授引领党史教育宣讲队伍建设，培养本校理论宣讲讲师。建立高水平结构化思想政治教育师资库，建设课程思政教学创新团队。聘请"劳动模范"、技能大师、能工巧匠、大国工匠等担任学院兼职德育导师，深入开展"大师讲党史""专业发展中的党史"等活动。打造"党史讲述人"等学生党员讲党史活动品牌，开展"我心中的党史"微电影比赛等特色活动，全面推进课程思政改革。成立课程思政研究中心、建设课程思政示范课，推动课程思政与党史教育同向同行。

2.深化党史教育理论成果，推进习近平新时代中国特色社会主义思想进教材、i进课堂

一是在课程思政教学中，将党史教育和新课改有机的融合在一起，挖掘在学科发

展史中党的领导和党员个人所起的推动作用，生动讲述筚路蓝缕的创业过程，用专家学者的干事创业精神、爱党报国情怀，培育大学生党员的学习热情和初心使命。二是将党史教育有机融入新生入学教育、班风学风教育、常见问题引导、职业生涯规划全过程中，引导优秀学生积极向党组织靠拢，时刻高标准严要求，在实践中发挥引领示范作用。三是加大党史、中国革命史、新中国史、改革开放史等教学内容的课程占比，把党史教育与革命传统教育、理想信念教育、爱国主义教育等有机结合起来，通过结合真实历史进程的讲授，引导大学生拥护党的领导、理解党的理论、认同党的思想。

【参考文献】

[1] 杜玉波.办好新时代中国特色高水平大学的基本点——访中国高等教育学会会长杜玉波 [J].大学，2019（10）：4-11.

[2] 习近平.在党史学习教育动员大会上的讲话 [J].求是，2021（07）:4-17.

[3] 胡国喜.新时代统战话语体系的鲜明特色 [N].学习时报，2018-09-26（A2）.

[4] 习近平.2021论中国共产党历史 [M].北京：中央文献出版社，2023.

[5] 崔云娜.中国高校党史教育的现状分析及长远发展 [J].改革与开放，2017（14）：113-114.

[6] 莫长庆.高校学生党员党史教育的长效机制探析 [J].重庆科技学院学报（社会科学版），2012（11）：9-10.

[7] 何伟昌.创新党史学习教育的有效途径 [J].中共山西省委党校学报，2013，36（03）：37-39.

第二节　育人案例

"三全育人"格局下狠抓"五个一工程"——聚力提升辅导员队伍思政工作能力

（成都工业职业技术学院　王俸俊　段水仙　尹明）

党的十八大以来，以习近平同志为核心的党中央高度重视高校思想政治工作并做出了一系列重要论述，系统阐述了高校培养什么样的人，如何培养人和为谁培养人这一根本问题，为高校思政工作提供了根本遵循。高校辅导员作为大学生思想政治教育的骨干力量，承担着立德树人的根本任务，肩负着培育德智体美劳全面发展的社会主义建设者和可靠接班人的重大责任和历史使命。高校辅导员在思想政治工作中具有不可替代的作用，辅导员的思政工作能力关乎学生的成长成才、学校的高质量发展及立德树人成效。因此，在新时代背景下，坚持问题导向，深入分析辅导员队伍建设的困境，探索系统提升辅导员队伍思政工作能力的措施，对于全面贯彻党的教育方针，落实立德树人根本任务，激发和调动辅导员队伍干事创业的积极性，推动辅导员队伍专业化、职业化，具有十分重要的意义。

一、实施背景

（一）落实党和国家教育方针政策的必然要求

党的十八大以来，习近平总书记在全国教育大会、全国高校思想政治工作会议、学校思想政治理论课教师座谈会发表的重要讲话中多次强调，教育的根本任务是立德树人，要把思想政治工作贯穿教育教学全过程，实现全程育人、全方位育人，努力开创我国高等教育事业发展新局面。"高校辅导员制度是我国高等教育制度的重要组成部分，它对保证社会主义办学方向，培养社会主义事业建设者和接班人，促进我国改革开放和现代化建设均起着重要作用。"高校辅导员作为这一制度的主体，承担着大学生思想理论教育与价值引领、党团组织建设、日常事务管理等诸多工作，在大学生成长成才的过程中发挥着举足轻重的作用。在新时代背景下提高辅导员思政工作能力是培养担当民族复兴大任时代新人的必然要求。

（二）解决辅导员队伍建设困境的现实要求

高校辅导员具有教育、管理、服务等多重职责，其角色内涵体现了以思想政治教育为核心，在学生日常事务管理与服务的过程中实现价值引领的要求。实际工作中辅导员工作内容冗杂，职责界限划分不明晰，辅导员角色定位模糊，不能充分认识到思想政治工作是其工作的重点和主要职责。另一方面，辅导员要履行工作职责必须要具备一定的政治素养、知识结构和专业技能。其中，思想政治教育能力是高校辅导员最核心、最根本的职业能力；理论与实践研究能力是高校辅导员最关键、最重要的职业能力，也是辅导员队伍能否朝着专业化职业化方向发展的关键所在。现实情况是，在过去较长一段时间我校辅导员的思想政治教育能力及理论实践研究能力明显比较薄弱。在新的形势下，如何提高我校辅导员思政工作能力是落实立德树人根本任务的重要命题。

二、具体举措

习近平总书记在全国教育大会上提出要培养和组织一支会做思想政治工作的政工队伍，高校辅导员作为思想政治教育中的骨干力量，是全员、全过程、全方位育人的重要主体。成都工业职业技术学院坚持以习近平新时代中国特色社会主义思想为指导，全面贯彻党和国家的教育方针政策，紧紧围绕立德树人根本任务，深入推进"三全育人"综合改革，自2016年以来通过狠抓辅导员"五个一工程"，厘清辅导员角色定位、明确主责主业、持续促进辅导员专业化、专家化，聚力提升辅导员队伍思想政治工作能力。

（一）辅导员"五个一工程"内涵

辅导员"五个一工程"（如图10-1所示），是指学校所有专职辅导员每年围绕学校、本单位和个人的"三全育人"工作实践，分享一次教育管理成功经验，举办一次时政教育专题讲座，参加一次素质能力大赛，梳理一个育人典型案例，撰写一篇思政工作研究论文。

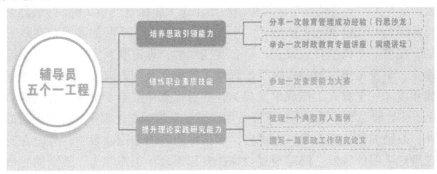

图10-1 "五个一工程"

（二）"五个一工程"实施推进做法

1.加强顶层建设，厘清辅导员主责主业，在明确辅导员思政工作履职尽责上下功夫

近年来成都工业职业技术学院积极探索创新思想政治教育模式，制定实施《中共成都工业职业技术学院委员会教职工政治理论学习制度》《加强思想政治建设专项行动实施方案》《进一步健全和完善"三全育人"工作实施方案》等文件，明确各部门职责，厘清辅导员主责主业，从制度上保障辅导员将更多的精力聚焦在思想政治工作领域。制定《成都工业职业技术学院辅导员"五个一工程"实施方案》《成都工业职业技术学院辅导员思想政治工作绩效奖励办法》等辅导员管理、激励办法，培养辅导员思想引领的职业认同感，使辅导员开展工作无忧患，履职尽责有保障。每年根据当前学生思想政治教育中遇到的问题难点，围绕"三全育人""十大教育体系"设置思政科研论文选题指南，引导辅导员因时而异、因事而化地进行思政工作实践与研究。

2.搭建各类平台，在培养辅导员思想引领能力上下功夫

成都工业职业技术学院积极打造"行思沙龙""洞晓讲坛"等辅导员交流学习平台，共同研究探讨在履行思想引领职责中出现的问题，交流特色做法，提升思想引领能力及管理服务水平。2016年以来，每学期每周固定时间组织全体专职辅导员开展"行思沙龙"分享会，定期研讨近期学生思想方面出现或可能出现的问题，交流教育管理经验方法，并总结形成工作经验成果。每年各二级学院结合本单位工作安排，集中或分期组织本单位专职辅导员面向学生（每次学生到场不少于100人）就学生关心的热点问题举行"洞晓讲坛"时政教育专题讲座，辅导员"洞晓讲坛"讲座以视频形式上传"成工职院·易班"等网络平台，聚合形成学校线上思政教育资源。成立辅导员协会，建立"传帮带"制度，加强不同年级不同二级学院辅导员之间的交流，营造"老带新"氛围，传承好做法，吸纳新想法。

3.锤炼思政工作本领，在提升辅导员政治理论素养上下功夫

打铁还需自身硬，辅导员要提升对学生思想政治教育的实效，必须要持续增强自身理论素养。成都工业职业技术学院每年按照四川省高校辅导员素质能力大赛的赛制和要求，组织全体专职辅导员参加校级辅导员素质能力大赛，鼓励辅导员在学校广阔的舞台展现个人的政治理论素养、政策宣讲水平和育人风采。

学校鼓励并大力支持辅导员围绕思想政治工作大胆探索创新实践，开展理论研究。辅导员每年结合"三全育人"实践、"十大育人体系"，不断加强教育实践工作中的经验总结，梳理一个典型育人案例；结合实践经验，理论联系实际，撰写一篇思政工作研究论文。学校每年对辅导员撰写的思政工作论文及育人典型案例进行评审，择优汇编形成年度《三全育人工作成果文集》，并对优秀作品给予奖励。持续推动辅导员不断加强工作经验总结，提升科研水平，用研究成果带动理论水平和业务能力的提升。

此外，鼓励辅导员进课堂、上讲台，承担思想政治理论课教学任务，在实践中培养和增进理论学习的实效，同时通过授课提升思想政治工作能力；鼓励辅导员组建思想政治课题科研项目小组，不断培养辅导员科研水平和写作能力。

4.注重典型选树，在激励辅导员工作积极性上下功夫

成都工业职业技术学院探索形成了以辅导员思政工作能力为导向的工作业绩考核体系，不断提升辅导员思政工作的主动性和效能感。切实落实《成都工业职业技术学院辅导员思想政治工作绩效奖励办法》，对在"辅导员五个一工程"实施过程中，表现突出、育人效果明显的辅导员给予奖励，授予"工职匠魂""十佳辅导员"等荣誉称号，并在"成都市优秀辅导员""四川省辅导员年度人物"等评选中优先向上级部门推荐。通过评选荣誉称号的规则，对辅导员思想政治工作履职能力确立正确导向。在评选荣誉称号之前，动员辅导员对照评选规则，结合自身情况查漏补缺，及时反思，改进工作态度和工作方法；在评选荣誉称号之后对辅导员进行积极宣传树立先进典型，切实做到以评促建。

三、工作成效

成都工业职业技术学院坚持从实际出发，实事求是，因事而化，因时而进，因势而新，不断加强辅导员这支思想政治工作骨干力量的建设，持续推动着辅导员队伍朝着职业化、专家化方向发展，提升立德树人实效。

我校辅导员近两年6人被评为成都市优秀辅导员，1名辅导员被提名为2021年四川省辅导员年度人物候选人；在四川省职业院校教师教学能力大赛（高职组）中获一等奖两项、二等奖一项、三等奖一项；辅导员队伍校级及以上科研课题立项20余项，公开发表思政研究论文30余篇。

近几年来学校培养的学生荣获省市国家级奖励人数不断攀升，学生参加各类技能竞赛获得国家一等奖5项，二等奖15项，三等级45项；其中2018级学生罗心雨获中华人民共和国第一届职业技能大赛货运代理项目铜奖，入选世界技能大赛国家集训队。2020年，第六届中国国际"互联网+"大学生创新创业大赛我校学生荣获国家级铜奖1个，省级金奖1个、铜奖3个；第十二届"挑战杯"中国大学生创业计划竞赛省级银奖2个、铜奖8个。

学习"四史"守初心 不忘使命砥砺行

（成都工业职业技术学院　解琳　王调品）

习近平总书记指出，要通过在全社会开展党史、新中国史、改革开放史、社会主义发展史教育，引导广大人民群众特别是青少年弄清楚中国共产党为什么"能"、马克思主义为什么"行"、中国特色社会主义为什么"好"等基本道理，坚定不移听党话、跟党走，自觉做中国特色社会主义的坚定信仰者、忠实实践者，在全面建设社会主义现代化国家伟大实践中建功立业。

一、实施背景

当代青年在"西化"的思潮影响下，很容易弱化社会主流价值观念，降低对社会主义的情感认同，在推进青年学生"四史"学习教育过程中，我们发现了以下问题，一是学习教育内容抽象，学生学习理解深度、广度不够；二是传统的学习教育形式单调，无法吸引学生系统学习；三是学习教育的实践形式单一，学生参与率低；四是青年学生"四史"学习教育学生覆盖面不全。

我院在充分分析青年"四史"学习教育现状的基础上，探索出"1135""四史"学习教育工作方法。"1"即确定一个培养学生不忘初心、知史爱党、知史爱国的工作目标；"1"即围绕塑造学生的理想信念的一条主线贯穿工作始终；"3"即构建"青年大学习""工职青年""文化长廊"三大"四史"学习教育矩阵；"5"即形成"读、诵、写、享、行"五种具体的青年"四史"学习教育方法。

二、成都工业职业技术学院青年学生"四史"学习教育主要做法

（一）确定青年学生"四史"学习教育总目标，把握"四史"学习教育主基调

青年学生要通过"四史"学习教育，做到不忘历史、不忘初心、知史爱党、知史爱国、知史惜今，做社会主义的合格建设者和可靠接班人。中国共产党的百年历史，是中国近现代以来历史最为可歌可泣的篇章，不仅记录着党一路走来的光荣与梦想、苦难与辉煌，也镌刻着新中国 70 多年、改革开放 40 多年、中国特色社会主义新时代风雷激荡、动人心魄的壮丽图景，在人类历史、世界社会主义运动历史上写下了浓墨重彩的一笔。

我院通过"四史"学习教育引导青年学生深刻认识自身历史使命，引领青年听党话、跟党走，把握当前中国发展大势，树立使命意识，自觉地把自己的志向和国家民族的命运联系在一起，实现个人成才和中华民族伟大复兴的有机结合。

（二）围绕一条主线，让红色基因、革命薪火代代传承

育苗先育根，育人先育心。我院青年学生"四史"学习教育就是要把红色精神、

红色文化注入青年血脉，融入青年灵魂，让红色基因薪火相传、生生不息。青少年阶段是人生的"拔节孕穗期"，把握青少年群体的特点和习惯开展"四史"学习教育，有助于引导他们扣好人生的第一粒扣子。习近平总书记指出："要抓好青少年学习教育，着力讲好党的故事、革命的故事、英雄的故事，厚植爱党、爱国、爱社会主义的情感，让红色基因、革命薪火代代传承。"学院始终以塑造学生的理想信念为主线，坚持以马克思主义思想为指导，深入贯彻落实习近平总书记关于"四史"学习教育的系列重要论述精神，在我院青年心目中牢固树立中国特色社会主义共同理想。

（三）用好用活新媒体，线上线下相结合抓好"四史"教育工作，努力构建完整的"四史"学习教育矩阵

学院从"全环境育人"的角度，努力构建入脑、入心的"四史"学习教育抓手，让"四史"学习教育看得见、悟得懂、听得进。

"欲知大道，必先知史。"为解决"四史"学习内容较为抽象的问题，我院充分利用"青年大学习"平台，让青年学生通过青年大学习"四史"知识推送，学习党史、新中国史、改革开放史和社会主义发展史，让学生深刻认识红色政权来之不易、新中国来之不易、中国特色社会主义来之不易，引导学生永葆坚定信念、奋斗精神、为民情怀、担当本色，不忘初心，牢记使命，自"四史"学习教育活动开展以来，累计向学生推送导学、督学信息190余期，累计学习学生达37万人次。

"学史明理、学史增信。"为解决学生"四史"学习教育形式单调，无法吸引学生系统学习的问题，我院建设了以"工职青年"为主的微信、微博、抖音为主的新媒体矩阵。依托新媒体矩阵，一是组织开展了"四史知识竞答""党史知识学习签到100天"等内容丰富、形式多样的"四史"学习教育活动；二是自"四史"学习教育工作开展以来，累计完成线上"四史"主题学习教育10期。全院414个支部，13000余名青年学生积极参与，累计开展思政引航、党史学习教育活动等4类主题线上宣传推送，推广文章累计200余条，10000余名同学点赞关注。

"学史崇德、学史力行。"为解决学生对"四史"学习教育兴趣不高，学习的深度、广度不够的问题。我院秉承师生"共建、共创、共育"的理念，着力在学生宿舍楼内打造了"四史"文化长廊，充分利用学生的"碎片化"时间。自"四史"学习教育工作开展以来，我院以4个展示模块为基础，覆盖30余个主题，累计开发展示作品800余幅，用浸润式育人模式让广大学生回顾党的百年光辉历程，感悟党的初心使命，体认党的精神谱系。

（四）探索"读、诵、写、享、行"五种创新"四史"学习方法，引导学生亲近原著，系统学习

1.读

以二级学院为单位，每学期制定"四史"相关原著以及马列原著阅读计划，并划定阅读的核心与外围，以核心力量辐射外围。

以积极向党组织靠拢的学生骨干、学生干部为核心，在辅导员的指导下，按计划精读《共产党宣言》《中国共产党历史》（第一卷、第二卷）《中国共产党的九十年》《新中国70年》《中华人民共和国简史（1949-2019）》等经典论著，深刻领悟"四

史"经典著作中所蕴含的革命意志和红色精神,其余同学为外围,泛读《红岩》《呐喊》《思想启蒙与文化复兴》等纪实书刊及文学作品。从诵与读的过程中走进历史,亲近经典,激发红色基因,树立远大志向。

2.诵

鼓励学生以青年之声音传播"四史"原著,我院创建"青阅青声"微信公众号,自"四史"学习教育活动开展以来,各二级学院每周推荐2~3名同学录制一期经典著作朗诵音频,累计录制50余期线上诵读音频,采集、筛选学生诵读音频材料200余段。每年度末,我院在全院范围内组织开展"四史"经典著作诵读比赛,参赛团队或个人将诵读作品上传青阅青声平台,由全院师生投票,评选出最受师生喜爱的诵读节目、最佳指导教师。

3.写

"四史"是一部社会主义、马克思主义发展史,也是一部马克思主义中国化的历史。我院积极引导学生阅读原著后,分层分类撰写读书笔记,增加学生阅读效能,引导青年学生在思考、领悟中坚定理想信念。骨干成员撰写精读读书笔记、其余同学填写泛读读书笔记,红色经典著作诵读活动工作室在易班平台建"红色经典著作诵读活动专栏"并定期推出优秀读书笔记作品,活动开展至今,共收集读书笔记500余篇,精选展示100余篇。

4.享

自"四史"学习教育开展以来,我院每两周由红色经典著作诵读工作室牵头组织,各二级学院学生自愿报名参与的红色经典著作分享沙龙活动,至今已成功举办了以"追寻革命足迹 回忆峥嵘岁月""追忆红色经典 传承爱国情怀""青春不停步 永远跟党走"等为主题分享会50期,学生作为分享者分享了自己诵读"四史"原著的所思所想,200余名学生骨干现场分享,2 000余名同学现场参与分享,40 000余人次线上同步聆听分享。

5.行

学院充分凝聚育人合力,将"四史"学习教育融入思想教育的实践中,引导青年学生在行走中体悟,在学习中传承。充分挖掘成都特有的红色资源优势。组织青年学生参观红军长征纪念馆、成都市烈士陵园、辛亥保路运动陈列馆等革命遗迹、瞻仰革命文物,用活红色资源,聚焦"信仰之力"。整合天府新区正兴镇实践平台资源,构建"四史"学习教育校外阵地,组织学生开展"笑我融入大我 青春献给祖国""重温红色记忆""青春心向党 奋斗幸福路"等"四史"学习教育实践活动,让"四史"学习教育活起来,真正入青年眼、入青年心、入青年脑。

三、工职院"四史"学习教育成效经验

近年学院团委荣获"四川省五四红旗团委"、2020年高职院校思想政治工作创新示范案例全国50强、四川省魅力职教团队30强、第十六届"挑战杯"四川省大学生课外学术科技作品竞赛三等奖、红色经典著作诵读工作室荣获成都市"百佳社团"、四川省"三下乡"社会实践活动优秀单位、成都市大中专学生志愿者暑期"三下乡"社会实践活动优秀组织奖和优秀团队、成都共青团关爱留守儿童先进集体。